체육시설 안전관리

체육시설 안전관리

엮은이 고재곤

도서출판 사람과 사람

간행사

사단법인 한국레저문화연구원은 대한민국 레저문화를 학술적으로 연구하는 민간 연구 기관이다. 2017년 5월 사단법인으로 등록된 이후, 첫 번째 사업으로 제2회 홍천 별빛음악 맥주축제 평가와 여주시 제2국가 축구트레이닝센터 유치제안서를 수행했다. 자격과정으로는 체육시설안전관리사(1급, 2급)와 레저문화시설안전관리사(1급, 2급)를 직업능력개발원을 통해 문화체육관광부의 승인을 받았다.

최초의 체육시설안전관리사 자격과정은 먼저 전국 20여 대학의 교수들을 대상으로 두 차례에 걸쳐 실시했다. 이 자격과정을 이수한 교수들은 2020년도 교육과정을 학과에 개설함으로써 실용 학문으로서의 본격적인 자리매김을 가능케 했다. 이에 본 연구원은 체육시설 안전관리에 대한 교재의 필요성을 인식하고 2017년부터 발간 작업을 준비해 왔다. 연구자들은 그동안 교재 개발을 위한 자료 수집과 정리, 그리고 두 차례의 워크숍 개최 등 다양한 노력을 기울여 왔다. 아직까지 우리나라에는 체육시설안전관리사를 양성할 수 있는 전문 서적이 하나도 없기에 1차적으로 융합 학문의 성격을 띤 편저 형태로 집필하게 되었다.

이 책은 크게 여섯 개의 영역으로 나뉘어 정리되어 있다.

제1부는 체육시설 안전관리에 대한 개론이다. 체육시설의 기본 개념을 기반으로 시설 공급의 흐름을 공간적 이론에 근거하여 정리했다. 특히 문화체육관광부에서 발간한 체육 백서(2016)의 공공체육시설 내용을 중점적으로 재구성했으며, 체육시설의 구분과 안전구조 원리는 국가직무표준화(NCS) 내용의 능력단위 요소들을 추가로 발췌했다.

제2부는 체육시설 안전관리에 관한 법령을 다루고 있다. 체육시설의 안전관리 점검은 2016년 개정된 '체육시설의 설치·이용에 관한 법률'에 명시되어 있고 이러한 법적 기반을 토대로 체육시설에 대한 안전점검이 제도화되어 있다. 이에 본서에서는 체육시설별 안전관리의 법적 기준과 안전규정 등을 정리했다. 다만 체육시설물과 관련된 유관법인 소방안전과 재난안전, 그리고 건축안전법 등은 부록 I 에서 자세히 다루었다.

제3부는 체육시설의 안전요원 운용에 대해 두 가지 형태로 기술하고 있다. 하나는 국가직무표준화에서 개발된 모듈을 검토하여 체육시설 안전요원 배치에 관한 내용을 정리했

고, 다른 하나는 미국의 경기장시설 안전요원 배치 및 대피요령의 매뉴얼을 참고로 하여 재구성했다.

제4부는 체육시설 안전관리를 위한 장비, 설비 등을 정리했다. 방재, 소방, 시공 등에 관한 기존의 다양한 자료를 기반으로 팀티칭이 가능한 능력단위 요소를 중점적으로 추출했다. 그러나 이 부분은 해당 분야를 전공하는 학자들과의 협력 작업을 통해 향후 추가 보완이 필요한 부분으로 사료된다.

제5부는 체육시설 환경관리에 대해 다루었다. 체육시설의 안전관리에서 간접적인 안전관리는 장기적인 측면에서 안전관리의 중요한 요소로 판단될뿐더러 향후 안전관리의 핵심으로 부상할 가능성이 높다. 여기서는 체육시설 안전에서의 간접 요소인 환경, 위생과 친환경 에너지관리를 중점적으로 다루었다.

제6부는 체육시설 안전관리 매뉴얼이다. 이 매뉴얼은 문화체육관광부의 연구 지원으로 2017년 한국스포츠정책과학원과 한국방재학회가 융합 공동프로젝트로 개발한 내용이다. 전국에 있는 2만 여개의 공공체육시설과 5만 여개의 민간등록체육시설을 점검할 수 있는 중요한 표준매뉴얼이다.

부록에서는 본문에서 다루기에 어려운 참고자료를 별도로 수록했다. 특히 본문을 공부하면서 꼭 참고해야 할 내용을 손쉽게 찾아볼 수 있도록 목록으로 정리하여 제시했다.

무엇보다도 본서를 편저서로 출간하는데 많은 고심을 했다. 왜냐하면 체육시설안전관리사를 양성하는데 충분한 내용의 교재가 마련될 수 있을까 하는 연구자의 양심이 앞서서다. 그럼에도 시간을 늦출 수 없는 것은, 지금 이 순간에도 체육시설에서의 안전사고가 끊임없이 발생하고 있고 누군가는 체육시설안전관리사로서의 제 역할을 해주길 바라서다. 많이 부족함을 알고 출간에 임했다.

끝으로 책의 구성부터 집필까지 처음부터 앞장서서 훌륭한 저서로 마무리를 해 준 연구책임자 고재곤 교수에게 감사한 마음을 표한다. 아울러 함께 동참해 준 40여 명의 체육시설 전문가들에게도 고맙다는 말을 전하고 싶다. 앞으로 이 교재를 통해 훌륭한 체육시설안전관리사가 많이 배출되기를 바란다. 그리고 온 국민이 안전하고 즐겁게 체육활동을 할 수 있는 터전을 만들어 갈 것을 기대해 본다.

사단법인 한국레저문화연구원 이사장 최종진

차례

제1부 체육시설 안전관리 개론

제2부 체육시설 안전관리 법령

제3부 체육시설 안전요원 운용

제4부 체육시설 안전관리

제5부 체육시설 환경관리

제6부 체육시설 안전관리 매뉴얼

제3장 체육시설관리자용 안전관리 표준매뉴얼

제7부 체육시설 및 설비 적합성 인증평가

제1장 체육시설 및 설비 적합성 인증평가의 개념

제2장 체육시설 및 설비 인증평가

표 목차

그림 목차

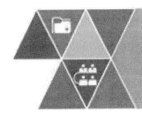

Ⅰ 체육시설 안전관리 개론

제1장 체육시설 안전관리의 개념

Ⅰ. 체육시설 안전관리의 개념

　체육시설 안전관리란 '부적합한 체육시설 환경으로 인해 발생될 수 있는 안전사고를 사전에 예방하여 체육활동 참여자의 안전을 확보하기 위한 모든 조치나 대책'이라고 정의할 수 있다. 이와 같은 정의에 입각하여 점검되어야 할 체육시설에서의 안전관리영역은 크게 세 가지로 나눌 수 있다.

　먼저 체육활동 자체의 안전관리와 관련된 구분으로, 첫째 체육활동이 직접적으로 이루어지는 물리적 공간의 시설 및 장비에 대한 점검과 관리이다. 둘째, 이러한 체육활동 공간 및 시설물의 합리적 운영에 대한 평가 및 관리이다. 셋째, 체육활동 공간에서 발생할 수 있는 비상사태 시 적용되어야 하는 조치와 대책에 대한 확인이다.

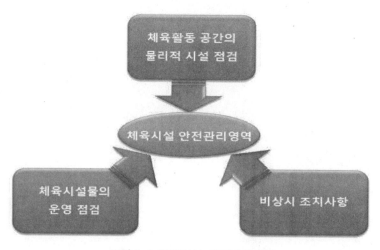

그림 Ⅰ-1 체육시설 안전관리영역

다음으로 체육시설에서의 안전사고 예방 및 대처를 위한 관리점검 수준에 따라 네 가지의 영역으로 구분할 수 있다.

첫째로 관리자의 필요와 판단에 따라 시설 안전점검 매뉴얼을 종합적이며 효율적으로 구성하여 활용하는 자율적인 일반점검관리영역이다.

둘째로 시설관리자로 하여금 주요한 안전관리 대상에 대한 직관적 파악이 용이하도록 하는 일상적인 점검관리영역이다. 이 영역에서는 수시로 관리점검이 일상화되며 점검에 대한 조치, 개선, 결과 보고, 평가 등 즉각적인 피드백이 요구된다.

셋째로 체육시설 안전위험요인의 조기 발견 및 선제적 예방조치를 위한 위험요소 선제 관리영역이다. 효율적인 위험요소 선제관리의 운영을 위해서는 시설의 해당 체육활동에 특화된 전문적인 이해가 요구된다.

넷째, 비상상황이 발생할 경우에 즉각적이며 효과적인 대응조치에 대한 평가 및 점검과 관련된 비상상황 대응조치 점검관리영역이다. 이 영역은 안전사고가 발생했을 때의 피해를 최소화하는 것이 목표이므로 대응조치사항의 합리성과 대응에 대한 시설관리자들의 완벽한 숙지가 점검관리대상이 된다.

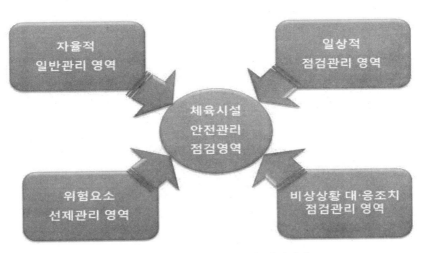

그림 I-2 체육시설 안전관리 점검영역

한편, 체육시설에서의 안전관리 범위는 체육시설과 그 부대시설은 물론이고 다양한 스포츠 이벤트의 안전관리, 체육시설 내에서의 활동 등이 모두 포함된다. 이러한 체육시설 안전관리영역에 따라 안전관리사의 책임 범위와 역할이 부여된다.

표 I -1 체육시설안전관리사 역할의 범위

구분	직급	교육 등급	역할
체육시설 안전설계사	실장급 관리자급 (책임연구원)	1급 안전교육 이수	○체육시설에 대한 전반적 조사·분석 ○체육시설에 대한 안전계획 설계 ○출입 및 탈출 경로 설계 ○시설별 안전전문용품 제시 ○이벤트별 안전관리계획 수립 ○현장 운영 표준매뉴얼 설계
체육시설 안전총괄관리자			○현장 안전조직 구성 및 관리 감독 ○안전 인력별 관리범위 조정 ○대회 전체에 대한 조사 ○이벤트별 안전관리계획 수립 ○현장 운영 표준매뉴얼 설계 ○체육시설에 대한 전반적 조사·분석 ○체육시설에 대한 안전계획 설계
체육시설 현장안전관리자	팀장급 (연구원)	2급 안전교육 이수	○현장 안전상황에 대해 독자적 판단 ○담당 지역별(현장) 안전관리 책임 ○현장 시설에 대한 조사 ○현장 시설관리기관과의 소통 ○현장요원 관리 감독
체육시설 현장요원	팀원급 (보조연구원)	3급 안전교육 이수	○안전관리자의 지휘 감독을 받음 ○현장 사고예방활동과 안전활동 전개
자원봉사자	팀원급 (보조원)	현장교육 이수	○현장요원의 지휘 감독을 받음 ○현장 사고예방활동과 안전활동 전개

II. 체육시설 안전관리에 관한 기본계획

1. 체육시설 안전관리 추진 배경 및 목표

1) 추진 배경

체육시설과 관련된 기존의 정책은 주로 체육시설의 공급 확대와 노후시설의 개·보수 등에 집중되어 있었다. 그러다가 2014년 경주 마우나리조트 체육관의 붕괴사고 등 체육시설에서의 빈번한 안전사고 발생을 계기로 하여 체육시설 건립 단계부터 체계적인 안전관리가 요구되기 시작했다. 그 결과, 2015년 8월 4일 '체육시설의 설치·이용에 관한 법률 (이 책에서는 체육시설법으로 약칭 표기한다)'이 개정되었다. 이 법률은 체육시설의 안전한 이용 및 체계적 관리를 위한 기본계획 수립을 주 내용으로 하고 있다.

표 I -2 체육시설 안전관리에 관한 기본계획 수립

체육시설의 설치·이용에 관한 법률 제4조의 2항 : 체육시설 안전관리에 관한 기본계획 등

1. 체육시설에 대한 중장기 안전관리정책에 관한 사항
2. 체육시설 안전관리제도 및 업무 개선에 관한 사항
3. 체육시설과 관련된 사고를 예방하기 위한 교육·홍보 및 안전점검에 관한 사항
4. 체육시설의 안전관리와 관련된 전산시스템 구축 및 관리
5. 그 밖에 대통령령으로 정하는 사항

2) 추진 목표

문화체육관광부는 2016년 발표한 제1차 체육시설 안전관리에 관한 기본계획에서, 안전한 스포츠 환경과 건강한 스포츠 활동을 위한 추진 목표를 다음과 같이 제시하고 있다.

첫째로 효율적인 체육시설 안전관리 추진체계 및 정보관리종합시스템을 구축하고 스포츠 활동의 안전관리를 강화함으로써 안전관리기반을 구축한다.

둘째로 현장 중심의 안전관리와 관련된 법과 제도를 개선함으로써 체육시설의 안전기준을 강화한다. 여기에는 안전관리 전문기관의 육성도 포함한다.

그림 I -3 체육시설 안전관리 기본계획의 추진 목표

셋째로 안전관리와 관련된 매뉴얼 개발 및 보급, 안전관리 기술의 연구 및 개발 등 안전교육과 그 연구를 추진한다.

넷째로 안전문화 확산과 안전문화 콘텐츠의 개발 및 보급 등을 통한 안전문화 진흥 조성을 목표로 하여 안전한 스포츠 환경과 건강한 스포츠 활동을 지향한다.

2. 체육시설 안전관리 현황 및 문제점

체육시설 안전관리의 현황과 문제점에 대해서는 크게 나누어 네 가지 분야에서 살펴볼 수 있다. 즉, 체육시설 안전관리 분야, 체육시설 안전 관련법과 제도 분야, 스포츠 안전교육 및 기술개발 분야, 스포츠 안전문화 분야 등이다.

1) 체육시설 안전관리 분야

체육시설 안전관리 분야에 대한 실태와 문제점은 크게 세 가지로 요약할 수 있다.

첫째로 현재 운영되고 있는 체육시설 가운데 안전점검이 실시되지 않고 제대로 관리되지 않고 있는 체육시설이 전체 체육시설의 74.68%에 달하는 등 체육시설에서의 안전관리 사각지대가 상당수 존재한다는 점이다. 특히 2015년 11월 실시된 체육시설 안전관리 실태조사(250개소 항목 4분야, 29항목)에 따르면, 재난 분야(3.44%) 및 소방 분야(3.94%)가 평균 평점보다 낮았다. 유형별 조사에서는 소규모 신고 체육시설이 안전관리에 매우 취약한 것으로 나타났고 이에 대한 관리의 필요성이 제기되고 있다.

둘째로 체육시설 안전관리 추진체계의 문제이다. 현재 체육시설법에서는 안전관리의 주체를 문화체육관광부장관으로 하고 일부 업무에 대해서만 지방자치단체장과 국민체육진흥공단에 위임·위탁하도록 되어 있다. 이는 국가·지방 사무의 배분 원칙과 체육시설의 공급 주체를 국가와 지방자치단체로 하는 동일 법률의 규정과는 괴리가 있다.

셋째로 체계적인 체육시설 정보관리가 부재하다는 점이다. 체육시설의 효율적인 안전관리를 위해서는 체육시설 전체의 안전관리 관련 실태가 포함된 데이터 확보가 필수적이다.

2) 체육시설 안전관리 관련법·제도 분야

체육시설의 안전관리와 관련된 법과 제도 분야의 문제점은 아래와 같은 네 가지로 요약할 수 있다.

표 I-3 체육시설 안전 관련 법령별 대상 시설 현황

관련 법규	대상 시설	면적(연면적)	점검	비율	점검주기	점검 분야
시설물 안전관리에 관한 특별법	1종 시설	50,000㎡ 이상	885	1.11%	반기 1회	건물 구조
	2종 시설	30,000㎡ 이상	2,920	3.67%	반기 1회	
재난 및 안전관리 기본법	특정관리 대상시설	500㎡ ~30,000㎡	12,817	16.11%	반기 1회	건축, 전기, 소방, 가스 등
다중이용업소의 안전에 관한 특별법	다중이용업 체육시설	스크린골프장 실내권총사격장	4,282	5.38%	분기 1회	소방 분야
체육시설의 설치 및 이용에 관한 법률	체육시설	공공 및 민간 체육시설	2,883	3.62%	-	안전·위생 기준 보험 가입 시설, 소방 등
미관리 체육시설 (안전점검 미실시 체육시설)		500㎡ 미만 (간이운동장 등)	59,407	74.68%	-	

출처 : 문화체육관광부, 체육시설 안전관리에 관한 기본계획(2016)

표 I-4 체육시설 안전관리 실태조사

구분	시설물 분야	소방 분야	체육시설 규정	재난 대비	평균 평점
시설 평균	4.19	3.94	4.27	3.44	3.97

출처 : 문화체육관광부, 체육시설 안전관리에 관한 기본계획(2016)

첫째로 체육시설에 대한 지방자치단체와 시설업자 주도의 안전관리 추진기반이 미흡하다. 현장에서의 안전관리와 지방자치단체 주도의 안전관리 추진은 법적 근거가 필요하지만 체육시설법에는 관련 조항이 없다. 또 소규모 체육시설의 자율점검이 가능하기 위해서는 안전점검, 결과 입력, 조치 등 일련의 과정들이 법령을 토대로 규정되어야 하는데, 현재는 이에 대한 관련 규정 역시 전무하다.

둘째로 체육시설에 특화된 안전관리 전문기관 및 전문가가 없다. 체육시설법 제4조 3항에서는 체육시설에 대한 안전점검을 재난관리 책임기관에 위임·위탁하도록 명시하고 있지만 스포츠용품, 기구 등과 같이 체육활동에 존재하는 특화된 기구, 용품, 시설 등에 대한 전문화된 검사기관이 없는 현실이다.

셋째로 영세 체육시설업자의 비용 증가에 따른 보상체계가 미흡하다. 최근 시설에 대한 안전기준을 강화함에 따라 체육시설업자의 부담이 증가되고 이로 인해 서비스의 질적 저하와 이용자의 비용 증가가 발생하고 있다. 따라서 영세 체육시설업자에 대해서는 비용 증가를 상쇄할 보완 대책이 필수적으로 마련되어야 하지만 이에 대한 제도적 장치가 부재한 상황이다.

넷째로 체육시설 안전관리와 관련되어 세부과제 정책 추진을 위한 법적 근거가 미비하다. 이에 따라 체육시설 안전관리 추진기반을 구축하고 스포츠 안전교육과 연구의 활성화, 스포츠 안전문화 진흥을 위한 기반 조성 등 제반 사업을 실행하는데 있어서 그 실효성을 담보하기가 어렵다.

3) 스포츠 안전교육 및 기술개발 분야

스포츠 안전교육 및 기술개발 분야에서의 문제점은 다음의 네 가지를 꼽을 수 있다.

첫째로 현재 체육시설 종사자의 안전교육은 매우 부족한 실정이고 안전의식 또한 결여되어 있다. 체육시설 종사자에 대한 안전교육은 관리 차원에서 매우 중요한데도 체육시설법에는 사고예방 교육을 재난관리 책임기관에 위임·위탁할 수 있다는 사항만 명시하고 있어 교육의 현실성이 뒤떨어지고 있다.

둘째로 스포츠 안전에 대한 맞춤형 교육프로그램이 없다. 따라서 온라인 안전교육시스템의 구축 등 안전교육의 접근성을 강화하기 위한 방안이 필요하며 교육대상자별 특성을 고려한 안전교육 프로그램 및 콘텐츠 개발이 시급히 마련되어야 한다.

셋째로 체육시설의 세부 유형별 매뉴얼 및 안전관리지침이 없다. 체육시설은 운동 종목, 시설 형태, 운영 주체 등에 따라 규모나 구성, 안전사고 발생 및 시설물 관리체계가 다르다. 따라서 체육시설의 유형별 특성을 고려한 차별화된 운영자용 안전관리 매뉴얼 및 점검자용 안전점검지침이 마련되어야 한다.

넷째로 체육시설 안전관리의 연구 기술에 대한 전략적 투자가 미흡하다. 현재 연구 개발사업은 기술, 시스템, 부품 등의 분야에 한정되어 있어 체육시설 안전관리에 대한 연구개발을 더디게 하고 있다.

4) 스포츠 안전문화 분야

스포츠 안전문화 분야에서의 문제점은 다음과 같은 세 가지로 요약할 수 있다.

첫째로 국민의 안전의식이 보다 강화될 필요가 있다. 현재 사고 예방과 교육의 필요성에 대해서는 국민의 98.7%가 공감하고 있으며 국민들의 안전의식도 또한 점차 향상되고 있다. 그러나 여가활동 참여 증가에 따른 빈번한 위험상황의 노출로 안전에 대한 의식은 더욱 강화되어야 할 필요가 있다.

둘째로 안전문화의 조성 노력에도 불구하고 스포츠 안전사고는 계속 증가하고 있다. 특히, 안전의식의 결여, 부주의, 안전수칙 미준수 등에 따른 안전사고가 급증하고 있다. 예컨대, 자전거 헬멧 미착용으로 인해 해마다 300여 명이 사망하고 등산장비 불량, 입산통제 무시, 안전수칙 미준수 등으로 발생된 등반사고의 경우에는 2010년 3,088건이었는데 2013년에는 7,494건으로 급증했다.

셋째로 체육시설 안전문화와 관련된 콘텐츠의 부족 및 시민단체 활동이 미흡하다. 스포츠 시설 이용 및 스포츠 활동에서 안전에 대한 경각심을 심어 주고 안전불감증을 해소시킬 수 있는 내용의 안전문화 콘텐츠 개발도 시급한 과제이다.

3. 체육시설 안전관리계획의 수립 방향과 중점 추진 과제

1) 수립 방향

체육시설 및 스포츠 안전관리계획의 수립은 체육시설, 스포츠 활동, 스포츠용품 안전관리 등 세 가지의 분야로 나눌 수 있다.

표 I-5 체육시설 안전관리 기본계획의 범위

구분	주요 내용
체육시설 안전관리	시설의 설치 · 운영 관련 안전, 안전 · 위생 기준, 재난 대비 등
스포츠 활동 안전관리	안전문화 확산, 사고 예방, 부상 방지 등
스포츠용품 안전관리	제품 규격(출시) 및 관리 상태(이용) 등

출처 : 문화체육관광부, 체육시설 안전관리에 관한 기본계획(2016)

우선 체육시설 안전관리는 주로 시설의 설치와 안전을 비롯하여 안전 · 위생 기준, 재난 대비 등을 내용으로 하며, 스포츠 활동에서의 안전관리는 스포츠 활동에서의 사고 예방과 부상 방지, 안전문화 확산 등에 초점이 맞춰져 있다. 그리고 스포츠용품 안전관리 역시 체육시설 안전관리의 중요한 영역의 하나로 제품의 규격과 관리 상태, 안전하고 올바른 이용방법 등을 내용으로 한다.

2) 중점 추진 과제

체육시설 안전관리의 중점 추진 과제는 네 가지로 나누어 살펴볼 수 있다.

먼저 안전관리기반을 구축하는 것으로 지방자치단체 중심의 현장 안전관리를 통한 실질적인 체육시설 안전관리를 강화하기 위해 관리체계를 정립하는 것을 말한다. 중앙행정기관인 문화체육관광부는 계획 수립과 총괄지원 및 평가를 담당하고 각 지방자치단체는 현장에서의 안전점검, 교육, 홍보 등의 역할을 담당하는 등 구체적이고 합리적인 역할 분담을 체계화하는 것을 골자로 한다.

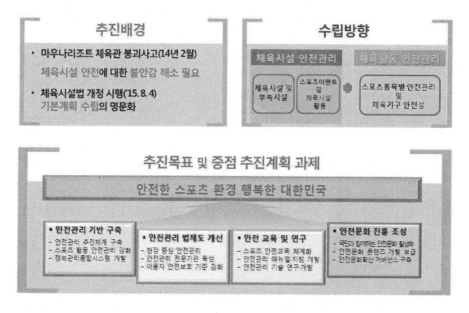

그림 I -4 체육시설 안전관리 기본계획 및 추진 과제

또 체육시설 상설안전점검단과 같은 기구를 구성·운영하여 점검 결과에 따라 이용제한, 사용중지 등의 행정명령을 내릴 수 있는 권한을 갖게 함으로써 효과적인 안전관리기반을 구축할 수 있다. 아울러 체육시설 안전 우수 지방자치단체 및 민간에게는 포상 및 시설의 개·보수비용을 지원하며 안전인증 현판을 부여하는 등의 방안도 구체적인 추진 사항으로 고려될 수 있다.

다음으로 체육시설의 안전관리와 관련된 법과 제도를 개선하는 것도 중점 추진 과제에 포함된다. 주로 현장 중심의 안전관리기반 구축을 위한 제도 개선, 이용자의 안전 보호를 위한 대상 업종의 확대 및 기준의 강화를 주 내용으로 한다.

스포츠 안전교육 및 연구의 활성화 방안도 중점 추진 과제의 하나이다. 이는 체육시설 안전관리정책의 효과성을 확보하기 위한 안전교육의 기반을 마련하고 체계적인 안전관리를 위한 연구 개발과 안전지침 및 매뉴얼 개발, 그리고 보급을 목표로 한다.

마지막으로 스포츠 안전문화의 기반을 조성하는 것도 추진 목표로 제시된다. 구체적으로 국민의 안전의식 제고를 위한 안전문화 콘텐츠 및 프로그램을 개발하고 국민이 참여하는 생활 속의 안전문화 확산을 추진하는 것이 목표가 된다.

제2장 체육시설의 개념[1]

I. 체육시설 정의 및 현황

1. 체육시설 정의

체육시설에 대한 정의는 학자나 기관에 따라 다양하게 정의되고 있으나 문화체육관광부는 체육백서(2016)에서 '운동 활동을 안전하게 할 수 있도록 설치·관리되는 일정한 공간적 범위를 가지는 물적 환경'이라고 규정하고 있다.

일반적으로 체육시설에 대한 정의는 크게 학문적 정의와 법적 정의로 구분한다.

먼저 학문적 정의에서는 '운동에 필요한 여러 가지 물적 조건을 인공적으로 정비한 시설과 용기구 및 용품을 포함한 조형물'이라고 하여 광의의 개념으로 정의하고, 협의의 개념에서는 '운동을 위한 각종 장소'로 정의하고 있다. 법적 정의는 체육시설법 제2조 제1호에서 '체육활동에 지속적으로 이용되는 시설과 그 부대시설'로 정의하고 있다. 여기서 체육활동이란 국민체육진흥법 제2조에서 밝힌 바와 같이 '운동경기, 야외운동 등 신체활동을 통하여 건전한 신체와 정신을 기르고 여가를 선용하는 것'을 의미한다.

또 체육시설의 종류는 체육시설법 제3조 및 동법 시행령에서 운동 종목 및 시설 형태에 따라 구분하고 있다. 즉, 운동 종목별로는 법적 보호와 규제가 필요한 골프장, 골프연습장, 궁도장, 게이트볼장, 농구장, 당구장 등 45개 종목, 그리고 국내 또는 국제적으로 개최되는 기타 운동 종목 시설로 문화체육관광부장관이 정하도록 하고 있다. 시설 형태별로는 운동장, 체육관, 종합체육시설 등 세 가지 형태로 구분하고 있다.

체육시설은 또한 시설의 설치 주체와 운영 주체에 따라 크게 공공체육시설과 민간체육

---

1) 체육시설의 개념은 문화체육관광부(2016). 체육백서, 한국스포츠정책과학원 401~433면의 내용을 재구성하여 수록된 자료임.

표 I -6 체육시설의 종류

구분	체육시설의 종류
운동 종목 (45종목)	골프장, 골프연습장, 궁도장, 게이트볼장, 농구장, 당구장, 라켓볼장, 럭비풋볼장, 롤러스케이트장, 배구장, 배드민턴장, 벨로드롬, 볼링장, 봅슬레이장, 빙상장, 사격장, 세팍타크로장, 수상스키장, 수영장, 무도학원, 무도장, 스쿼시장, 스키장, 승마장, 썰매장, 씨름장, 아이스하키장, 야구장, 양궁장, 역도장, 에어로빅장, 요트장, 육상장, 자동차경주장, 조정장, 체력단련장, 체육도장, 체조장, 축구장, 카누장, 탁구장, 테니스장, 펜싱장, 하키장, 핸드볼장, 그 밖에 국내 또는 국제적으로 치러지는 운동 종목의 시설로서 문화체육관광부 장관이 정하는 것
시설 형태	운동장, 체육관, 종합체육시설

출처 : 문화체육관광부, 전국 공공체육시설 현황(2018)

시설로 구분하기도 한다. 공공체육시설이란 용어는 1994년 체육시설법이 개정되면서 법령에 공식적으로 사용되기 시작했는데, 시설을 이용하는 주체와 시설 목적에 따라 다시 전문체육시설, 생활체육시설, 직장체육시설 등 세 종류로 세분화하여 구분하고 있다.

먼저 전문체육시설은 국내외 경기대회의 개최와 참가선수 훈련 등을 위해 마련된 운동장, 체육관 등의 체육시설을 의미한다. 전문체육시설은 체육정책 전개의 토대가 되는 기초적 시설에 해당되므로 체육시설법 제5조 및 동법 시행령 제3조를 통해 국가와 지방자치단체가 설치하는 것을 의무화하고 있다. 즉, 특별시와 광역시, 도에는 전국 단위의 종합경기대회를 개최할 수 있는 시설과 국제경기대회를 개최, 운영할 수 있는 체육시설을, 시·군에는 각 시·군 규모의 종합경기대회를 개최할 수 있는 체육시설을 설치하도록 규정하고 있다.

생활체육시설은 전문 체육인이 아닌 일반 국민들이 건강을 유지하거나 여가를 즐기기 위한 체육활동에 필요한 용품이나 시설 등을 의미한다. 국가와 지방자치단체는 국민이 거주지와 가까운 곳에서 생활체육시설을 쉽게 이용할 수 있도록 대통령령에서 정하는 바에 따라 설치, 운영해야 한다. 체육시설법 제6조 및 동법 시행령 제4조에서는 시·군·구(특별자치도 포함)는 실내외 체육시설을, 읍·면·동에는 해당 지역 주민이 골고루 이용할 수 있는 실외체육시설을 국가와 지방자치단체가 설치하도록 규정하고 있다. 또 생활체육시설에는 장애인도 이용할 수 있도록 장애인을 위한 편의시설이나 기구를 마련해야 한다고 정하고 있다.

직장체육시설은 직장인의 건강 및 체력을 증진시키기 위한 체육활동에 필요한 체육시설로서 직장의 장(長)이 설치하도록 의무화하고 있다. 체육시설법 제7조 및 동법 시행령 제5조에서는 근로자 500인 이상이 상시 근무하는 직장에는 2개 종류 이상의 체육시설을 설치하도록 정하고 있다.

이밖에 체육시설법 제8조에는 국민들의 체육활동 및 스포츠 욕구를 충족시키기 위해 공공체육시설 중 직장체육시설을 제외한 전문체육시설 및 생활체육시설을 각종 경기대회 개최나 시설의 유지·관리 등에 지장이 없는 범위 내에서 개방함으로써 지역 주민들이 편하게 이용할 수 있도록 정하고 있다. 동법 시행규칙 제5조에서는 체육시설을 지역 주민에게 개방하는 경우에 주민들이 손쉽게 이용할 수 있도록 시설의 개방시간과 이용방법을 게시하도록 정하고 있다.

표 I-7 공공체육시설 분류 기준

구분		설치기준
1. 육상경기장		일주거리 400m 또는 300m, 200m의 육상트랙, 필드(축구경기장) 및 보조경기장 등을 갖춘 경기시설(종합운동장, 종합운동장 주경기장, 종합경기장 주경기장, 공설운동장, 시민운동장, ○○경기장 등으로 일컬어짐)
2. 축구장		길이 100~110m, 폭 64~75m(국제경기 규격) 또는 이와 유사한 규격 (축구경기 가능시설로서 육상경기장 내의 축구경기장은 제외)
3. 하키장		길이 91.4m, 폭 55m 또는 이와 유사한 규격(하키 전용경기장에 한함)
4. 야구장		본루로부터 1·3루측 야외거리가 98m 이상, 백스크린까지 110m 이상 또는 이와 유사한 규격
5. 사이클경기장		일주거리 실내 250~400m(통상 333.33m가 주종), 실외 250~500m. 주로 폭 7m 이상, 경사도 직선주로 8~10°, 곡선주로 38~45°
6. 테니스장		가로 10.97m, 세로 23.77m(마을체육시설 수준의 테니스장은 간이운동장으로 분류)
7. 씨름장		경기장 높이 30cm 이상. 70cm 이하, 직경 8m 이상인 원형의 모래시설과 경기장 밖 1.5m 이상의 보조경기장 또는 이와 유사한 규격
8. 간이운동장		축구, 배구, 농구, 테니스, 배드민턴, 게이트볼, 체력단련기구 등 간이운동시설이 설치된 거주지 인근의 마을체육시설
9. 체육관	구기체육관	핸드볼, 농구, 배구, 배드민턴 등 구기종목의 경기 개최가 가능한 체육관
	투기체육관	유도, 레슬링, 복싱, 태권도, 펜싱, 검도, 씨름 등 투기종목의 경기 개최가 가능한 체육관

구분		설치기준
9. 체육관	생활체육관	농구, 배구 등 구기종목과 수영, 볼링, 에어로빅, 헬스 등 생활체육 종목의 시설이 복합 설치된 체육관(올림픽기념 국민생활관, 국민체육센터, 시민체육관, 구민체육센터, 농어민문화체육센터 등)
10. 전천후 게이트볼장		정식 규격의 게이트볼장으로 지붕, 기둥 또는 벽면으로 구성된 경기장(단, 지붕 구조가 막구조로 된 게이트볼장도 포함)
11. 수영장	경영풀	폭 25m, 길이 50m 8레인으로 레인 폭은 2.5m 이상(1레인과 8레인 수영조벽과 폭 0.5m 이상) 또는 이와 유사한 규격
	다이빙풀	폭과 길이가 25m×33m, 수심 5m
	비정규	기장 규격이 정규 수준에 미달되는 시설
12. 롤러 스케이트장	정규트랙	트랙경기장 : 일주거리 200m의 트랙, 주폭 6m 이상
	정규로드	로드경기장 : 250~1000m, 주폭 8m 이상
	간이	경기장 규격이 정규 수준에 미달되는 시설
13. 사격장		공기총사격(10m), 화약총사격(10m, 25m, 50m, 300m), 클레이사격(트랩, 스키트) 시설, 러닝타겟시설 중 전부 또는 일부를 보유한 사격장
14. 국궁장		사정거리는 관저 중심에서 사대 중심까지 145m, 과녁 사이 5m 이상 또는 이와 유사한 규격
15. 양궁장		30m, 50m, 60m, 70m, 90m 거리의 경기 가능
16. 승마장		마장마술(길이 60m, 폭 20m), 장애물 비월(폭의 길이 최소한 60m, 총넓이 4,800㎡ 이상) 시설의 전부 또는 일부를 보유한 승마장
17. 골프연습장		골프연습 타석을 갖춘 시설
18. 조정, 카누장	조정	조정경기 가능시설
	카누	카누경기 가능시설
19. 요트장		요트경기에 필요한 시설과 요트의 수납과 정비용 부대시설을 갖춘 경기장 또는 이와 유사한 경기장
20. 빙상장	쇼트트랙	길이 60m, 폭 30m(일주거리 111.12m의 트랙) 또는 이와 유사한 규격(아이스하키경기 가능)
	400m트랙	일주거리 400m 이상 333.3m 미만 길이의 2개의 주로
21. 설상 경기장	스키점프장	길이 90m, 120m 또는 이와 유사한 규격(스키점프경기 가능)
	바이애슬론 경기장	3.25km와 2km 지점에 컷오프를 갖춘 하나의 4km 주로로 구성

구분		설치기준
21. 설상 경기장	크로스컨트리 경기장	5km×3코스=15km 또는 이와 유사한 규격(크로스컨트리경기 가능)
	봅슬레이, 루지, 스켈레톤경기장	길이 1200~1650m 트랙을 갖춘 규격(1200m 경사로)
22. 기타 체육시설		상기 분류 기준에 포함되지 않은 공공체육시설

출처 : 문화체육관광부, 전국 공공체육시설 현황(2018)

2. 체육시설 현황

공공체육시설은 주로 국가가 운영하는 형태로서 영리 목적보다는 국민건강 복지증진에 목적을 두고 있다. 반면에 민간체육시설은 개인이나 영리단체 또는 기업에서 영리를 목적으로 상업용 체육시설을 설치, 운영하는 것이다. 그리고 민간체육시설에는 체육단체, 사회복지단체, 종교단체, 민간단체 또는 개인이 영리 목적이 아닌 일반인의 체육활동 또는 그 기관의 고유한 목적을 위해 설치·운영하는 비영리 체육시설도 존재한다.

체육시설은 시설 운영의 허가와 관련하여 등록 체육시설업과 신고 체육시설업으로 구분된다. 등록 체육시설업은 특별시·광역시 또는 도의 승인과 허가가 필요한 업종으로 골프장업, 스키장업, 자동차경주장업 등이 해당된다. 신고 체육시설업은 사업 실행을 위해 시·군·구에 신고만 하면 되는 업종으로 요트장업, 조정장업, 카누장업, 빙상장업, 승마장업, 종합체육시설업, 수영장업, 체육도장업, 골프연습장업, 체력단련장업, 당구장업, 썰매장업, 무도학원업, 무도장업 등이 해당된다.

지난날 체육시설업은 9개의 등록 체육시설업과 11개의 신고 체육시설업 등 총 20개의 시설업으로 구성되어 있었다. 그러나 지역의 균형 발전과 지방자치단체의 자율성을 위해 2005년 7월 29일 법률 개정으로 특별시·광역시·시·도의 관할 업무였던 등록 체육시설업 중 요트장업, 조정장업, 카누장업, 빙상장업, 승마장업, 종합체육시설업 등 6개 시설을 시·군·구의 관할 업무인 신고 체육시설업으로 전환했다. 그리고 2006년 3월 24일 개정 법률 제7913호를 통해 위의 등록 체육시설업에서 신고 체육시설업으로 전환된 6개 업종을 포함한 17개 신고 체육시설업종 가운데 볼링장업, 테니스장업, 에어로빅장업을 자유업종으로 전환했다.

체육시설법 제10조 및 동법 시행령 제7조에 따르면, 체육시설은 회원 모집, 시설 규모, 운영 형태 등에 따라 회원을 모집하여 운영하는 회원제 체육시설업과 회원을 모집하지 않고 운영하는 대중체육시설업으로 세분화할 수도 있다.

II. 체육시설 조성정책

1. 체육시설 조성정책의 전개

우리나라에 스포츠가 대중들에게 알려지기 시작한 것은 19세기 후반이었다. 주로 외교관이나 계몽주의적인 서구 교육관을 기초로 세운 민간학교에 의해 축구, 사이클, 정구, 체조, 육상 등이 대중들에게 소개되었다. 따라서 학교운동장이 대표적인 체육시설로 활용될 수밖에 없었다.

최초의 체육시설은 1897년 2월 당시 관립영어학교에 근무하던 영국인 교사인 허치슨(Hutchison)이 탁지부로부터 지원을 받은 학생들의 식비 예산 1,000원 가운데 일부를 운동장 확장과 운동기구 구입에 사용한 사례로 보기도 한다.

1916년 5월에는 서울YMCA가 회관 옆에 우리나라 최초라고 할 수 있는 실내체육관을 개관하면서 그동안 야외에서만 한정적으로 이루어지던 체육활동이 실내로 확장되었다. 1923년 7월에는 전조선육상경기대회 준비를 위해 휘문의숙의 설립자인 민영휘(閔泳徽)가 계동궁의 절반을 매입하고 넓이와 길이를 측정하여 100m 직선주로와 333m 트랙을 설치함으로써 우리나라 최초의 정규 육상경기시설이 마련되었다.

1926년에는 경성부(일제강점기의 서울시청)가 최초의 근대 체육시설인 경성운동장(동대문운동장)을 건립했다. 이후 1959년 서울 효창동에 종합운동장이 건립되고 1960년에는 돔 양식의 실내 종합체육관이 서울 장충동에 세워지는 등 현대식 종합체육시설이 속속 건립되었다. 그러나 체육시설이 주로 서울을 중심으로 수도권에 집중적으로 설치되자, 서울과 지방의 균등한 체육 발전을 도모한다는 취지 아래, 1957년부터 전국체육대회를 지방순회 방식으로 개최하기 시작했다.

우리나라의 체육시설 조성정책은 정책 도입 초기부터 1950년대까지는 주로 민간 부문이 중심적인 역할을 주도해 왔다. 그러나 1962년 9월 국민체육진흥법이 법률 제1146호로 제정되면서부터 체육시설 조성에 대한 정책이 정부 주도로 전환되기 시작했다.

1966년 국가대표 선수의 경기력 향상을 위해 태릉선수촌을 건립되었으며 1970년대 이후에는 전국 주요 도시마다 운동장과 체육관 등 대형 체육시설 건립이 본격적으로 추진되기 시작했다.

1981년에 1988년 하계올림픽대회의 서울 개최가 확정되자, 그 이듬해인 1982년 중앙행정 부서로 체육부가 신설되었다. 그리고 체육부를 중심으로 1986년 서울 하계아시아대회와 1988년 서울 하계올림픽대회 개최를 위한 시설 확충이 진행되었고 이러한 시설 확충을 통해 두 대회를 모두 성공적으로 개최할 수 있었다.

그런데 두 대회를 준비하는 동안에 체육시설이 획기적으로 확충될 것이라는 예상과 달리, 그 혜택이 대회 개최 지역인 서울에만 편중될 것을 우려하는 목소리가 적지 않았다. 이에 따라 지방에도 충분한 체육시설 건립을 촉진하기 위해 1986년 보조금의 예산 및 관리에 관한 법률을 개정하여 지방체육시설사업을 국고보조 대상사업에 포함시키는 등 지역별 균등한 체육시설 확보를 도모했다.

1988년 서울 하계올림픽대회를 성공적으로 개최한 이듬해인 1989년 3월 31일에는 체육시설의 설치 및 이용을 권고하고 체육시설업의 건전한 발전을 통해 국민의 건강 증진과 여가 선용에 이바지할 목적으로 '체육시설의 설치·이용에 관한 법률'이 제정되었다. 당시에는 골프장과 스키장의 관리는 교통부가 담당하고, 수영장의 관리는 보사부가, 체육도장은 문교부가 관리하는 등 체육시설의 관리 업무가 분산되어 있었다. 이로 인한 업무의 비효율성을 해소하기 위해 체육시설 관리를 체육부로 일원화함으로써 효과적인 관리가 가능하도록 했다.

1988년 서울 하계올림픽대회의 개최 이후에는 기존의 전문체육 육성정책과 더불어 생활체육정책이 본격적으로 추진되기 시작했다. 그 결과, 전국에 동네체육시설 보급률을 높일 수 있었고 전국 15개 시·도에 올림픽기념 국민생활관이 건립되어 생활체육을 확산하는데 이바지했다.

2. 국민생활체육진흥종합계획

1986년의 서울 하계아시아대회와 1988년의 서울 하계올림픽대회를 성공적으로 치르고 난 뒤, 정부는 체육에 대한 국민적 관심을 생활체육으로 이어가고자 했다. 이를 위해 지방자치단체, 민간단체와 함께 1990년 3월 수립한 국민생활체육진흥종합계획(일명 호돌이계획)을 1990년부터 1992년까지 3개년계획으로 추진했다.

국민생활체육진흥종합계획은 국민들의 생활체육 진흥을 통해 복지사회를 실현하고 국민의 축적된 에너지를 합리적으로 활용함으로써 국가와 사회 발전을 가속화하고 여가생활의 건전화를 통해 바람직한 청소년을 육성하는데 목표를 두었다. 그리고 국민들의 평생체육을 실현함은 물론, 국민의 체력과 정신력 강화를 통해 국력을 키우고 건전한 여가생활의 기회를 확대시키는 것을 기본적인 방향으로 설정했다.

이를 위해 생활체육시설을 확충하며 기존 시설의 활용도 향상을 통해 생활체육의 참여 여건을 단계적으로 확충하고 조성하는데 집중했다. 신규 확충 대상으로는 운동장, 체육관 등 기본체육시설과 올림픽기념 국민생활관, 마을단위 동네체육시설, 동계체육시설, 체육인 올림픽동산, 직장체육시설 등을 선정했다. 그리고 민간투자를 촉진하고 체육시설 설치 지역을 확대하는 등 국민 누구나 저렴하고 손쉽게 체육시설을 이용할 수 있도록 단계적인 시설 확충 방안을 제시했다. 기존 시설의 활용도 제고를 위해서는 공공체육시설의 생활체육시설화, 올림픽시설 활용, 직장체육시설 개방, 학교체육시설의 생활체육시설화 등을 실천 방안으로 제시했다.

3. 국민체육진흥 5개년계획

1990년부터 1992년까지 추진된 국민생활체육진흥종합계획에 이어 국민체육진흥 5개년계획이 시행되었다. 1993~1997년의 제1차 국민체육진흥 5개년계획, 1998~2002년의 제2차 국민체육진흥 5개년계획, 그리고 제3차 국민체육진흥 5개년계획은 참여정부가 들어선 2003년에 시작하여 2007년 완결됨으로써 모두 세 차례에 걸쳐 15년간(1993~2007년)의 국민체육진흥 5개년계획이 단계적으로 실행되었다.

국민체육진흥 5개년계획의 단계별 내용을 살펴보면 다음과 같다.

먼저 제1차 국민체육진흥 5개년계획에서는 모든 국민의 체육활동을 안정적으로 지원하기 위해 지역적으로 균형 있는 체육시설 공급을 목표로 했는데, 특히 지방 체육시설의 확충과 공간 확보에 중점을 두었다. 구체적으로는 기본체육시설로 운동장과 체육관, 수영장을 설치했고 국민의 생활반경에 맞춘 생활권 내 체육시설인 동네체육시설, 종합체육회관, 구민문화체육회관, 농어민문화체육센터, 자연친화적인 체육공원 등을 집중적으로 설치했다. 또 국공립학교 운동장과 관공서의 체육관을 개방하고 공공기관 테니스장 혹은 배드민턴장을 설치하고 이를 지역 주민들에게 개방하여 부족한 체육시설을 보완했다.

1997년 동계유니버시아드경기대회 유치를 위해 부족한 동계체육시설에 대한 투자와 공급도 확대했는데, 무주와 전주 지역의 동계체육시설을 정비하여 실내빙상장과 실외빙상장, 스키점프대, 크로스컨트리코스 등을 설치했다.

제2차 국민체육진흥 5개년계획에서는 지역 중심의 생활체육시설이 조성되어야 한다는 목표에 역점을 두고 특별시·광역시·도와 같이 광역 단위가 아닌, 시·군·구와 같은 지역의 부족한 기본체육시설과 근린체육공간 조성에 초점을 맞추었다. 특히 운동장, 체육관, 실내빙상장, 지방스포츠센터(국민체육센터), 농어민문화체육센터, 생활체육공원, 마을체육시설 등에 중점적으로 지원함으로써 체육시설이 단순히 체육활동을 위한 공간이 아닌 지역 공동체의 구심점 역할을 수행할 수 있도록 다양한 활용성과 함께 복합적인 기능을 갖추는데 중점을 두었다. 또 체육시설의 확충과 효율적인 관리 및 운영, 체육활동 기회의 확대, 시설 이용에 대한 편의성 향상 등을 위해 민간위탁 등 관리·운영의 다양성 확대정책도 병행하여 생활체육을 더욱 활성화할 수 있도록 했다.

제3차 국민체육진흥 5개년계획은 2003년 출범한 참여정부의 '참여, 분권, 자율'이라는 정책 방향을 토대로 수립되었다. 당시 체육활동에 대한 국민의 수요에 비해 체육시설 공급이 부족하다는 구체적인 지표를 토대로 체육정책이 수립되었다. 또 국민의 체육활동 수요에 적절히 부응하기 위해 주민의 생활권 안에서 언제나 손쉽게 이용할 수 있는 체육시설 확충을 목표로 삼았다.

특히 체육시설을 정부의 선택으로 설치하지 않고 설치 지역의 다양한 특성에 맞는 다목적 체육활동 공간을 조성하는 것으로 추진 방향을 설정했다. 그리고 지역 단위의 주민 친화형 생활체육 공간의 지속적인 확충을 위해 국민체육센터, 농어민문화체육센터, 다목적 생활체육공원, 잔디 및 우레탄 체육시설, 게이트볼경기장, 마을 단위의 생활체육시설, 학교운동장 생활체육시설 등의 설치 지원사업을 핵심적으로 추진했다. 이밖에 공동으로 이용할 수 있는 기존 체육시설과 함께 개인의 건강 기능을 위한 각종 체육시설의 확충에도 역점을 두었다.

전문체육시설 부문에도 정책적 지원이 고려되었다. 즉, 기본체육시설의 지속적 확충과 더불어 체육환경 변화에 능동적으로 대처하기 위해 기존에 대규모 예산이 투입되었던 시설의 활용을 적극적으로 도모했다. 이를 위해 시·군의 기본체육시설 리모델링 사업 지원, 관리와 운영 실적이 우수한 공공체육시설에 대한 인센티브 부여, 종목별 전문체육시설과 전국체전시설 등의 확보 등을 주요 추진 과제로 설정했다.

참여정부의 제3차 국민체육진흥 5개년계획은 성, 연령, 계층, 지역의 차별 없이 국민누구나 체육활동에 쉽게 참여할 수 있는 체육환경을 조성하는데 중점을 두고 있다는 점이 특징이었다.

4. 국민생활체육진흥종합계획

2014년 국민들의 높아지는 생활체육에 대한 욕구 충족을 위해 국민생활체육진흥종합계획이 다시 수립되었다. 이 계획 역시 체육시설 확보에 역점을 두었는데, 주로 기존 시설의 재배치를 통한 시설의 효율성을 제고하는데 중점적인 전략적 방향이 설정되었다. 경로당, 폐교, 폐파출소 등 기존의 시설을 활용하여 2017년까지 900여 개의 작은 체육관 및 세대통합·문화통합 시설을 조성하고자 했다. 또 이동스포츠센터인 스포츠버스(Sports Bus) 운영을 통해 주민들의 체육시설에 대한 접근성을 향상시키고 스포츠 소외계층의 참여 형평성도 제고하고자 했다. 무엇보다도 이 계획에서 특징적인 내용은 세대 간 소통할 수 있는 세대통합형 체육시설을 조성하여 체육의 사회적 기능을 강화시킨다는 방향이었다.

2014년부터 시작된 국민생활체육진흥종합계획에서는 유소년의 발달 단계에 적합한 체육시설 조성 및 체육용품 관련 제도 개선을 통한 체육활동의 기본 환경을 구축하고자 했으며, 기존의 1인당 체육시설면적 확대정책에서 종목별 체육시설 접근성 제고로 공급의 패러다임 전환을 꾀했다. 그리고 2015년부터 현장지향성을 강화하는 방안을 마련하기 시작했다. 이밖에 체육시설을 활용하여 다양한 업종을 운영할 수 있도록 관련 규제를 완화하기도 했다. 즉, 체육시설의 편의시설 설치와 관련된 규제는 사행행위 등 불가능한 시설에만 적용하기로 관련 법률을 개정함으로써 시설의 활용도를 높였다.

5. 공공체육시설 균형배치 중장기계획

국민생활체육진흥종합계획과 함께 건강 유지와 체력 증진에 대한 국민의 관심 증가와 체육활동에 대한 참여 욕구를 계획적이며 체계적으로 충족시키고 모든 국민이 양질의 체육서비스를 받을 수 있도록 하기 위해 공공체육시설 균형배치 중장기계획이 수립되었다.

2006년에 시행되었던 것을 2014년에 다시 수립한 계획이다.

이 계획은 체육시설의 접근성 및 서비스 수준의 향상을 위한 중앙정부의 중장기적 행정계획이다. 그리고 광역자치단체별로 체육시설의 공급에 대한 중장기계획의 방향성을 제시할 수 있는 가이드라인 역할을 수행한다.

이 계획은 체육시설을 바탕으로 하는 메타데이터를 마련하여 국민 누구나 사용 가능한 뉴스포츠맵 서비스로 활용하고 민간영역에서 필요한 시설의 수요와 시장정보를 제공함으로써 민간도 적극적으로 체육시설의 공급 주체로 활용, 스포츠산업 확장에 기여하고자 하는데 목적을 두고 있다. 그리고 스포츠 수요와 스포츠 환경의 변화를 반영한 스포츠 시설 공급정책 개발 및 추진을 목표로 하여 2022년까지의 구체적인 사업계획을 포함하고 있다.

이 계획에서는 체육활동 참여율을 높임으로써 건강한 시민사회를 형성하고 체육시설 보급률 확대로 쾌적하고 여유로운 체육활동 공간을 조성하는데 초점을 맞추고 있다. 우선 체육시설 확충을 위한 전략적 접근 방안을 수립하기 위해 지역 간, 계층 간 접근 기회의 균등과 지역별 확충 전략의 차별화, 공간단위별 기본체육시설 설정 및 시설 간, 이용체계 간 네트워크 형성, 신규 조성사업의 지속적 추진과 기존 시설의 공간효율성 및 이용률 제고 등을 적극적으로 고려하고 있다. 또 교육, 문화, 복지시설 등 유관시설과의 복합화를 추진하고 민간시설과의 시장 차별화, 사업의 효율적 추진을 위한 관련 주체 간 역할체계를 마련하고 있다. 아울러 이러한 비전과 계획을 달성하기 위해 다음과 같은 구체적인 전략을 제시하고 있다.

첫째로 국민들의 체육시설에 대한 접근성을 향상시키기 위해 체육시설 공간데이터를 기반으로 체육시설을 공간단위별, 경기수준별로 체계화함으로써 효율적인 이용체계 네트워크를 구축한다.

둘째로 체육시설 공급 주체의 다양화를 위해 공공영역에서는 새로운 수요에 부합하는 기금 지원모델의 수정안을 제시하며, 민간영역에 대해서는 체육시설의 주요 공급 주체로서 역할을 할 수 있도록 시장정보, 제도 개선, 공공시설의 민간사업장 활용 등 실현 가능한 방안 등을 제시한다.

셋째로 유휴자원 및 기존 체육시설을 활용한 공공체육시설 지원모델을 제시함으로써 체육시설 설치를 위한 재원 부담을 축소하고 다양한 재원을 활용함으로써 최대한 공간을 유효하게 활용하는 방안을 모색한다.

이러한 전략의 추진을 통해 최소 시설투자로 효과를 극대화할 수 있는 체계적이며 효율적인 공공체육시설의 확충체계를 확립하고 공공 및 학교체육시설의 활용도 제고를 통해 지역 주민 및 종목별 동호인, 운동선수 등에게 체육시설의 이용 편의를 제공한다.

또 2022년까지 필요한 적정 체육시설면적을 1인당 5.73㎡로 규정하고 2022년까지 체육시설에 대한 이용자 참여율을 70%로 예측, 이에 대한 이용수요 예측 및 공급 기준, 공간 단위별, 지역유형별 공공체육시설의 확충계획을 수립했다. 1인당 5.73㎡라는 규정은 월 1회 이상 생활체육 참여자 비율이 70%인 경우를 가정하여 산정한 수치이다.

아울러 종목별 시설을 공급하기 위해 국민생활체육 참여실태조사의 결과를 바탕으로 체육시설 종목별 적정서비스 거리를 도출했으며 시설에 대한 접근성 및 서비스 수준을 고려한 공급계획도 수립했다. 생활권별로는 시·군·구·읍·면·동 및 마을단위별로 실내외 시설을 구분하여 생활체육공원, 권역형체육공원, 운동장생활체육시설, 국민체육센터, 생활거점체육센터, 주민스포츠센터, 마을스포츠홀 등을 기본체육시설로 하되, 학교나 청소년시설 등 유관시설과의 형태적·기능적 복합화 방안도 제시했다.

공공체육시설의 배치 방식은 그동안 공급자 중심이었던 방식을 수요자 중심의 배치로 전환함으로써 획일적 기준에서 벗어나고자 했다. 또 공공체육시설의 배치에서는 생활권역 및 인구 수, 접근성 및 서비스 수준을 고려함으로써 공간단위 및 시설의 위상에 따른 시설 간 이용체계 네트워크를 형성하여 체육시설의 위계와 참여자의 기술 수준에 따라 이용을 선택하고 결정할 수 있도록 했다.

Ⅲ. 공공체육시설 지원 현황

우리나라의 체육시설은 1986년 서울 하계아시아대회와 1988년 서울 하계올림픽대회, 2002년 FIFA 한·일 월드컵축구대회, 2002년 부산 하계아시아대회 등 국제스포츠 이벤트를 개최하는 과정에서 정부와 민간의 지속적인 투자가 이루어져 괄목할 만한 성장을 이루어 낼 수 있었다. 그러나 대형 종합경기대회 개최를 목적으로 하는 체육시설의 조성만으로는 체육활동에 대한 국민의 다양한 욕구를 충족시키기에 한계가 있었다.

따라서 전문선수의 훈련과 국내외 스포츠 경기의 개최는 물론, 국민의 여가 선용과 건강 증진, 생활체육활동을 통한 건전한 사회 조성 등을 위해 지속적으로 생활체육시설과 전문체육시설의 확충을 지원해 오고 있다.

표 I -8 공공체육시설 지원 대상 및 기준

재원명	시설명		목표	지원금액 기준	주요 시설
지특 회계	시군 기본 체육 시설	운동장	지자체의 사업 요청시 검토 지원	국고 30% 지방비 70%	필드(축구장), 육상트랙 등
		체육관	지자체의 사업 요청시 검토 지원	국고 30% 지방비 70%	구기 가능시설
지특 회계	동계체육시설 (실내빙상장)		지자체의 사업 요청시 검토 지원	국고 30% 지방비 70%	피겨, 아이스하키, 쇼트트랙 가능 시설
지특 회계	종목별 체육시설		지자체의 사업 요청시 검토 지원	국고 30% 지방비 70%	수영장, 테니스장, 사이클장, 승마 장, 야구장, 하키장, 씨름장, 양궁장 등
지특 회계	체육시설 리모델링		지자체의 사업 요청시 검토 지원	국고 30% 지방비 70%	10년 이상 경과된 노후시설 개보수
지특 회계	생활체육공원		지자체의 사업 요청시 검토 지원	국고 30% 지방비 70%	다목적구장, 테니스장, 농구장, 롤러 스케이트장, 배드민턴장, 게이트볼 장, 체력단련장, 산책로, 휴게실, 녹 지공간 등
지특 회계	노인건강 체육시설		지자체의 사업 요청시 검토 지원	국고 30% 지방비 70%	노인계층 선호 체육활동, 레저시설, 게이트볼장, 파크(그라운드) 골프장 등
지특 회계	운동장 생활체육시설		2009~17년 1000개 초·중·고교 조성	1개소당 3.5억 원	토사 또는 잔디(천연, 인조) 운동장, 탄성포장, 다목적구장, 야간조명시 설 등
지특 회계	레저스포츠 시설		지자체의 사업 요청시 검토 지원	국고 30% 지방비 70%	지역 특성에 맞는 레저스포츠시설 (인공암벽장, 패러글라이딩 활공장, 서 바이벌게임장, 번지점프대, 짚라인 등)
체육 기금	전국체전시설		전국체전 개최 시·도경기장 확보	국고 30% 지방비 70%	미보유 및 규격미달 경기장 등
체육 기금	국민 체육 센터	일반	시·군·구 단위 1개 소 확충 (인구 50만 이상)	1개소당 27~33억 원 (재정자립도 따라 차등)	다목적체육관, 수영장, 체력측정실, 체력단련장 등 민간스포츠센터 수 준의 종합체육시설
		장애인	시·도 단위에 1개소 확충	1개소당 50억 원	장애인 편의시설 완비 및 장애인 특화 체육프로그램 운영

재원명	시설명	목표	지원금액 기준	주요 시설
체육 기금	개방형학교 다목적체육관	2009~17년 200개 초·중·고교 조성	국고 30%, 지방비와 교육청 70%(인구 30만 이상 시·군·구 최대 9억 원, 30만 미만 최대 4.8억 원)	강당 겸 체육관 또는 다목적전용체육관 중 선택

출처 : 문화체육관광부, 전국 공공체육시설 현황(2016)

1. 공공체육시설 개·보수 지원

전국 지방자치단체 소재의 노후 공공체육시설은 물론, 미비한 장애인 편의시설 등에 대한 개·보수 지원이 이루어져서 공공체육시설의 활용도를 높이고 장애인들의 공공체육시설에 대한 접근성이 개선되었다.

2016년 공공체육시설 현황에 따르면, 시설 개선비용의 30%를 국고로 부담하여 각 지방자치단체 공공체육시설의 개·보수를 지원했는데, 금액으로 보면 노후 체육시설에 57억 7300만 원, 장애인 편의시설에 40억 6400만 원, 국민건강 및 안전관련 긴급 재보수에 336억 5100만 원 등 총 434억 8800만 원이 지원되었다.

2. 생활체육시설 지원

생활체육의 활성화를 위한 기반을 조성하고 지역 간 균형 있는 공공체육서비스를 제공하기 위해 체계적인 지원을 하고 있으며 이를 통해 공공체육시설을 점차 확충해 나가고 있다. 생활체육시설에 대한 지원 목적은 생활체육 공간의 확충을 통해 지역 주민이 자신의 주거지 인근에서도 손쉽게 체육시설을 접하고 편리하게 이용할 수 있도록 하는 것이다. 무엇보다도 체육시설의 신규 조성과 함께 기존 시설을 최대한 활용함으로써 시설의 이용효율성을 극대화하는데 초점을 맞추고 있다. 특히 국민체육센터, 개방형 다목적학교 체육관 등의 시설 확충을 지원하고 있다.

표 I-9 생활체육시설 지원

사업별	지원액	지원 목적
국민체육센터	30억 원 내외	전국 시·군·구에 수영장을 기본으로 하는 기본형, 체육관형, 복합형의 공공체육인프라를 확충, 지역 주민의 건강 및 체육복지 기반 마련(재정자립도에 따른 10% 차등 지원, 정액 지원)
개방형 다목적 학교체육관	4~9억 원	학교 부지를 활용한 주민체육관을 건립, 학생과 지역 주민이 함께 활용할 수 있는 주민 생활체육시설 조성(30% 정률 지원)

운동장 생활체육시설, 농어촌복합체육시설, 레저스포츠시설 : 지특회계 이관(2014)
출처 : 국민체육진흥공단, 종합업무 현황(2016)

1) 국민체육센터

국민체육센터는 수영장을 기본으로 하는 서민형 공공체육시설이다. 따라서 국민체육센터의 확충은 국민건강, 체육복지 증진 및 삶의 질적 향상에 기여한다.

국민체육센터는 수영장, 헬스장, 사우나실, 체력측정실, 다목적실을 갖추고 있는 수영장 기본형과 체육관, 헬스장, 체력측정실, 다목적실로 이루어진 다목적체육관형, 그리고 수영장, 체육관, 헬스장, 체력측정실, 다목적실로 구성된 체육관 복합형 등 세 가지 형태로 조성되어 있다. 국민체육센터에 대한 연도별 지원을 보면, 2014년에는 19개소에 537억 3700만 원을 지원했고 2015년에는 11개소에 483억 4900만 원을 지원했다.

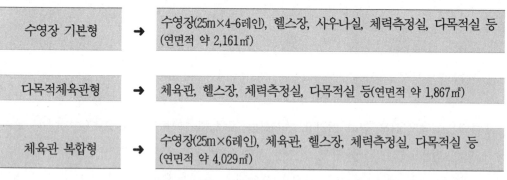

그림 I-5 국민체육센터 지원 시설(출처 : 국민체육진흥공단, 종합업무 현황, 2016)

2) 개방형 다목적학교체육관

개방형 다목적학교체육관은 학교 부지를 활용하여 건립하는 주민체육관을 말한다. 학생과 지역 주민이 함께 활용할 수 있는 주민 생활체육시설로 체육복지에 대한 균등한 기회를 제공하는데 목적을 두고 있다.

　개방형 다목적학교체육관에 대한 지원 모델은 두 가지이다. 먼저 전용(정규)체육관은 농구, 배구, 핸드볼 등 체육활동을 주목적으로 하는 실내체육관으로 바닥면적 600㎡ 이상, 천장 높이 6m 이상의 시설이다. 다른 하나는 강당(겸용)체육관으로 체육활동과 함께 입학식이나 졸업식, 각종 발표회 등으로 활용할 수 있는 시설이다. 이러한 개방형 다목적학교체육관의 연도별 지원 실적을 보면, 2014년에는 21개소에 113억 원을 지원했고 2015년에는 31개소 252억 6000만 원을 지원했다.

전용(정규)체육관	→	농구, 배구, 핸드볼 등 체육활동을 주목적으로 하는 실내체육관 바닥면적 600㎡ 이상, 천장높이 6m 이상
강당(겸용)체육관	→	체육활동 및 입학식, 졸업식, 각종 발표회 등

그림 I-6 개방형 다목적학교체육관 지원 모델(출처 : 국민체육진흥공단, 종합업무 현황, 2016)

IV. 공공체육시설 활용도 제고 및 관리·운영 효율화

1. 체육활동 공간의 효율적 활용

　공공체육시설에 대한 지속적인 관심과 투자로 체육활동을 할 수 있는 공공체육시설은 꾸준히 증가했지만 새롭게 마련된 체육시설에 대해서는 홍보가 효과적으로 이루어지지 않은 탓에 해당 체육시설에 대한 지역 주민들의 인지도가 높지 않다는 지적이 제기되었다. 또 체육시설 건립 후에도 꾸준한 관리와 보수가 이뤄지지 않아서 시설 활용도와 만족도가 민간체육시설에 비해 낮다는 문제점이 나타났다.

　공공체육시설의 공급 기준은 해당 지역의 체육활동 참여 인구와 시설의 접근성을 기준으로 설정된다. 체육활동 참여 인구는 수요 분석을 통해 도출된 종목별 참여율 예측치를 추세 인구에 반영하며 산출한 참여 인구를 기준으로 필요한 공급량을 예측한다. 그리고 시설에 대한 접근성 기준은 서비스의 균등 배분 및 수요 집중 지역을 우선적으로 고려하기 위해 서비스 비혜택 인구를 기준으로 공급의 우선순위를 선정하는 방법을 사용한다.

공공체육시설의 공급에 대한 중기계획에서는 비혜택 인구와 지역을 해소하여 국민 모두가 어디서든지 체육시설의 서비스 혜택을 받을 수 있도록 하는 것을 원칙으로 한다. 장기적으로는 지역에 따라 종목별로 시설 이용 인구가 평균보다 많은 지역에 대해서는 서비스 수준 향상을 위해 추가로 해당 시설을 공급하는 것을 고려한다. 체육활동 참여자들이 선호하는 종목들이 적정 서비스 거리 내에 입지해야 하고 일정 수준 이상의 서비스 혜택을 받기 위해서는 시설당 서비스 수준을 유지하는 것이 필요하다. 산출된 서비스 거리는 실제 시설의 위치를 중심으로 설정하며 인구 데이터와 함께 지리정보시스템 (Geographic Information System, GIS) 분석으로 시·군·구별, 종목별 비혜택 인구와 비혜택 면적을 산출하여 설정된다.

현재 체육시설의 활용도와 서비스 수준을 높이기 위해 세 가지의 방향으로 개선 작업을 실시하고 있다.

첫째로 시민들이 이용하기에 불편함을 겪을 수 있는 노후화된 운동장과 체육관 등을 우선적으로 최신식 시설로 리모델링하는 것이다. 실제로 리모델링을 통한 시설 개선작업은 동일한 종류의 체육시설을 새로 건립하는데 드는 비용보다 적은 비용이 소요되기 때문에 비용대비 측면에서 큰 효과를 거둘 수 있다.

둘째로 학교운동장 등과 같은 공공체육시설의 적극적인 개방을 유도하는 것이다. 단, 공공체육시설 개방으로 인해 소요 경비를 부담하기 어려운 지방자치단체에 대해서는 지방자치단체 조례를 통해 제정 또는 개정하여 개방된 공공체육시설을 운영, 관리하는데 필요한 경비 내에서 이용료를 부과할 수 있도록 하고 있다.

셋째로 체육시설의 건립과 유지 및 관리에 상대적으로 많은 비용이 드는 운동장, 체육관과 같은 대형 체육시설은 체육활동뿐만 아니라 문화예술활동 등이 가능하도록 다목적, 다용도의 복합문화체육공간으로 조성함으로써 그 활용도를 높일 수 있도록 하고 있다. 또 체육시설의 건립 계획 단계부터 시설을 직접 이용할 지역 주민의 의견을 우선적으로 수렴하고 국내외 우수 사례를 벤치마킹하여 해당 건립 지역의 특수성에 맞는 체육시설이 건립될 수 있도록 하고 있다.

공공체육시설의 공급에 대한 기본계획에서는 차별화, 특성화, 복합화, 입체화, 실용화, 다양화, 유용화 등 다양한 비전과 목표를 설정하고 있다.

표 I -10 국민체육진흥시책

국민체육진흥시책
국가와 지방자치단체로 하여금 국민체육진흥에 관한 시책을 강구하고 국민의 자발적인 체육 활동을 권장·보호·육성하도록 한 국민체육진흥법 제3조(체육진흥시책과 권장)와 문화체육관 광부장관의 국민체육진흥에 관한 기본시책의 수립과 시행을 규정하고 있는 제4조(기본시책의 수립 등) 제1항, 국민체육진흥시책의 내용을 규정하고 있는 동법 시행령 제3조(국민체육진흥시 책) 제1항 3호의 내용을 근거로 하여 공공체육시설 균형배치 중장기계획을 수립
이 계획의 내용적 범위는 국민체육진흥법 시행령(국민체육진흥시책) 제3조 제1항 3호의 체육시 설의 설치·유지·보수 및 관리에 대한 규정과 체육시설의 설치·이용에 관한 법률 제3조(체 육시설의 종류), 제5조(전문체육시설), 제6조(생활체육시설), 동법 시행령 제2조(체육시설의 종류), 제3조(전문체육시설의 설치·운영), 제4조(생활체육시설의 설치·운영)에서 다루는 사항

시설의 차별화는 접근 용이도에 따라 종목별로 차별화된 시설의 배치를 유도하며 종목 별로 참여 수요 및 민간시설의 공급 정도를 감안하여 공급계획을 작성함을 의미한다.

시설의 특성화는 도시 및 농촌 등 지역의 특성에 특화된 맞춤형 체육시설을 건립한다 는 뜻이다. 즉, 도시 지역이나 업무 중심지의 경우, 유동인구를 고려한 소규모 간이체육시 설을 건립하며, 농촌 지역은 고령화 현상 등 지역의 환경 변화에 따라 그 지역의 필요와 요구에 맞는 맞춤형 공간으로서의 체육시설을 건립하는 것을 말한다.

시설의 복합화는 문화와 체육이 함께 하는 복합문화체육공간을 조성함으로써 시설의 이용효율성을 제고한다는 의미이다. 즉, 생애주기별 문화체육프로그램의 종합적 구현을 위한 공간으로 조성되며 자원봉사자 중심으로 운영될 수 있도록 하고 있다.

시설의 입체화는 타 부처와의 사업 연계 및 협조에 의해 입체적 공간을 확보하는 것을 가리키는데, 주로 도심의 자투리 공간이나 지하철 역사, 기업 청사 등 유동인구를 수용할 수 있는 체육시설을 확보할 수 있다. 또 그린벨트 등 개발제한지역 내에 체육시설을 설치 하는 방안도 고려할 만한 하다.

시설의 실용화는 둔치, 폐교, 미사용 행정시설 등 현재 활용도가 낮은 시설이나 유휴 공간 등 숨어 있는 체육공간을 발굴하여 체육시설을 조성한다는 뜻이다. 야외의 넓은 유 휴공간은 야구장, 축구장 등의 체육공간으로 전용할 수도 있다.

시설의 다양화는 전문체육의 기반 구축과 종목의 다양성을 제고하기 위한 발판을 마련 하기 위한 것이다. 예컨대, 상대적으로 시설보급률이 낮은 동계 생활체육시설의 확충이 포함되는데, 동계종목의 수요 변화와 추세 등을 검토하고 국민들에게 동계스포츠 종목의 균등한 수혜를 제공하는 것을 말한다. 물론 동계체육시설의 수도권 편중을 해소할뿐더러 권역별 빙상장 건립을 추구하는 것도 해당한다.

마지막으로 시설의 유용화는 노후시설 및 기능의 변화를 필요로 하는 시설에 대해 리모델링을 지원하는 등 기존 공공체육시설의 활용도를 높이는 것을 가리킨다. 또 대형 전문체육시설의 활용도를 제고하고 학교체육시설의 야간 개방 확대 등 이용의 활성화를 유도하는 것도 포함된다. 아울러 공공체육시설의 통합정보시스템 최적화로 정보 접근성을 강화하고 장애인 등의 접근성을 높이기 위한 편의시설의 개·보수 사업을 지원하는 것도 시설의 유용화를 추구하는데 한몫을 담당한다.

1) 지방 체육시설 개·보수

그동안 노후화된 대형 운동장 등 체육시설에 대한 개·보수 사업에는 주로 중앙정부에서 비용을 지원해 왔으나 기존의 국고보조금 지원체계로는 근본적으로 문제를 해결하는 데 한계가 있다는 것이 나타났다. 이에 따라 2010년 1월 27일 국민체육진흥법 개정, 동년 9월 17일 동법 시행령을 개정하여 2010년부터 2014년까지 5년간 한시적으로 지방자치단체의 공공체육시설에 대한 개·보수 지원사업에 체육진흥투표권 수익금의 사용이 가능하도록 했다. 이때 개·보수를 받을 수 있는 대상은 준공된 지 20년 이상 지난 전문체육시설로서, 실내시설은 500석 이상, 실외시설은 1000석 이상의 관람석을 갖춘 시설로 제한했다. 공공체육시설의 개·보수 지원에 대한 체육진흥투표권 수익금의 배분 비율은 5%이며 개·보수에 들어가는 시설비용의 30%를 지원하도록 했다.

2015년까지 지속된 이 지원사업으로 노후화된 많은 체육시설들이 편의성을 갖춘 현대화된 시설의 면모를 갖추게 되었다.

2) 공공체육시설 민간 투자여건 조성 및 수익시설 설치기준 완화

국내 프로스포츠가 활성화되면서 프로경기단체가 사용하는 경기장시설의 단기임대에 대한 문제가 지속적으로 제기되었다. 이에 대해 2009년 12월 스포츠산업진흥법이 개정됨으로써 기존 3년간의 단기임대에서 25년간의 장기임대가 가능해졌다. 이에 따라 프로경기단체의 경기장시설에 대한 투자가 이루어졌고 공공체육시설의 현대화 작업과 다양한 문화체육 복합시설의 조성 등에도 민간투자가 실현될 수 있었다.

민간투자를 보다 적극적으로 유치하기 위해 2010년 3월 '도시·군계획시설의 결정·구조 및 설치기준에 관한 규칙'이 개정되었다. 이로써 민간투자의 활성화로 종합운동장의 공간적·기능적 다양성을 적극 활용할 수 있고 체육시설 고유의 기능을 확대함과 동시에 다양한 수익시설을 설치, 운영할 수 있게 되었다. 종전에는 운동장 규모가 100만㎡ 이상이거나 6종목 이상의 국제규격경기장을 갖춘 체육시설에서만 수익시설을 설치, 운영할 수 있었으나 법률 개정 후에는 10만㎡ 이상 또는 3종목 이상의 국제규격경기장을 갖춘 체육시설로 그 기준이 완화되었다. 그 결과, 약 20여 개 이상의 지방자치단체 관할 운동장이 보다 적극적으로 수익시설을 설치, 운영할 수 있게 되었다.

3) 공공체육시설 통합정보제공시스템 구축 및 운영

2010년부터 공공체육시설에 대한 통합정보제공시스템 구축사업이 추진되었다. 2010년에 기반 구축을 위한 연구용역이 의뢰되어 2011년 7월 공공체육시설 통합정보제공시스템의 구축이 완료되었다. 이에 따라 2011년 10월부터 인터넷 홈페이지(www.sportsmap.or.kr)를 통한 서비스가 시작되었다. 이 시스템은 장애인 시설은 물론이고 공공체육시설의 위치나 사진, 동영상과 같은 기본적인 정보를 비롯하여 지도자, 홈페이지, 셔틀버스 정보, 공공체육시설이 운영하는 프로그램 정보, 운영요금 등을 안내하고 있다.

앞으로는 국민의 이용 편의 제공을 위한 공공체육시설 이용 안내뿐만 아니라 정책 시뮬레이션시스템도 구축하여 공공체육시설 및 기금지원시설에 대한 정보도 제공할 예정이다. 또 이를 바탕으로 체육시설의 지역별 균형 배치 등 지역 실정에 맞는 주민밀착형 생활체육시설 건립을 위한 정책 자료로 활용될 예정이다.

4) 학교체육시설 개방 확대

학교체육시설은 공공체육시설 중 급격하게 증가하는 체육시설 수요에 대해 가장 효과적이고 신속하게 대응할 수 있는 대안이다. 또 학교체육시설의 개방은 공공체육시설의 신규 공급과 같은 효과를 낼 수 있을 뿐만 아니라 건립 재원을 마련하고 부지를 확보하는 데 어려움을 겪는 경우에도 좋은 대안의 하나이기도 하다.

현재 국가가 지원한 학교의 공공체육시설 중 운동장, 생활체육시설 및 개방형 다목적학교체육관은 의무적으로 개방하도록 되어 있다. 학교체육시설을 개방하는 경우에는 개방시간과 이용방법 등을 지역 주민들이 잘 볼 수 있도록 게시해야 한다. 또 시설관리 주체의 재정 여건 등을 감안하여 시설관리에 필요한 비용을 마련하기 위한 최소한의 경비 범위 내에서 시설이용료를 부과할 수 있도록 하고 있다.

5) 소외계층의 공공체육시설 이용료 감면 및 장애인 이용 편의 확대

소외계층이 공공체육시설을 이용할 때에는 일정 부분 이용료를 감면해 주어야 하며 장애인과 노인 등을 위한 이용 편의시설 또한 설치되어야 한다.

이용료 감면은 노인복지법 제26조(경로우대)와 장애인복지법 제30조(경제적 부담의 경감)를 근거로 하여 65세 이상의 노인과 장애인 등이 대상이다. 지방자치단체의 조례 등을 통해 할인 대상자들 역시 공공체육시설을 감면된 요금으로 사용할 수 있다. 그리고 '장애인 차별금지 및 권리구제 등에 관한 법률' 제25조에 의해, 편의시설이 부족한 공공체육시설을 대상으로 경사로, 승강기 등을 의무적으로 설치하도록 하고 있는데, 해당 시설의 설치는 시기별로 단계를 두고 있다. 2010년까지는 인구 50만 명 이상의 국가 및 지방자치단체 소유의 체육시설이 해당되었고 2012년까지는 인구 30만 명 이상, 50만 명 미만 지방자치단체 소유의 체육시설이 해당되었다. 이어 2015년까지는 인구 30만 명 미만의 지방자치단체 소유의 체육시설이 노약자나 장애인을 위한 경사로, 승강기 등을 설치하도록 단계적 의무화를 제시하고 있다.

2. 공공체육시설 관리·운영 효율화

1) 공공체육시설의 에너지 효율화 추진

국내외적으로 환경을 고려한 에너지 절약의 중요성이 강조됨에 따라 국내 스포츠 환경에서도 에너지 소비를 줄이는 방안이 논의되기 시작했다. 환경 보호와 에너지 절약을 위해 관련 법규를 통한 규제와 함께 행정적·기술적 지원은 물론 일깨움, 참여 유도 등의 행정적 방안이 모색되었다. 이를 통해 자원 사용을 줄이고 에너지를 절약하며 쓰레기 배출을 최소화하는 녹색생활의 실천적 방안이 체육환경에서도 펼쳐지고 있다.

2017년 9월 22일부터 시행된 '신에너지 및 재생에너지 개발·이용·보급 촉진법'에 따르면, 건축 연면적 1000㎡ 이상의 건축물을 신축, 증축 또는 개축할 경우에 설계 시 산출된 예상 에너지 사용량의 일정 비율 이상이 신에너지, 재생에너지를 포함할 수 있도록 그 설비를 의무적으로 설치하도록 규정하고 있다.

한편 환경과 관련한 여러 정책과 자발적인 참여를 유도하는 캠페인이 시행되면서 체육계에서도 체육단체를 중심으로 자발적인 참여를 통한 응원문화 및 경기운영 방식의 개선 등으로 온실가스 배출과 환경오염 감소에 기여하는 그린 스포츠(Green Sports) 문화가 정착되도록 유도하고 있다. 특히 에너지 사용량이 많은 축구, 야구, 농구, 배구 등 4개 프로단체들은 2010년 3월 그린스포츠 업무협약을 맺고 관중들의 대중교통 이용과 쓰레기 분리수거 유도, 응원문화의 개선 등을 통한 자원 절약 등 다양한 캠페인을 추진하고 있다.

이밖에 경기장에서 발생하는 온실가스를 감소시키기 위해 지방자치단체가 행정적·기술적으로 지원하며 공공체육시설의 확충 및 개·보수 등을 추진할 경우에는 에너지 효율이 좋은 LED 조명을 설치하고 조명시설 자동제어기, 물 절약시설 등 에너지 효율화 장치를 설치할 것을 규정하고 있다.

2) 지방자치단체 시설관리자 대상 교육 강화

국민체육진흥공단 산하의 한국스포츠개발원은 매년 지방체육행정 공무원 및 지방체육시설 관리자를 대상으로 경영마인드 도입과 시설 운영 개선을 유도하는 교육과정을 실시하고 있다. 여기서는 '공공체육시설 활용도 제고'라는 과목을 개설하여 체육시설의 시간적·공간적 활용 가능성에 대한 교육을 강화하고 있다. 연간 약 80여 명의 지방체육행정 공무원 및 체육시설관리자가 이 교육을 이수했다. 이러한 교육은 체육시설 관리를 위한 실무, 지방체육행정의 선진화, 시설관리의 효율성 등에서 긍정적인 역할을 하고 있다.

3) 공공체육시설 안전관리 추진

체육시설법에서는 공공체육시설에서도 체육시설업에서의 체육지도자 배치, 안전과 위생기준 등의 안전 관련 규정을 마련하고 있다. 특히 시설의 특성 및 지역 여건에 맞게 관리운영하도록 하고 있으며 지방자치단체가 자체적으로 안전관리 대책을 수립하여 시행하도록 하고 있다. 또 운동장, 체육관, 야구장, 수영장, 빙상장 등 많은 사람이 이용하는 대규모 시설이나 축구, 야구, 농구, 배구 등 프로경기 개최 시설 등 대형 인명사고의 우려가 있는 시설을 중점적 관리 대상으로 지정하여 관리하고 있다. 이밖에 체육활동 이외의 공연 행사 등으로 대관할 때에는 해당 행사에 적합하도록 안전관리요원의 배치, 안전관리자 선임, 작업자안전관리수칙 준수 등 별도의 안전관리 매뉴얼을 마련하여 운영하도록 하고 있다.

제3장 체육시설의 구분[2]

Ⅰ. 스포츠 실외시설

1. 스포츠 실외시설의 정의

스포츠 실외시설은 일반적으로 '외부에서 진행하는 스포츠 경기를 진행하는 곳'이라고 정의된다. 최근에는 대규모의 실내 스포츠 시설을 건립할 수 있어 실외종목 가운데 일부가 실내에서 이뤄지기도 하지만 축구나 육상과 같이 비교적 규모가 큰 스포츠 경기는 여전히 실외시설에서 진행되고 있다.

2. 스포츠 실외시설의 트렌드

스포츠 실외시설의 가장 큰 특징은 지붕이 없는 구조의 야외경기장이라는 점이다. 우리나라의 대표적인 실외시설로는 서울월드컵경기장, 잠실종합운동장 등이 있으며 대부분의 종합운동장이 여기에 해당한다.

스포츠 실외시설에서는 규모가 큰 스포츠 경기를 진행할 수 있기 때문에 경기장 규모도 스포츠 실내시설에 비해 상대적으로 큰 편이다. 서울월드컵경기장의 경우, 대형화된 스포츠 실외시설의 형태를 갖지만 경기장 실내에도 일정의 규모를 확보하고 문화생활공간을 배치함으로써 시설의 활용도가 높고 이를 통해 흑자 경영을 실현하고 있다. 이렇듯 최근에는 실외체육시설도 복합문화시설과 융합되어 시설의 효율성을 높이고 경제성을 도모하는 추세로 변하고 있다.

---

2) 체육시설의 구분은 국가직무능력표준(2018), 12. 이용숙박여행오락스포츠, 04. 스포츠, 01. 스포츠시설개발, 05 스포츠시설 선행사례조사분석, 5~82면의 내용을 통해서 편집된 자료임.

그림 I -7 종합경기장

3. 스포츠 외부시설의 종류

1) 축구장

축구장은 축구 선수들이 축구경기를 위해 직접 뛰는 경기장이다. 종합경기장 형태의 축구장도 존재하지만 요즘에는 주로 축구경기만을 위해 설립된 축구 전용경기장을 칭하는 용어로 쓰인다.

2) 야구장

야구장은 야구의 시합이나 연습 등을 하는 천연잔디 또는 인조잔디가 깔린 경기장을 말한다. 최근에는 돔 형식의 실내시설로 야구장이 건립되어 기후에 관계없이 경기를 진행할 수 있는 전천후 구장의 형태로 건립되기도 한다.

3) 골프장

골프장은 골프를 하기 위해 설계된 미개간지를 일컫는다. 일반적으로 9개 또는 18개의 홀이 있는 코스로 구성되어 있다.

그림 I -8 축구 전용경기장

그림 I -9 야구 전용경기장

그림 I -10 골프장

4) 테니스장

테니스장은 점토, 시멘트, 인조바닥 또는 잔디 등으로 지면을 조성하고 테니스를 하기 위해 설계된 구장이다.

5) 종합경기장

종합경기장은 스포츠 시설이 어떤 '일정한 지역의 공간'에 각 종목마다 정규 경기대회를 개최할 수 있는 규모와 설비를 가지고 집중됨으로써 그 지역을 본거지로 하여 대규모의 종합경기대회를 능률적으로 운영할 수 있는 경기장을 말한다.

그림 I -11 테니스장

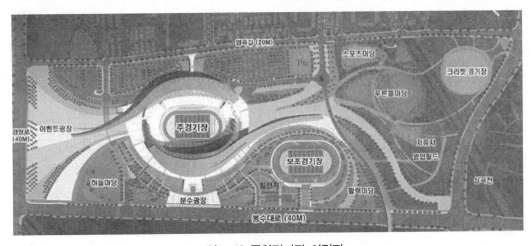

그림 I -12 종합경기장 알림판

서울 잠실에 있는 종합경기장을 비롯하여 올림픽대회나 아시안게임 등 각종 스포츠 이벤트에 대비하여 각 지역에 건설된 경기장 등이 대표적인 종합경기장이다. 일반적으로 종합경기장은 육상경기장, 보조경기장, 배구나 농구, 테니스, 축구, 하키 등의 코트, 야구장과 체육관(검도·유도 포함), 수영장, 궁도장, 경마장 등의 시설을 고루 갖추고 광장, 주차장 등 부대시설 등으로 구성되어 있다.

II. 스포츠 실내시설

1. 스포츠 실내시설의 정의

스포츠 실내시설이란 야외가 아닌 실내에서 경기를 진행하는 곳으로 태권도, 유도, 탁구, 배드민턴 등 실내경기 종목을 진행한다. 과거에는 경기 진행에 넓은 공간이 필요하지 않은 경기 종목들이 주로 실내에서 진행되었지만, 요즘은 건축 기술의 발달로 넓은 공간이 필요한 종목들도 실내에서 경기가 가능하도록 설계, 시공되어 경기가 진행된다.

그림 I-13 경기장 내부시설

그림 I -14 돔 형태의 실내경기장

2. 스포츠 실내시설의 특징

최근에는 건축 기술의 발달로 인해 돔 형태의 스포츠 경기장이 건축되고 있다. 이러한 돔 경기장은 넓은 실내 공간을 확보할 수 있고 실외시설의 단점인 기상 문제를 해결할 수 있다는 장점을 갖는다. 돔 경기장이 건설됨으로써 그동안 실외에서 진행했던 대규모의 스포츠 경기를 실내에서도 진행할 수 있게 되었다.

우리나라에서도 돔 형태의 실내경기장이 건립되어 있지만 일반 실외경기장에 비해 건설비용이 2배, 운영비는 3배가 소요되므로 돔 경기장의 건설은 경제성이나 시설 효율성 등을 꼼꼼히 따지는 등 신중을 기해야 한다.

3. 스포츠 실내시설의 종류

1) 실내 수영장

실내 수영장은 수영과 같은 수중 스포츠를 할 수 있도록 인공적으로 물을 채운 실내시설이다. 공공실내수영장은 일반적으로 대중들이 이용할 수 있도록 개방된 수영장이며, 경기용수영장은 올림픽 등 국제경기를 치를 수 있도록 일정한 규격을 갖춰야 한다. 경기용 수영장의 규격은 폭 21m, 길이 50m, 깊이 1.98m 이상이어야 하며, 총 8레인에 레인 폭은 2.5m가 되어야 한다. 또 1레인과 8레인 바깥에는 각각 0.5m의 공간이 있어야 한다. 다이빙풀은 폭과 길이가 25m×33m, 수심 5m의 규격을 갖춰야 한다.

그림 I-15 실내 수영장

2) 사격장

사격장은 사격 훈련이나 사격경기를 하는 곳으로 표적이나 거리 표시 등의 설비를 갖추고 공기총사격(10m), 화약총사격(10m, 25m, 50m, 300m), 클레이사격(트랩, 스키트) 시설, 러닝타겟 시설 중 전부 또는 일부를 보유한 사격장을 말한다. 실내 사격장은 이러한 시설이 건물 내부에 설치되어 있는 것을 가리킨다. 대부분의 공기총이나 화약총의 경기는 종목의 특성상 실내에서 이루어진다.

3) 빙상장

빙상장은 실내에서 스케이팅이나 아이스하키경기 등을 할 수 있도록 설비를 갖춰 놓은

그림 I-16 사격장 내부시설

그림 I-17 빙상장 내부시설

경기장으로 쇼트트랙, 400M트랙으로 구분된다. 쇼트트랙은 길이 60m, 폭 30m(일주거리 111.12m의 트랙) 또는 이와 유사한 규격에서 빙상경기가 열리는 곳으로 아이스하키경기도 가능한 빙상장이다. 40M트랙은 일주거리 400m 이상, 333.3m 미만 길이의 2개 주로로 구성된다. 400M트랙에서는 쇼트트랙, 스피드스케이팅, 피겨스케이팅 등의 경기가 열릴 수 있다.

4) 체육관

체육관은 핸드볼, 농구, 배구, 배드민턴 등 주로 구기종목의 실내경기 개최가 가능하도록 설계된 구기전문체육관과, 구기종목 외에 수영, 볼링, 에어로빅, 헬스 등 생활체육종목의 체육시설이 복합적으로 설치된 생활체육관(올림픽기념 국민생활관, 국민체육센터, 시민생활체육관, 구민체육센터, 농어민문화체육센터 등)을 통틀어 일컫는다. 또 유도, 레슬링, 복싱, 태권도, 펜싱, 검도, 씨름, 체조, 역도 등 투기종목 전용의 실내전용경기장도 체육관으로 통칭하여 부르기도 한다.

그림 I -18 각종 체육관

4. 기타 스포츠 실내시설

이밖에 실내 스포츠 시설로는 사이클경기장, 롤경기장, 골프연습장 등이 있다. 최근에는 건설 시공기술 등의 발전으로 기후나 환경에 상관없이 즐길 수 있는 실내시설이 점차 증가하고 있는 추세이다.

5. 스포츠 시설의 구성 실례

스포츠 시설의 구성은 골프장업을 실례로 살펴보면 다음과 같다. 우선 골프장업을 운영

그림 I -19 스포츠 실내시설

하기 위해서는 표 I -11에 나타난 바와 같이 일정한 시설과 설비 기준을 갖춰야 한다. 골프장의 각 홀을 구성하는 시설들의 명칭은 그림 I -20에 나타난 바와 같으며, 이러한 시설과 구조의 배치는 골프경기의 경기력과 흥미에 영향을 미친다.

표 I -11 골프장업 운동시설관리 기준

구분	시설 기준
운동시설	○회원제 골프장업은 3홀 이상, 정규 대중골프장업은 18홀 이상, 일반 대중골프장업은 9홀 이상, 18홀 미만, 간이골프장업은 3홀 이상, 9홀 미만의 골프 코스를 갖추어야 한다 ○각 골프 코스는 국내외적으로 통용되는 길이, 폭 및 파수에 적합해야 하며, 각 골프 코스의 길이를 합한 총길이를 18홀인 골프장은 6000m, 9홀인 골프장은 3000m, 6홀인 골프장은 2000m를 기준으로 하여 지형에 따라 총길이 25% 범위 내에서 증감이 가능하다 ○각 골프 코스의 사이 중 이용자의 안전사고 위험이 있는 곳은 20m 이상의 간격을 두어야 하지만 지형상 일부분이 20m 이상의 간격을 두기가 극히 곤란한 경우에는 안전망을 설치할 수 있다 ○각 골프 코스에는 티그라운드, 페어웨이, 그린, 러프, 장애물, 홀컵 등 경기에 필요한 시설을 갖추어야 한다 ○골프용구 운반 기구를 갖추고 그 운행이 가능하도록 해야 한다
관리시설	골프 코스 주변 러프지역 절토지 및 성토지의 법면 등은 조경을 해야 한다

골프장업을 운영하려면 반드시 그 시설을 갖추어야 하는 필수시설과 관리시설에 해당

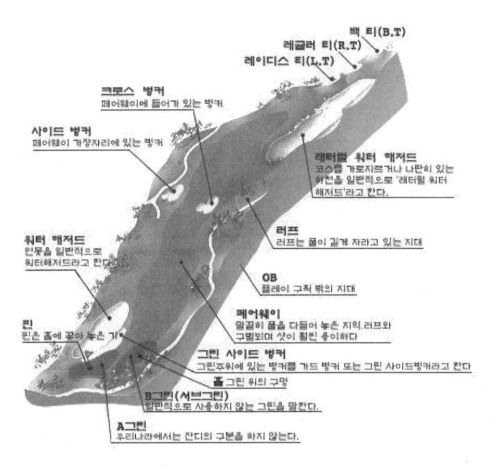

그림 Ⅰ-20 골프장 시설 구성

○러프 : 페어웨이 바깥 부분
○절토지 : 평지나 평면을 만들기 위하여 흙을 깎아 내는 일
○성토지 : 택지 조성에 있어 종전의 지반 위에 다시 흙을 돋우어 쌓는 것
○법면 : 둑 같은 경사면
○그린 : 퍼팅을 하게 되는 홀 주변의 지역으로 잔디를 짧게 다듬어 놓은 지역
○홀 : 그린 위에 설치한 구멍(홀의 직경은 108㎜, 깊이는 100㎜)
○가드벙커 : 그린 주변에 배치하는 움푹 팬 모래웅덩이
○페어웨이 : 티잉 그라운드에서 잔디까지 이어지는 잔디가 다듬어진 지역
○크로스벙커 : 페어웨이 옆으로 길게 늘어진 벙커
○워트 해저드 : 코스 내에 있는 연못, 냇물, 습지 등으로 의도적인 장애물
○러프 : 잔디를 다듬어 놓지 않은 수풀 지역
○티잉 그라운드 : 해당 홀의 첫 번째 샷을 하는 지역
　　　　　(검정, 파랑은 대회 시합용, 흰색은 일반 남성용, 붉은색은 여성과 주니어용)

하는 임의시설이 있다. 필수시설은 골프경기를 진행하기 위해 필수적인 운동시설과 경기 중 안전과 관련된 안전시설이 포함된다. 골프장업을 운영하려면 반드시 그 시설을 갖추어야 하는 필수시설과 관리시설에 해당하는 임의시설이 있다. 필수시설은 골프경기를 진행하기 위해 필수적인 운동시설과 경기 중 안전과 관련된 안전시설이 포함된다.

표 I -12 골프장업 필수시설 및 임의시설

구분		내용
필수시설	운동시설	○실내 또는 실외 연습에 필요한 타석을 갖춰야 한다. 다만, 타구의 원리를 응용한 연습 또는 교습이 아닌 별도의 오락·게임 등을 할 수 있는 타석을 설치해서는 안 된다 ○타석 간의 간격이 2.5m 이상이어야 하며, 타석 주변에는 이용자가 연습을 위하여 휘두르는 골프채에 벽면 천장과 그 밖에 다른 설비 등이 부딪치지 않도록 충분한 공간이 있어야 한다
	안전시설	○연습 중 타구에 의해 안전사고가 발생하지 않도록 그물보호망 등을 설치해야 한다. 다만, 실외 골프연습장으로서 위치 및 지형상 안전사고의 위험이 없는 경우에는 그러하지 않는다
임의시설	관리시설	○연습이나 교습에 필요한 기기를 설치할 수 있다. ○퍼팅연습용 그린을 설치할 수 있다. 다만, 퍼팅의 원리를 응용하여 골프 연습이 아닌 별도의 오락·게임 등을 할 수 있는 그린을 설치해서는 안 된다 ○실외 골프연습장 내에는 3홀 미만의 골프 코스나 18홀 이하의 피칭연습용 코스(각 피칭연습용 코스의 폭과 길이는 100m 이하이어야 한다)를 설치할 수 있다

그림 I -21 골프장 필수시설(①클럽하우스 ②페어웨이 ③그린 ④티잉 그라운드)

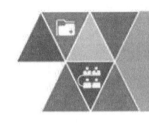

II 체육시설 안전관리 법령

제1장 체육시설의 설치·이용에 관한 법률[3]

I. 체육시설의 설치 목적 및 규정

  1994년 1월 7일 법률 제4719호로 전문 개정된 44조와 부칙으로 이루어진 '체육시설의 설치·이용에 관한 법률'은 체육시설의 설치 및 이용을 장려하고 체육시설업을 건전하게 발전시켜 국민의 건강 증진과 여가 선용에 이바지함을 목적으로 한다. 공공체육시설과 관련해서는 동법 제5~9조에 명시하고 있다.

  동법 제5조는 전문체육시설과 관련된 규정이다. 국가와 지방자치단체는 국내외 경기대회의 개최와 선수 훈련 등에 필요한 운동장, 체육관 등을 설치, 운영해야 하며 이 경우에 체육관은 체육·문화 및 청소년 활동 등에 필요한 용구로 활용될 수 있도록 설치되어야 한다고 규정하고 있다.

  제6조는 생활체육시설과 관련된 내용이다. 국민이 거주지와 가까운 곳에서 쉽게 이용할 수 있는 생활체육시설을 국가와 지방자치단체가 대통령령으로 정하는 바에 따라 설치, 운영해야 한다는 것을 명시하고 있다.

  제7조는 직장체육시설의 설치 및 운영과 관련된 규정이다. 직장의 장(長)은 직장인의 체육활동에 필요한 체육시설을 설치, 운영해야 한다고 적시하고 있다.

  제8조와 제9조에서는 이러한 체육시설의 개방과 이용, 운영에 대해 규정하고 있다. 즉, 전문체육시설과 생활체육시설은 경기대회 개최, 직장 운영 또는 학교 교육 등에 지장이 없는 범위에서 지역 주민에게 개방해야 한다고 규정하고 있으며 체육시설의 운영과 관리를 개인이나 단체에 위탁경영할 수 있도록 하고 있다.

---

3) 체육시설의 설치·이용에 관한 법률은 국가직무능력표준(2018), 12. 이용숙박여행오락스포츠, 04. 스포츠, 02. 스포츠시설, 스포츠시설 안전관리, 38~43면의 내용을 통해서 편집된 자료임.

II. 체육시설 안전관리 법규

1. 체육시설 안전관리에 관한 기본계획 수립

체육시설의 설치·이용에 관한 법률 제4조의 2에서는 체육시설 안전관리에 관한 기본계획 수립 등에 대해 표II-1에 나타난 바와 같이 상세하게 명시하고 있다.

표II-1 체육시설의 설치·이용에 관한 법률(1)

제4조의 2 (체육시설 안전관리에 관한 기본계획 등 수립)
① 문화체육관광부장관은 체육시설(공공체육시설 및 등록·신고 체육시설에 한정한다. 이하 제4조의 6까지 같다)의 안전한 이용 및 체계적인 관리를 위하여 5년마다 체육시설 안전관리에 관한 기본계획(이하 '기본계획'이라 한다)을 수립·시행하여야 한다
② 기본계획에는 다음 각 호의 사항이 포함되어야 한다 　1. 체육시설에 대한 중기·장기 안전관리 정책에 관한 사항 　2. 체육시설 안전관리 제도 및 업무의 개선에 관한 사항 　3. 체육시설과 관련된 사고를 예방하기 위한 교육·홍보 및 안전점검에 관한 사항 　4. 체육시설 안전관리와 관련된 전산시스템의 구축 및 관리 　5. 그 밖에 대통령령으로 정하는 사항
③ 문화체육관광부장관은 기본계획에 따라 매년 안전관리계획(이하 '관리계획'이라 한다)을 수립·시행하여야 한다
④ 문화체육관광부장관은 기본계획 및 관리계획의 수립·변경 또는 시행을 위하여 필요한 경우에는 관계 중앙행정기관의 장, 특별시장·광역시장·특별자치시장·도지사·특별자치도지사(이하 '시·도지사'라 한다) 또는 공공기관의 운영에 관한 법률 제4조에 따른 공공기관(이하 '공공기관'이라 한다)의 장에 대하여 관련 자료의 제출이나 협력을 요청할 수 있다. 이 경우 요청을 받은 자는 특별한 사유가 없으면 이에 따라야 한다
⑤ 문화체육관광부장관은 기본계획 및 관리계획을 수립 또는 변경한 경우에는 관계 중앙행정기관의 장, 시·도지사 및 공공기관(체육시설 안전에 관한 업무를 수행하는 공공기관에 한정한다)의 장에게 통보하고, 인터넷 홈페이지 등을 통하여 공고하여야 한다

[본조 신설 2015.2.3]

출처 : 체육시설의 설치·이용에 관한 법률

2. 체육시설 안전관리점검 등의 위임·위탁

체육시설의 설치·이용에 관한 법률 제4조의 3에서는 체육시설의 안전관리를 위해 표 II-2에 기술된 각 호의 업무를 재난관리 책임기관에 위임·위탁할 수 있다는 점을 규정하고 있다.

표II-2 체육시설의 설치·이용에 관한 법률(2)

제4조의 3 (체육시설 안전관리점검 등의 위임·위탁)
문화체육관광부장관은 체육시설 안전관리를 위하여 수립된 기본계획 및 관리계획의 업무 수행을 위하여 다음 각 호의 업무를 '재난 및 안전관리 기본법'에 따른 재난관리책임기관에 위임·위탁 할 수 있다 1. 체육시설과 관련된 사고를 예방하기 위한 교육 및 홍보 활동 2. 체육시설 안전관리와 관련된 안전점검 3. 체육시설 안전관리와 관련된 전산시스템의 구축 및 관리 4. 그 밖에 대통령령으로 정하는 사항
[본조 신설 2015.2.3]

출처 : 체육시설의 설치·이용에 관한 법률

3. 안전점검 실시결과의 이행

체육시설에 대한 안전점검 실시결과의 이행과 관련된 사항은 체육시설의 설치·이용에 관한 법률 제4조의 4에서 자세히 명시하고 있다. 표II-3에 기술된 바와 같이, 체육시설의 안전점검 결과는 공개해야 하며 이를 시설 관계자들에게 지체 없이 통보할 것을 명확히 하고 있다.

4. 체육시설 안전관리 포상

체육시설의 설치·이용에 관한 법률 제4조의 6에서는 체육시설 안전점검의 결과가 우수한 시설에 대해서는 포상할 수 있게 함으로써 체육시설의 안전점검에 대한 동기화를 도모하고 있다.

표Ⅱ-3 체육시설의 설치·이용에 관한 법률(3)

제4조의 4 (안전점검 실시결과의 이행)

① 문화체육관광부장관은 제4조의 3 제2호에 따라 실시한 체육시설의 안전점검 결과를 체육시설의 소유자(체육시설을 위탁받아 운영·관리하는 자를 포함한다. 이하 같다)와 체육시설업자, 시·도지사, 시장·군수 또는 구청장(자치구의 구청장에 한정한다. 이하 같다)에게 지체 없이 통보하여야 한다

② 제1항에 따라 안전점검 결과를 통보받은 체육시설의 소유자와 체육시설업자는 대통령령으로 정하는 중대한 결함이 있는 경우에는 시설물의 보수·보강 등 필요한 조치를 하여야 한다

③ 문화체육관광부장관 및 지방자치단체의 장은 체육시설의 소유자와 체육시설업자가 제2항에 따른 시설물의 보수·보강 등 필요한 조치를 하지 아니한 경우, 이에 대하여 이행 및 시정을 명할 수 있다

[본조 신설 2015.2.3]

출처 : 체육시설의 설치·이용에 관한 법률

표Ⅱ-4 체육시설의 설치·이용에 관한 법률(4)

제4조의 6 (체육시설 안전관리 포상)

문화체육관광부장관은 제4조의 3에 따른 체육시설 안전점검 결과 안전관리가 우수한 체육시설의 체육시설소유자 및 체육시설업자를 선정하여 문화체육관광부령으로 정하는 바에 따라 포상을 할 수 있다

[본조 신설 2015.2.3]

출처 : 체육시설의 설치·이용에 관한 법률

5. 체육시설의 안전·위생 관련 기준

체육시설업의 안전·위생에 관한 기준은 체육시설의 설치·이용에 관한 법률 제24조에 명시되어 있다. 동법 제24조 제1항에서는, 체육시설업자는 이용자가 체육시설을 안전하고 쾌적하게 이용할 수 있도록 안전관리요원의 배치, 수질 관리 및 보호장구 구비 등 문화체육관광부령으로 정하는 안전·위생 기준을 지켜야 한다고 명시하고 있다. 제2항에서는 체육시설업의 시설을 이용하는 자는 제1항의 안전·위생 기준에 따른 보호장구를 착용하여야 한다고 규정하고 있으며, 제3항에서는 체육시설업자는 체육시설업의 시설을 이용하는

자가 제2항의 보호장구 착용 의무를 준수하지 아니한 경우에는 그 체육시설 이용을 거절하거나 중지하게 할 수 있다고 명시하고 있다.

6. 체육시설의 보험 가입

체육시설의 설치·이용에 관한 법률 제26조에서, 체육시설업자는 체육시설의 설치, 운영과 관련되거나 그 체육시설 안에서 발생한 피해를 보상하기 위해 문화체육관광부령으로 정하는 바에 따라 보험에 가입해야 한다고 규정하고 있다. 다만, 문화체육관광부령으로 정하는 소규모 체육시설업자인 경우에는 해당되지 않는다고 정하고 있다. 이 조항을 위반하는 체육시설업자에게는 과태료의 행정처분을 부과할 수 있도록 정하고 있다.

7. 다른 법률과의 관계

체육시설의 설치·이용에 관한 법률 제28조는 체육시설업과 관련하여 다른 법률과의 관계를 규정하고 있다. 즉, 제28조 1항에서는 동법 제12조에 따라 등록 체육시설업에 대한 사업계획의 승인을 받으면 다음 각 호의 인가·허가 또는 해제 등을 받거나 신고한 것으로 본다고 명시하고 있다. 각 호는 모두 13개로 다음과 같다.

(1) 농지법 제34조 제1항에 따른 농지전용허가
(2) 산지관리법 제14조 및 제15조에 따른 산지전용허가 및 산지전용신고와 동법 제15조의 2에 따른 산지일시사용허가 및 신고, 그리고 산림자원의 조성 및 관리에 관한 법률 제36조 제1항과 제4항에 따른 입목벌채 등의 허가·신고이다. 다만, 사업계획구역 내 형질 변경을 하지 않고 보전하는 산지의 경우에는 예외로 하고 있다.
(3) 사방사업법 제20조에 따른 사방지 지정의 해제
(4) 초지법 제23조에 따른 초지전용허가
(5) 하천법 제33조에 따른 하천구역 안에서의 하천 점용 등의 허가
(6) 공유수면 관리 및 매립에 관한 법률 제8조에 따른 공유수면의 점용, 사용허가
(7) 사도법 제4조에 따른 사도 개설의 허가
(8) 도로법 제61조에 따른 도로 점용의 허가
(9) 국유림의 경영 및 관리에 관한 법률 제21조에 따른 국유림의 사용 허가 또는 대부

⑩ 건축법 제83조 제1항에 따른 공작물 축조의 신고

⑪ 수도법 제52조 및 제54조에 따른 전용 상수도 및 전용 공업용수도 설치의 인가

⑫ 장사 등에 관한 법률 제27조 제1항에 따른 분묘 개장의 허가

⑬ 대기환경보전법 제23조, 수질 및 수생태계 보전에 관한 법률 제33조, 소음·진동관리법 제8조, 가축분뇨의 관리 및 이용에 관한 법률 제11조에 따른 배출시설의 설치 허가 또는 신고

⑭ 공간정보의 구축 및 관리 등에 관한 법률 제86조 제1항에 따른 사업의 착수 및 변경 사실의 신고

이밖에 체육시설의 설치·이용에 관한 법률 제28조 제2항에서는 시·도지사는 제12조에 따라 등록 체육시설업에 대한 사업계획의 승인 또는 변경승인을 하려면 제1항 각 호의 해당 사항 소관 행정기관의 장과 미리 협의하여야 한다고 규정하고 있다. 다만, 제12조 단서에 따른 경미한 사업계획의 변경인 경우에 예외로 인정하고 있다. 그리고 제28조 제3항에서는 시·도지사는 제12조에 따른 등록 체육시설업에 대한 사업계획의 승인 또는 변경승인을 하거나 변경신고를 받은 때와 제31조에 따라 그 등록 체육시설업에 대한 사업계획의 승인을 취소한 때에는 지체 없이 제2항에 따른 협의 행정기관의 장에게 이를 통보해야 한다고 명시하고 있다.

III. 체육시설의 설치·이용에 관한 법률 시행령

체육시설의 설치·이용에 관한 법률(이하 체육시설법으로 표기)에서 위임된 사항과 그 시행에 필요한 사항들은 동법 시행령에서 다음과 같이 규정하고 있다.

1. 체육시설 안전관리에 관한 기본계획

체육시설법 시행령 제2조의 2에서는 체육시설법 제4조의 2 제2항과 제5항에서 '대통령령으로 정하는 사항'에 대해 명확하게 규정하고 있다. 주로 체육시설 안전관리와 관련된 전문기관 및 연구 개발, 표준매뉴얼 개발 등에 대한 사항이 적시되어 있다. 각 호의 구체

적 내용은 표Ⅱ-5와 같다.

표Ⅱ-5 체육시설의 설치·이용에 관한 법률 시행령(1)

제2조의 2 (체육시설 안전관리에 관한 기본계획)
법 제4조의 2 제2항 제5호에서 '대통령령으로 정하는 사항'이란 다음 각 호의 사항을 말한다 　1. 체육시설 안전관리 전문기관의 육성·지원에 관한 사항 　2. 체육시설의 안전관리에 필요한 기술의 연구·개발에 관한 사항 　3. 체육시설 안전관리 표준매뉴얼의 개발에 관한 사항 　4. 그 밖에 문화체육관광부장관이 체육시설의 안전관리를 위하여 필요하다고 인정하는 사항

[본조 신설 2015.8.3]

출처 : 체육시설의 설치·이용에 관한 법률 시행령

2. 체육시설 안전점검

체육시설법 시행령 제2조의 3에서는 체육시설 안전점검의 항목 및 기준이 구체적으로 기술되어 있다. 또 체육시설 안전점검지침에 포함된 안전점검의 절차와 방법 등도 규정하고 있다. 이에 대한 구체적인 내용은 표Ⅱ-6과 같다.

표Ⅱ-6 체육시설의 설치·이용에 관한 법률 시행령(2)

제2조의 3 (체육시설 안전점검)
① 법 제4조의 3 제2호에 따라 실시하는 체육시설 안전점검 항목 및 기준은 별표 1의 2와 같다
② 문화체육관광부장관은 체육시설 안전점검의 절차와 방법 등에 관하여 다음 각 호의 사항이 포함된 안전점검지침을 작성하여 고시하여야 한다. 이 경우 문화체육관광부장관은 관계 행정기관의 장에게 안전점검지침의 작성에 필요한 자료의 제출을 요청할 수 있다 　1. 설계도면, 시방서 등 안전점검에 필요한 시공 관련 자료의 수집 및 검토에 관한 사항 　2. 안전점검 실시자의 구성 및 자격에 관한 사항 　3. 안전점검 계획의 수립·시행에 관한 사항 　4. 안전점검 장비에 관한 사항 　5. 안전점검 항목별 점검방법에 관한 사항 　6. 안전점검 결과보고서의 작성에 관한 사항

[본조 신설 2015.8.3]

출처 : 체육시설의 설치·이용에 관한 법률 시행령

3. 체육시설 안전관리점검 업무 등의 위임·위탁

체육시설법 시행령 제2조의 5에서는 체육시설 안전관리점검 업무 등의 위임과 위탁에 관한 사항이 규정되어 있다. 즉, 동법 제5조 및 제6조에 따른 전문체육시설과 생활체육시설에 대한 안전관리점검의 위임 및 위탁과 관련된 사항들이다. 또 등록 체육시설업의 시설과 관련된 업무의 위임 및 위탁 사항은 동법 시행령 제2조의 5에 명시되어 있다. 이와 관련된 구체적 내용은 표Ⅱ-7과 같다.

표Ⅱ-7 체육시설의 설치·이용에 관한 법률 시행령(3)

제2조의 5 (체육시설 안전관리점검 업무 등의 위임·위탁)
① 문화체육관광부장관은 법 제4조의 3에 따라 다음 각 호의 체육시설에 대한 법 제4조의 3 제1호, 제2호 및 제4호의 업무를 시·도지사에게 위임한다 　1. 법 제5조 및 제6조에 따른 전문체육시설과 생활체육시설[특별시·광역시·특별자치시·도·특별자치도(이하 '시·도'라 한다)가 설치 또는 운영하는 공공체육시설로 한정한다] 　2. 법 제7조에 따른 직장체육시설(군부대 직장체육시설은 제외한다) 　3. 법 제10조 제1항 제1호에 따른 등록 체육시설업의 시설
② 문화체육관광부장관은 법 제4조의 3에 따라 법 제5조 및 제6조에 따른 전문체육시설과 생활체육시설(국가 또는 시·도가 설치 또는 운영하는 공공체육시설은 제외한다)에 대한 법 제4조의 3 제1호, 제2호 및 제4호의 업무를 시장·군수 또는 구청장에게 위임한다
③ 문화체육관광부장관은 법 제4조의 3에 따라 법 제10조 제1항 제2호에 따른 신고 체육시설업의 시설에 대한 법 제4조의 3 제1호, 제2호 및 제4호의 업무를 특별자치도지사, 시장·군수 또는 구청장에게 위임한다
④ 문화체육관광부장관은 법 제4조의 3에 따라 법 제4조의 3 제3호의 업무와 법 제5조 및 제6조에 따른 전문체육시설과 생활체육시설(국가가 설치 또는 운영하는 공공체육시설로 한정한다)에 대한 법 제4조의 3 제1호, 제2호 및 제4호의 업무를 국민체육진흥법에 따른 서울올림픽기념 국민체육진흥공단(이하 '국민체육진흥공단'이라 한다)에 위탁한다
⑤ 국민체육진흥공단은 법 제4조의 3 제3호의 업무를 수행하기 위하여 필요한 경우에는 관계 중앙행정기관의 장 및 지방자치단체의 장에게 관련 자료의 제출이나 협력을 요청할 수 있다

[본조 신설 2015.8.3]
[본조 개정 2019.4.16. 제2조의 6에서 이동, 종전의 제2조의 5는 삭제]

출처 : 체육시설의 설치·이용에 관한 법률 시행령

표Ⅱ-8 체육시설의 설치·이용에 관한 법률 시행령(4)

제2조의 6 (안전점검 실시결과의 공개 및 통보 등)

① 문화체육관광부장관은 체육시설 안전점검을 실시한 경우에는 법 제4조의 4 제1항에 따라 다음 각 호의 사항을 법 제4조의 5에 따른 체육시설정보관리종합시스템을 통하여 공개해야 한다
   1. 체육시설의 명칭 및 소재지
   2. 체육시설 안전점검의 실시기간 및 실시자
   3. 체육시설 안전점검의 결과(제3항 각 호의 중대한 결함이 있는 경우에는 그 내용을 상세하게 기재한다)
   4. 체육시설의 소유자(체육시설을 위탁받아 운영·관리하는 자를 포함한다. 이하 같다)와 체육시설업자가 조치해야 할 사항(조치한 경우에는 그 결과를 포함한다)

② 문화체육관광부장관은 법 제4조의 4 제1항에 따라 체육시설의 소유자와 체육시설업자, 특별시장·광역시장·특별자치시장·도지사·특별자치도지사(이하 '시·도지사'라 한다), 시장·군수 또는 구청장(자치구의 구청장을 말한다. 이하 같다)에게 체육시설 안전점검 결과를 통보하는 경우에는 다음 각 호의 사항을 포함해야 한다
   1. 체육시설의 명칭 및 소재지
   2. 체육시설 소유자와 체육시설업자의 성명(법인인 경우에는 대표자의 성명을 말한다)
   3. 체육시설 안전점검의 실시기간 및 실시자
   4. 체육시설 안전점검의 결과(제3항 각 호의 중대한 결함이 있는 경우에는 그 내용을 상세하게 기재한다)
   5. 체육시설의 소유자와 체육시설업자가 조치해야 할 사항
   6. 그 밖에 체육시설 안전관리에 필요한 사항

③ 법 제4조의 4 제2항에서 '대통령령으로 정하는 중대한 결함'이란 다음 각 호의 결함을 말한다
   1. 시설물 기초의 세굴(洗掘: 단면이 물에 의해 깎이는 현상)
   2. 건축물의 기둥, 보 또는 내력(耐力)벽의 내력 손실
   3. 철근콘크리트의 염해(鹽害: 염분 피해) 또는 중성화에 따른 내력 손실
   4. 땅깎기·흙쌓기에 의한 경사면의 균열·이완 등에 따른 옹벽의 균열 또는 파손
   5. 그 밖에 체육시설의 안전에 영향을 주는 결함으로서 문화체육관광부장관이 정하여 고시하는 결함

④ 제2항에 따라 체육시설 안전점검 결과를 통보받은 체육시설의 소유자와 체육시설업자는 해당 체육시설에 제3항 각 호의 중대한 결함이 있는 경우에는 그 결과를 통보받은 날부터 1년 이내에 법 제4조의 4 제2항에 따라 보수·보강 등 필요한 조치에 착수해야 하며, 특별한 사유가 없으면 착수한 날부터 2년 이내에 완료해야 한다

[본조 신설 2019.4.16 종전의 제2조의 6은 제2조의 5로 이동]

출처 : 체육시설의 설치·이용에 관한 법률 시행령

4. 안전점검 실시 결과의 공개 및 통보

체육시설법 시행령 제2조의 6은 안전점검 실시 결과에 대한 공개 및 통보와 관련된 사항으로 2019년 4월 16일 신설되었다. 구체적인 내용은 표Ⅱ-8과 같다.

Ⅳ. 체육시설의 설치·이용에 관한 법률 시행규칙

체육시설법의 시행규칙은 동법과 동법 시행령에서 위임된 사항과 그 시행에 필요한 사항을 규정하고 있다.

1. 체육시설 안전관리 포상

체육시설법 시행규칙 제1조의 3은 체육시설 안전관리 포상과 관련된 시행규칙이다. 이 시행규칙에서는 체육시설에 대한 안전관리 포상은 공공체육시설 부문과 체육시설업 부문으로 구분하여 포상할 것을 명시하고 있다.

표Ⅱ-9 체육시설의 설치·이용에 관한 법률 시행규칙

제1조의 3 (체육시설 안전관리 포상)
법 제4조의 6에 따른 체육시설 안전관리 포상은 공공체육시설 부문과 체육시설업 부문으로 구분하여 실시한다
[본조 신설 2015.8.4]

출처: 체육시설의 설치·이용에 관한 법률 시행규칙.

2. 체육시설 안전·위생 기준

체육시설법 시행규칙 별표 6에는 체육시설법 제23조와 관련하여 체육시설의 안전·위생 기준을 수록하고 있다. 여기서 공통 기준으로 마련된 7개의 기준은 다음과 같다.

(1) 체육시설 내에서는 이용자가 항상 이용 질서를 유지하게 해야 한다.

(2) 이용자의 체육활동에 제공되거나 이용자의 안전을 위한 각종 시설·설비·장비·기구 등은 안전하게 정상적으로 이용될 수 있는 상태를 유지하도록 해야 하며, 재난 및 안전관리 기본법 제3조 각 호에 따른 재난으로 인한 피해가 발생하지 않도록 노력해야 한다.

(3) 재난 및 안전관리 기본법 제3조 제1호 가목에 따른 재난으로 인해 이용자의 안전을 해칠 우려가 있다고 판단될 때에는 그 체육시설의 이용을 제한해야 한다.

(4) 체육시설업의 해당 종목의 특성을 고려하여 음주 등으로 정상적인 이용이 곤란하다고 판단될 때에는 음주자 등의 이용을 제한해야 한다.

(5) 체육시설의 정원을 초과하여 이용하게 해서는 안 된다.

(6) 재난 및 안전관리 기본법 제3조 제1호 가목, 나목에 따른 재난에 대비하여 소화기를 설치하고 피난 안내도를 이용자가 쉽게 알아볼 수 있는 곳에 부착하거나 피난 안내 내용에 대하여 고지해야 한다.

(7) 체육시설업자는 체육시설 내에서 사망사고 발생 시에는 해당 체육시설의 관할 지방자치단체장에게 즉시 보고해야 한다.

3. 체육시설업 종류별 안전·위생 기준

체육시설법 시행규칙 별표 6에서는 체육시설업의 종류별로 안전·위생에 대한 기준을 제시하고 있다. 이 시행규칙에서 제시하고 있는 업종은 골프장업, 스키장업, 요트장업·조정장업 및 카누장업, 자동차경주장업, 승마장업, 종합체육시설업, 수영장업, 썰매장업, 무도학원 및 무도장업, 빙상장업 등이다. 이들 업종에 대한 안전요원의 배치와 관련된 인원, 배치 장소, 안전수칙 게시, 안전장비, 안전교육, 시설 규격, 의료인원의 배치, 시설 수용 정원 등의 구체적 기준을 명확하게 제시하고 있다. 체육시설법 시행규칙 별표 6에서 제시하고 있는 각 업종별 안전·위생 기준은 다음과 같다.

1) 골프장업

골프장업에서는 코스관리요원을 18홀 이하인 골프장에는 1명 이상, 18홀을 초과하는 골프장에는 2명 이상 배치해야 한다. 여기서 코스관리요원은 골프장에서 잔디 및 수목의 식재, 재배, 병해충 방제와 체육활동을 위한 풀베기 작업과 농약의 안전한 사용·보관 및 오염 방지 등에 관한 업무에 종사하는 자를 말한다.

2) 스키장업

스키장에는 스키지도요원 및 스키구조요원을 배치하되, 스키지도요원은 슬로프면적 5만 ㎡당 1명 이상, 스키구조요원은 운영 중인 슬로프별로 2명 이상(슬로프 길이가 1.5㎞ 이상인 슬로프는 3명 이상)을 각각 배치해야 한다. 여기서 스키지도요원은 이용자에게 스키에 관한 지식과 스키를 타는 방법, 그리고 기술안전 등에 관해 교습하는 업무에 종사하는 자를 말하며, 스키구조요원은 슬로프를 순찰하여 이용자의 안전사고 예방과 사고 발생 시 인명 구조 및 후송 등의 업무에 종사하는 자를 말한다. 특히 스키구조요원은 법 제34조에 따라 스키장협회에서 매년 실시하는 정기 안전교육을 받은 자이어야 한다.

또한 각 리프트의 승차장에는 2명 이상의 승차보조요원을, 하차장에는 1명 이상의 하차 보조요원을 배치해야 한다. 그리고 스키장에는 의료법에 따른 간호사 또는 응급의료에 관한 법률에 따른 응급구조사를 1명 이상 배치해야 하며, 스키장 시설 이용에 관한 안전수칙을 이용자가 쉽게 알아볼 수 있도록 셋 이상의 장소에 게시해야 한다. 이밖에 스키장 내에서는 이용자가 안전모를 착용하도록 지도해야 하며, 이용자가 안전모의 대여를 요청할 때 대여할 수 있는 충분한 수량을 갖춰야 한다.

3) 요트장 및 조정장업

요트장 및 조정장에서는 이용자가 항상 구명대를 착용하고 이용하게 해야 한다. 또 구조용 선박에는 수상안전요원을, 감시탑에는 감시요원을 각 1명 이상 배치해야 한다. 수상안전요원은 대한적십자사에서 실시하는 수상인명 구조활동에 관해 정해진 과정을 마친 자, 해군이나 해경에 복무한 자로서 수상인명구조에 경험이 있는 자 또는 그에 상당하는 자격이 있는 자이어야 한다. 요트장업의 경우에는 특별자치도지사·시장·군수 또는 구청장이 요트장의 지형 여건 등을 고려하여 안전수칙을 정한 경우에는 이를 지켜야 한다.

4) 자동차경주장업

자동차경주장에서 경주참가차량이나 일반주행차량 등 트랙을 이용하는 차량에 대해서는 사전에 점검을 한 후 경주나 일반주행에 참가하도록 해야 한다. 또한 경주참가자나 일반주행자 등 트랙이용자에 대하여는 사전에 주행능력을 평가하여 부적격자는 트랙의 이용을 제한해야 한다.

자동차경주업자는 경주 진행 및 안전 등에 관한 규칙을 자체적으로 제정하여 경주참가자나 일반주행자 등 트랙이용자에게 사전에 교육해야 하며, 경주의 안전한 진행에 필요한 통제소요원, 감시탑요원 및 진행요원 등 각종 요원은 각각 해당 분야의 지식과 기술을 보유한 자로서 시설의 규모에 따라 적절하게 배치해야 한다. 또 자동차 경주 기간 중에는 의료법에 따른 의사 및 간호사 또는 응급구조사 각 1명 이상을, 그 외의 운영 기간 중에는 간호사 또는 응급구조사 1명 이상을 배치해야 한다.

자동차경주업자는 자동차경주장 이용자가 안전모, 목보호대, 불연(不燃) 의복, 장갑 등 안전장구를 착용하도록 지도해야 하며 이용자가 이것의 대여를 요청할 때 대여할 수 있는 충분한 수량을 갖춰야 한다. 이밖에 자동차경주의 관람자에게는 사전에 안전에 관한 안내방송을 해야 한다.

5) 승마장업

승마장 업주는 이용자가 항상 승마용 신발을 착용하고 승마를 하도록 해야 하고 장애물 통과에 관한 승마를 하는 자는 헬멧을 착용해야 한다. 또 말이 놀라서 낙마사고가 발생하지 않도록 마장 주변에서 고성방가를 하거나 자동차 경적을 사용하는 것 등을 금지하게 해야 한다.

6) 종합체육시설업

종합체육시설업의 안전·위생 기준은 종합체육시설업을 구성하고 있는 해당 체육시설업의 안전·위생 기준에 따른다.

7) 수영장업

수영장 업주는 수영조, 주변 공간 및 부대시설 등의 규모를 고려하여 안전과 위생에 지장이 없다고 인정하는 범위에서 특별자치도지사·시장·군수 또는 구청장이 정하는 입장자의 정원을 초과하여 입장시켜서는 안 된다.

수영장의 수영조에서 동시에 수영할 수 있는 인원은 도약대의 높이, 수심, 수영조의 면적 및 수상안전시설의 구비 정도 등을 고려하여 특별자치도지사·시장·군수 또는 구청장이 정하는 인원을 초과하지 않아야 하고 도약대의 전면 돌출부의 최단 부분에서 반지름 3m 이내의 수면에서는 5명 이상이 동시에 수영하도록 해서는 안 된다.

개장 중인 실외 수영장에는 의료법에 따른 간호사 또는 '간호조무사 및 의료유사업자에 관한 규칙'에 따른 간호조무사 1명 이상을 배치해야 한다.

수영조의 욕수(浴水)는 1일 3회 이상 여과기를 통과하도록 해야 하며, 욕수의 조절, 침전물의 유무 및 사고의 유무를 확인하기 위해 1시간마다 수영조 안의 수영자를 밖으로 나오도록 하고 수영조를 점검해야 한다.

수영조의 욕수는 아래와 같은 수질기준을 유지해야 하며 그 수질검사방법은 '먹는 물 수질기준 및 검사 등에 관한 규칙'에 따른 수질검사방법에 따른다. 해수를 이용하는 수영장의 욕수 수질기준은 환경정책기본법 시행령 제2조 및 별표 1 제3호 라목의 II등급 기준을 적용한다. 그 기준은 다음과 같다.

① 유리잔류염소는 0.4~1.0mg/l 이내에서 유지 ② 수소이온농도는 5.8~8.6까지 유지 ③ 탁도는 1.5NTU 이하 ④ 과망간산칼륨의 소비량은 12mg/l 이하 ⑤ 대장균군은 10ml들이 시험대상 욕수 5개 중 양성이 2개 이하 ⑥ 비소는 0.05mg/l, 수은은 0.007mg/l, 알루미늄은 0.5mg/l 이하.

수영장 업주는 수영조 주위의 적당한 곳에 수영장의 정원, 욕수의 순환 횟수, 잔류 염소량, 수소이온 농도 및 수영자의 준수사항을 게시해야 한다. 또 수영조 안에 미끄럼틀을 설치하는 경우에는 관리요원을 배치하여 그 이용 상태를 항상 점검해야 하며 수영장 내의 감시탑에는 수상안전요원을 2명 이상 배치해야 한다. 여기서 수상안전요원은 대한적십자사나 법 제34조에 따른 수영장협회 또는 해양경찰청에서 고시하는 '인명구조요원 래프팅가이드 자격관리지침'에 따라 지정된 인명구조 교육기관 등에서 발급하는 수상안전에 관한 자격증을 가진 자이어야 한다.

8) 썰매업

썰매장에는 출발 지점과 도착 지점에 각 1명 이상의 안전요원을 배치해야 한다. 또한 슬로프 내에 장애물이 없도록 해야 하며 슬로프 내의 바닥면을 평탄하게 유지, 관리해야 한다. 눈썰매장인 경우에는 슬로프의 가장자리(안전매트 안쪽)를 모두 폭 1m 이상, 높이 50cm 이상의 눈을 쌓거나 공기매트 등 보호시설을 설치해야 하며, 슬로프의 바닥면이 잔디나 그 밖의 인공재료인 경우에는 바닥면의 물리적 · 화학적 특성에 따라 이용자의 안전에 필요한 조치를 취해야 한다.

9) 무도학원 및 무도장업

무도학원업은 3.3㎡당 동시수용인원이 1명, 무도장업은 3.3㎡당 동시수용인원이 2명을 초과해서는 안 된다. 또 무도학원 및 무도장 내의 냉·난방시설은 보건위생상 적절한 것이어야 한다.

10) 빙상장업

빙상장 업주는 이용자가 안전모, 보호장갑 등 안전장구를 착용토록 지도해야 하며, 이용자가 안전모 등의 대여를 요청할 때에 대여할 수 있는 충분한 수량을 갖춰야 한다.

제2장 국내외 체육시설 안전규정[4]

Ⅰ. 국내 스포츠 시설 안전규정

1. 체육시설 안전관리에 관한 기본계획

전국의 체육시설에 대해 상설 안전점검단을 운영, 정기적으로 안전점검을 실시하고 이를 통해 미흡한 시설은 개·보수하되 그 정보를 국민들에게 공개함으로써 공공 및 민간 부문의 체육시설을 체계적으로 관리하겠다는 제1차 체육시설 안전관리에 관한 기본계획이 2016년 5월 수립되어 2016년부터 2020년까지 시행되고 있다.

이 기본계획은 체육시설의 안전사고 예방 및 관리체계 구축을 목표로 하여 체육시설 안전관리 추진기반 구축, 체육시설 안전관리에 대한 법과 제도 개선, 스포츠 안전교육과 연구의 활성화 추진, 스포츠 안전문화 진흥기반 조성 등을 4대 핵심전략으로 설정하여 체육시설에 대한 상시적이고도 효율적인 안전관리체계를 구축하는데 중점을 두고 있다.

4대 전략별로 주요 추진 과제는 다음과 같다.

첫째로 지방자치단체 중심의 정기적인 안전점검을 실시하여 생활체육 현장에서 실질적인 체육시설 안전관리가 이루어지도록 하고 문화체육관광부와 지방자치단체의 역할을 명확히 하여 효율적인 체육시설 안전관리체계를 구축한다.

둘째로 체육시설 안전점검 업종의 확대 및 안전기준을 마련하고 중앙정부와 지방자치단체 및 시설업자와 민간 전문가의 참여를 확대한다.

셋째로 체육시설 안전관리의 실효성을 높이기 위해 안전교육을 확대하고 체계적인 안전관리를 위한 연구개발을 추진하며 관련 지침(매뉴얼)을 개발하여 보급한다.

---

4) 국내외 체육시설 안전규정은 국가직무능력표준(2018). 12. 이용숙박여행오락스포츠, 04. 스포츠, 01. 스포츠시설개발, 스포츠시설 선행사례조사분석의 내용을 통해서 편집된 자료임.

넷째로 국민의 안전인식 제고를 위한 안전문화 콘텐츠와 프로그램을 개발하고 국민이 참여하는 생활 속 안전문화 확산을 추진한다.

한마디로 체육시설 안전관리에 관한 기본계획은 체육시설의 안전관리에 대한 체계적인 역할 분담과 효율적인 관리체계를 구축함으로써 스포츠 활동의 안전관리를 강화하는데 초점을 맞추고 있다. 또 체육시설 안전 기준을 강화하고 안전관리 전문가의 육성은 물론, 안전교육의 확대, 안전관리 매뉴얼 및 안전점검지침의 개발과 보급, 기술 연구 및 개발 등을 통해 안전문화를 확산시키는데 역점을 두고 있다.

2. 국내 우수 공공체육시설 안전관리 사례

탄천종합운동장은 경기도 성남시 분당구 야탑동에 위치한 성남시 최대의 종합체육시설이다. 대지면적 117,141㎡, 건축면적 29,220㎡, 연면적 91,720㎡의 규모로 축구와 육상경기를 할 수 있는 주경기장인 다목적경기장과 야구경기장, 수영장, 빙상장, 스쿼시장, 헬스장, 다목적체육관, 숙소 등으로 구성되어 있다. 또한 국내 최대 규모의 36레인 볼링장, 실내 골프연습장, 실내 테니스장을 갖춘 탄천스포츠센터가 있다.

탄천종합운동장은 성남도시개발공사에서 위탁받아 운영 · 관리하고 있으며, 평일에는 성남 시민의 스포츠 활동 참여를 위해 육상 트랙을 개방하고 있다.

1) 시설물 관리
탄천종합운동장의 시설물에 대한 관리는 먼저 계획 수립 및 실행 단계와 모니터링 및 운영, 그리고 실행과 운영에 대한 검토 및 측정으로 이루어진다. 먼저 계획 수립 및 실행 단계에서는 시설에 대한 현황 파악과 관리계획 및 이에 따른 효율적 관리가 실행된다. 모니터링 및 운영 단계에서는 현황 분석 및 점검을 통한 개선과 함께 이에 대한 이력이 관리된다. 마지막으로 검토 및 측정의 결과를 통해 성과 관리와 개선 사항을 도출한다.

2) 시설물 관리절차
시설물에 대한 관리절차는 일반적인 관리절차에 준하여 시설물에 합당한 구체적 계획을 수립하며 이를 효율적으로 실행한다. 즉, 탄천종합운동장의 시설물에 타당한 관리계획(Plan)을 수립하고 실행(Do)하며 계획과 실행을 평가(Check)하여, 이에 대한 개선과 보완

(Action)을 마련하는 단계를 거치게 된다. 구체적 관리절차는 표Ⅱ-11와 같다.

표Ⅱ-10 시설물 관리체계

구분	효율적 시설관리	시설관리역량 강화	적정한 시설관리활동
계획수립 및 실행	○시설 현황 파악 ○시설물 관리계획 수립 ○효율적 시설관리 실행	○우수사례 벤치마킹 ○시설담당자 지정 ○법정기준 준수체계 확립	○예방차원의 점검체계 구축 ○사업장 매뉴얼 표준화 ○체계적인 시설체계 수립 ○이용객 의견 수렴 및 반영
모니터링 및 운영	○시설 현황 분석·개선 ○체계적인 시설물 점검 ○이용시민 위한 선제적 시설관리 ○시설 관련사항 이력관리	○시설분야 교육 강화 ○전문자격증 취득 확대 ○자체전문인력 활용 및 시설물 개선 ○전문기관 협조체계 구축 ○법정기준 준수점검·확인	○시설 안전점검 ○선제적 보수공사 실시 ○실시간 시설관리상태 확인 ○SNS등 상시연락체계 구축 ○정례적인 시설점검 강화
검토 및 측정	○시설관리 분야 심사분석	○성과관리 측정 및 평가	○미흡사항 도출 및 개선

표Ⅱ-11 시설물 관리절차

단계		내용
Plan	○현황 파악 ○계획 수립	○시설물 현황(건축, 토목, 전기, 기계, 소방, 통신 등) 및 입주기관 조사 ○인력 일반현황, 보유 자격, 선임 여부 및 동원 가능인력 파악 ○현황에 부합하는 관리(점검, 보수, 개선, 교육, 보완) 계획 수립
Do	○안전점검 ○대책 마련	○상황별(일상, 정기, 특별) 점검 실시 ○점검에 따른 조치 및 개선대책 마련
Check	○유지 관리 ○시설 개선	○노후화 대비 시설 보수 및 노후시설물 보수 ○사회적, 민원적 요구의 리모델링 실시 ○관리효율성 제고를 위한 시설개선 ○관리효율 제고를 위한 교육훈련
Action	○분석 보완	○유지 관리 및 시설 개선의 적정성 평가 ○미비사항 분석 및 보완책 마련

3) 시설물 관리조직

시설물에 대한 관리조직은 탄천종합운동장 소장의 책임 하에 운영팀과 시설관리팀으로 구분하여 운영되고 있다. 운영팀에서는 탄천종합운동장의 전반전인 운영을 위한 경영관리 업무를 담당한다. 시설관리팀에서는 탄천종합운동장의 전체 시설에 대한 관리를 책임진 다. 주요 건물은 물론, 각종 시설들의 구조와 설비를 관리하는 건축 분야, 시설의 전열, 조명, 배전, 발전기 등 전기설비 분야의 관리를 담당하는 전기 분야, 각종 위생설비 및 공 조, 배관을 관리하는 기계 분야, 경보 및 소화, 피난 등을 책임지는 소방 분야, 그리고 시 설 내의 각종 통신설비의 유지·관리를 담당하는 통신 분야 등으로 분장되어 효율적으로 관리하고 있다.

표Ⅱ-12 시설물 관리조직

탄천종합운동장 소장		
운영팀장	시설관리팀장	
	건축 분야	건축물의 구조, 마감, 미관 및 내구성에 관한 사항 등
	전기 분야	수변전설비, 배전반, 전열, 조명, 발전기 등의 유지·관리
	기계 분야	공조, 냉난방, 급수, 급탕, 위생설비 등의 유지·관리
	소방 분야	피난, 경보, 소화설비 등의 유지·관리
	통신 분야	전화, 인터넷, 전산 등 각종 통신설비의 유지·관리

4) 법정 안전점검

시설 및 설비 등에 대한 법정 안전점검을 관련 법규에 따라 관련 기관에 의해 정기적 으로 시행되고 있다. 주요 검사대상은 각종 소방시설물, 도시가스, 위생설비, 전기 및 수 배전반, 승강기, 저수조, 실내 공기질 등이며 전문 검사업체에 위탁하거나 해당 검사기관 에 의해 검사가 이루어진다.

5) 자체 안전점검

법정 안전점검과 별도로 자체적으로 시설에 대한 안전점검을 실시하고 있다. 해빙기나 우기, 동절기 등 시설이나 설비에 영향을 미칠 수 있는 시기를 특정하여 각 시기별로 안 전점검을 실시함으로써 위험을 사전에 예방할 수 있도록 노력하고 있다. 또 연중 상반기 와 하반기에 정기적인 안전점검을 실시하여 안전 상태를 유지·관리하고 있다.

표Ⅱ-13 법정 안전점검

검사대상	검사 내용	검사횟수	관련 기관	관련 법규	검사기관
소방시설물	작동기능점검 종합정밀점검	연 1회(상반기) 연 1회(하반기)	분당소방서	소방법(제32조)	분당소방서
도시가스	정기검사	연 1회	한국가스 안전공사	도시가스사업법(제17조)	한국가스안전공사
	분해점검	3년 1회		도시가스사업법 시행규칙	자체점검
위생	저수조 청소 및 소독	연 2회	관할구청	공중위생법(제21조)	전문업체 위탁
전기 수배전반	안전검사	3년 1회	한국전기 안전공사	전기사업법(제37조)	한국전기안전공사
승강기	정기검사	연 1회	한국승강기 안전관리원	승강기 제조 및 관리 에 대한 법률(제13조)	한국승강기안전관 리원
저수조	수질검사	연 1회	성남시청	수도시설 및 위생관리 에 관한 규칙(제6조)	맑은물사업소
	청소	연 2회	성남시청	수도법(제33조)	맑은물사업소
실내공기질	공기질 측정	연 1회	성남시청	실내공기질법(제12조)	위탁기관

표Ⅱ-14 안전점검 세부 실적

구분		세부 실적	
연중	시기별	2016년도 해빙기 안전점검 결과보고	3월
		2016년 탄천종합운동장 우기 안전점검 결과보고	6월
		동절기 안전점검 및 화재예방	11월
	주기별	시설물안전법 상반기 정기 안전점검	5월
		시설물안전법 하반기 정기 안전점검	11월
	특별	설 연휴 대비 시설물 안전점검 결과보고	2월
		탄천종합운동장 수영장시설 안전점검	5월
		여름철 풍수해 대비 체육시설 안전점검	6월
		추석 연휴 대비 시설물 안전점검	9월

수영장 안전점검

실내체육관 소화전 안전점검

실내체육관 안전점검

설이나 추석 등에는 특별안전점검을 실시하여 해이해질 수 있는 안전의식을 강화하여 위험에 대처한다. 그 외에 여름철 풍수해를 대비한 특별안전점검은 물론, 각 시설별 특별 안전점검을 지정하여 시설 안전에 만전을 기울이고 있다.

6) 위기대응 훈련

연중 상반기와 하반기에 걸쳐 연 2회의 위기대응 교육훈련을 실시하고 있다. 주로 소방 훈련을 위주로 진행되며 직원들을 대상으로 월 1회, 연간 총 12회의 안전보건교육을 의무 적으로 시행하고 있다.

표Ⅱ-15 위기대응 교육훈련

구분	세부 실적	
연중	상반기 소방훈련 결과보고	5월
	하반기 합동소방훈련 결과보고	10월
	(매월) 안전보건 의무교육	1월

7) 안전강화 시설물 개·보수

시설물이나 설비에 대한 관리점검을 통해 취약하거나 미비한 시설 및 설비를 적시에 보수하며 개선이나 보완을 요구하는 곳을 찾아내서 신속하게 조치하고 있다. 표Ⅱ-17은 탄천종합운동장 시설물 개·보수 현황을 나타낸 것이다.

8) 기타 시설물 안전관리

탄천종합운동장의 다양하고 체계적인 시설물 안전관리 노력은 한국산업안전보건공단에 서 수여받은 무재해인증으로 입증된다. 안전관리 담당 직원도 그 공을 인정을 받아 표창 을 받았다.

탄천종합운동장에서는 자율적인 안전경영을 통해 재난 및 안전사고를 예방하고자 지방 공기업으로는 최초로 안전보건경영시스템(KOSHA18001)을 구축하여 운영하고 있다. 안전 보건경영시스템이란 사업장의 안전 및 보건과 관련되어 인증된 경영시스템을 도입하여 운영하는 것을 말한다. 이밖에 시설의 효율적인 안전관리를 위해 각종 위험이나 재난에 따른 안전관리 매뉴얼을 개발하여 활용하고, 연 1회 위험요인 발굴 및 개선을 위한 위험

표Ⅱ-16 시설물 개·보수

구분	세부 실적	
연중	배연창 비상전원 공급장치 교체	탄천종합운동장-2291(2016. 3. 30)
	소방배관 밸브 교체	탄천종합운동장-1964(2016. 3. 17)
	주경기장 안전난간 내 '추락주의'안내판 설치	탄천종합운동장-2072(2016. 3. 22)
	안전시설물 설치 및 보수	탄천종합운동장-3900(2016. 5. 27)
	시설물 안전수칙 제작	탄천종합운동장-2895(2016. 4. 19)
	외부 바닥 및 야구장 배수시설 정비	탄천종합운동장-4248(2016. 6. 20)
	탄천야구장 보호대 및 커버 교체	탄천종합운동장-4507(2016. 6. 20)
	탁구장 기둥벽면 안전패드(보호대) 설치	탄천종합운동장-4242(2016. 6.10)
	야구장 안전망 설치	체육진흥과-8275(2016. 7. 15)
	볼링장 안내데스크 시설 개선	탄천종합운동장-5903(2016. 8. 11)
	농구장 강사실 출입문 보수	탄천종합운동장-6114(2016. 8. 22)
	캐노피 배기그릴 및 야구장 보호펜스 설치	탄천종합운동장-6559(2016. 9. 6)

세이프티 강화도어 설치   탁구장 안전패드(보호대) 설치   볼링장 안내데스크 방음창 설치

표Ⅱ-17 무재해 달성 인증

무재해 달성 인증

○무재해 인증 : 산업재해가 발생하지 않은 사업장에 대해 한국산업안전보건공단에서 인정해 주는 것
○달성배수 : 10배수(594만 시간)
○인증기관 : 한국산업안전보건공단
○달성 기간 : 2014. 1. 10~2017. 1. 31
○주요 내용
 - 무재해 10배수 인증패 수상
 - 무재해 유공직원의 산업안전보건공단 이사장 상장 수상
○우수사례 보도 : 아주경제 등 20개 언론매체

표Ⅱ-18 안전보건경영시스템 구축 및 운영

안전보건경영시스템 구축 및 운영

○안전보건경영시스템(KOSHA18001) : 사업장의 안전보건 관련 운영기준이 한국산업안전보건공단에서 제시한 경영시스템에 적합함을 인증하는 제도
○추진 목적 : 자율안전경영을 통한 재난 및 안전사고 예방
○시스템 구축 및 인증 : 2007. 6. 11(지방공기업 최초)
○달성 기간 : 2014. 1. 10〜2017. 1. 31
○인증기관 : 한국산업안전보건공단
○사후심사 인증
 - 심사일 : 2016. 11. 30
 - 심사결과 : 부적합 사항 없음

성 평가를 실시하여 시설 내의 위험요인을 파악하고 그 단계별 대책을 수립함으로써 위험에 대비하고 있다. 또한 지진 발생 시에 주요 거점 대피시설로 활용되기 위해 2016년 '지진안전성 표시제'를 획득한 바 있다. 지진안전성 표시제란 건물 및 구조물이 지진으로부터 안전할 정도의 내진 성능을 확보하고 있다는 것을 인증하는 제도이다. 이 인증을 획득한 시설은 체육회관과 주경기장, 탄천스포츠센터이다.

표Ⅱ-20 지진안전성 표시제

지진안전성 표시제 획득

○지진안전성 표시제 : 지진 발생 시 주요 거점 대피시설로 활용을 위해 내진 성능이 확보에 구조물에 대하여 안전성을 확인하고 표시를 인정하는 제도
○확인기관 : 경기도지사
○지진안전성 표시제 획득 시설물
 - 체육회관 : 연면적 34,788㎡(2016. 12. 8 확인서 발급)
 - 주경기장 : 연면적 37,163㎡(2016. 12. 1 확인서 발급)
 - 탄천스포츠센터 : 연면적 9,990㎡(2016. 12. 1 확인서 발급)

표Ⅱ-19 안전매뉴얼 개발 및 위험성 평가

안전매뉴얼을 활용한 시설관리			
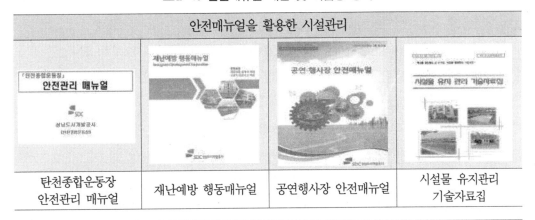			
탄천종합운동장 안전관리 매뉴얼	재난예방 행동매뉴얼	공연행사장 안전매뉴얼	시설물 유지관리 기술자료집

위험요인 발굴 및 개선을 위한 위험성 평가 실시

○위험성 평가 : 사업장의 유해 및 위험요인 발굴과 조치를 위해 유해 및 위험요인을 파악하고, 해당 요인별로 발생할 가능성이 있는 부상 (질병)의 빈도 및 강도를 추정, 감소 대책을 수립 실행하는 것.
○주기 : 연 1회
○실시자 : 자체 위험성 평가실무반
○기간 : 2016. 9. 21~2016. 10. 21.
○절차 :

Ⅱ. 국외 스포츠 시설 안전규정

1. 미국의 스포츠 시설 안전관리체계[5]

미국은 연방정부나 주정부 차원에서 체육시설 안전을 전담하여 통합 관리하는 기관이나 이에 관한 법률이 체계화되어 있지 않다. 또 연방법상에도 체육시설에 대한 통합적 안

---

5) 정책자료집(2014). 체육시설 안전통합관리를 위한 제도 도입 방안.

전관리와 관련된 해당 법률을 찾기 어렵다. 다만 국립공원 안전관리는 연방정부 차원에서 내무부 산하의 국립공원관리청이 담당하고 있다.

체육시설 안전과 관련된 연방법으로는 2007년 제정된 '버니지아 그래미 베이커수영장 및 스파 안전에 관한 법률(Virginia Graeme Baker Pool and Spa Safety Act)' 등이 있으나 체육시설의 통합안전관리에 관한 법은 아니다.

체육시설 안전에 대해서는 각 주법에서 규정하고 있지만 통합안전관리에 관한 규정은 없다. 예컨대, 캘리포니아주의 경우, 여가활동 안전(Recreational Safety)에 관한 주법을 시행하고 있고 시설별로 일정한 안전규격을 준수할 것을 규정하고 있으나 통합안전관리에 관한 규정을 포함하고 있지 않다.

일반적으로 체육시설은 시와 같은 지방자치단체 또는 학교 및 비영리단체 등에서 관리·운영하고 있다. 시에서는 대부분의 경우 'Department of Parks and Recreation'이란 명칭으로 담당 기관을 설치하고 체육시설의 안전을 관리하고 있다. 예를 들어 미국 내 최초로 공원 및 체육시설에 관한 기관을 설치한 로스앤젤레스 시의 경우에 'Department of Recreation & Parks'에서 공원, 호수, 골프장, 수영장 등을 운영한다. 다만 이러한 기관들의 체육시설에 대한 안전관리는 공공체육시설에 대한 운영 및 관리로 한정되어 있으며 민간 등에서 운영하는 체육시설의 통합적 안전관리에 대해서는 관여하고 있지 않다.

2. 독일의 스포츠 시설 안전관리체계[6]

독일의 체육시설에 대한 통합안전관리는 각 주(Länder)에서 담당한다. 예를 들어 독일 동부의 브란덴부르크주를 실례로 독일의 체육시설 통합안전관리체계를 살펴보면 다음과 같다.

브란덴부르크주는 체육촉진법(Sportförderungsgesetz Brandenburg)을 통해 체육시설 통합안전관리를 위한 표준규정을 준수하고 있다. 이 표준규정에 따른 체육시설의 안전점검에서는 검사 날짜와 장소, 결함이 표시되어 있는 검사 결과, 검사자의 판단 소견, 필요한 재심사에 관한 진술, 심사자의 이름 및 주소, 그리고 심사자 서명 등의 사항이 반드시 기록되어야 한다.

---

6) 上同.

또 연습 감독자는 체육시설 및 기구를 사용하기 전에 결함이 있는지, 올바르게 작동하고 기능하는지에 대해 사전에 점검해야 한다. 사용 시 위험성이 발생할 경우를 대비해서 결함이 있는 시설 및 기구가 있는지를 점검하며, 체육활동을 위한 연습에 대해서도 사전에 점검해야 한다. 문제가 발생하면 점검된 결과에 대해 원인을 규명하며 이를 통해 확증된 결함은 전문 감정인에게 통보한다.

안전성이 고려되어야 하는 일반 시설도 각각 규정을 마련하고 있다. 예를 들면, 기어오르기 시설의 줄은 5.50m 높이 이하이어야 하며, 농구대 시설의 높이는 2.90m 이하로 한다. 또 멀리뛰기 모래사장 앞 출발선은 적어도 1m가 되어야 하며 모래사장은 적어도 8m 길이와 2.75m 폭으로 해야 한다. 독일은 체육시설 통합안전관리를 위해 표준규정(DIN 31)을 시행하고 있다.

3. 일본의 스포츠 시설 안전관리체계[7]

일본은 체육정책 기본계획에는 체육시설 안전관리계획이 포함되어 있다. 이 기본계획은 체육활동으로 인해 발생하는 사고나 부상, 장애 등을 방지하고 경감시키는 것을 목적으로 한다.

일본은 일본체육협회와 일본레크리에이션협회의 스포츠 지도자 자격취득과정의 커리큘럼에 심폐소생술, 부상 및 장애 구급처치법 등 스포츠 부상, 장애 예방 및 대처법 등이 필수과목으로 포함되어 있다. 또 공공장소에 자동제세동기(AED)를 설치하고 있다. 총무성 소방청의 2010년 3월 구급통계활용 검토회의 보고서에 따르면, 공공장소에 자동제세동기 설치를 증가시킴으로써 심폐기능정지 환자들의 사회복귀율을 증가시키고 있다고 보고하고 있다.

체육시설에 대한 일본의 안전관리 법규 및 제도를 보면 시설지정관리자제도를 도입하여 시행하고 있는 점이 특징이다. 2013년 지방자치법의 일부를 개정하면서 공공시설의 관리위탁제도가 폐지되고 지정관리자제도가 도입되었는데, 현재 안전과 관련된 업무를 지정관리자가 현장에서 실시하고 있다. 지정관리자제도란 공공시설의 관리에 민간의 능력을 활용하면서 주민 서비스의 향상을 도모함과 동시에 비용 절감 등을 도모하는 것을 목적

---

7) 강종진(2017). 체육시설의 안전관리에 관한 법제도적 고찰, 부산외국어대학교 대학원, 67~76면의 자료를 재구성.

으로 하는 제도이다(문화체육관광부, 2015). 관리위탁제도와 지정관리자제도의 차이점은 표 Ⅱ-21에 나타난 바와 같다.

표Ⅱ-21 관리위탁제도와 지정관리자제도

구분	관리위탁제도(개정 전)	지정관리자제도(개정 후)
수탁 주체	○ 공공 단체(시정 촌 등) ○ 공공 단체(농협 등) ○ 지방공공단체의 출자법인 중 일정 요건(½ 출자 등) 충족	법인, 기타 단체
수탁 주체의 규정방식	상대방을 조례로 규정	의회 의결을 거쳐 지정
법적 성격	사법상의 계약관계	지정(행정처분의 일종)에 의한 관리 권한 위임
시설관리 권한	설치자인 지방공공단체	지정관리자
수탁 주체에 의한 사용 허가	불가	가능

일본의 경우, 지정관리자제도의 도입으로 체육시설의 보험제도도 일정한 체계를 마련하고 있다. 시설 소유자와 관리자가 다른 경우, 보험에 가입하면 공동 피보험자로 시설 소유자와 관리자는 보험보상 대상이 될 수 있도록 하고 있다. 법률상 배상 책임을 지는 시설에서 체육활동 중 상해 사고가 발생하면 위로금을 지급한다. 시설 소유자와 관리자가 달라도 이 제도에 가입되어 있으면 공동 피보험자로 시설 소유자와 관리자는 보상을 받는 대상자(피보험자)가 된다. 가입 대상자는 일본체육시설협회 회원 및 준회원(개방 중인 학교체육시설의 소유자, 관리자 및 협회 회원이 소유하는 시설을 관리하는 지정관리자)이다.

다만 일본체육시설협회 회원 및 준회원이 소유하고 사용, 관리하는 체육시설에서 발생한 대인·대물사고는 사고의 원인이 시설이나 설비의 미비 또는 관리상의 하자 때문이거나 체육시설의 지도상 과실로 타인에게 손해를 입힌 경우라면 국가배상법 또는 민법 제709조, 제715조 등의 규정에 의해 보험회사의 보상이 아닌 체육시설의 관리자가 손해 배상의 책임을 지게 함으로써 시설의 안전관리에 대한 경각심과 책임을 강화하고 있다.

그리고 시설관리 및 스포츠 지도에 있어서 이용자의 안전 확보 및 관리자와 지도자의 위기관리를 지원하며, 응급전문의와 간호사를 24시간 상주시키도록 하고 있다. 현역 구급

전문의와 5년 이상의 임상 경험이 있는 간호사에 의해 365일 24시간 무료전화상담 등의 서비스를 제공함으로써 스포츠 시설에서 일어난 갑작스런 부상이나 질병에 대해서도 대처하고 있다.

표Ⅱ-22 일본의 체육시설관리사 인증

자격 이름	내용	필요조건
수영강사 관리사	○ 수영장 관리책임자로 활동 ○ 수영의 기본 영법 및 모니터링법, 구조법 ○ 사고 예방과 응급 대응 ○ 풀 시설의 유지·관리 ○ 이용자 서비스 향상 등	○ 만 20세 이상의 건강한 남녀 ○ 수영 4영법 가능자 ○ 동일 영법에서 200m 이상
교육지도자	○ 지역의 스포츠 활동을 전반적으로 지원하는 지도자로 활동 ○ 스포츠 시설의 관리·운영 ○ 스포츠과학, 의학, 영양, 교육이론, 재활구급 소생 등	○ 만 20세 이상의 건강한 남녀 ○ 실제로 스포츠 시설의 관리·운영에 종사하고 있거나 앞으로 종사하고자 하는 자
체육시설 관리사	○ 스포츠 시설의 관리자로 활동 ○ 야외스포츠 시설, 체육관, 수영장, 음향과 조명, 잔디 등 시설 전반의 유지·관리 및 운영에 관한 종합적인 지식	
체육시설 운영전문가	○ 스포츠 시설의 운영자로 활동 ○ 시설의 조직 운영, 관리비용, 시설의 이용 촉진, 환대, 지정관리자제도 및 평가 등 사업 운영 등에 대응할 수 있는 지식	
스포츠 프로그래머	○ 스포츠클럽 등의 지도 ○ 체력 유지 및 향상에 대한 전문적인 지식, 각종 교육지도법에 관한 노하우 ○ (공제) 일본체육협회와 공동 인증	만 20세 이상의 건강한 남녀
스포츠응급 처치 강사	○ 체육·스포츠 시설에 종사하는 분들 전반 ○ CPR(응급소생법), AED(자동제세동기) 취급 ○ 스포츠 지도 및 관리의 현장에서 일어날 수 있는 외상장애, 환경장애(열사병, 한랭증) 등 응급처치에 관한 전문적인 지식	○ 본 자격의 약관에 동의할 수 있는 자 ○ (강사) 제공자 유자격자 또는 이와 동등 자격 소지자

일본의 체육시설 안전관리와 관련된 조직으로는 공익재단법인인 일본체육시설협회가 있다. 이 협회는 체육·스포츠 시설의 충실하고 효과적인 운영을 도모하여 국민 심신의

건전한 발달과 풍부한 인간성의 함양에 기여하는 것을 목적으로 설립된 단체이다.

일본체육시설협회의 주요 사업으로는 체육시설의 이용을 촉진하기 위한 활동 추진 및 보급 계발, 체육시설의 충실, 운영에 관한 조사연구, 체육시설의 조사 및 건설계획 등의 수탁, 지정관리자에 관한 것, 그리고 그에 대한 종합평가 등의 수탁 등이 있다. 또 체육시설 현황 파악을 위한 연구협의회 운영과 체육시설 조사연구사업 수행, 체육시설 관련 전문인력 양성 및 자격증 발급 등의 업무도 수행하고 있다.

일본체육시설협회에서는 체육시설 관리·운영 전문가과정을 통해 체육시설의 안전전문가를 양성하고 있다. 또한 스포츠 시설에 대한 안전·안심 우량시설 인정사업을 실시하여 시설에 대한 안전도 강화하고 있다. 스포츠 시설의 안전·안심 우량시설로 인증을 받기 위해서는 다음의 요건을 충족해야 한다.

첫째, 시설에 자동제세동기를 구비하여 위급상황에 대처할 수 있어야 한다.

둘째, 협회가 인정하는 스포츠 구급인스트럭터와 상급체육시설관리사 또는 공인스포츠 프로그래머를 배치해야 한다. 수영장의 경우에는 수영지도관리사를 필히 배치해야 한다.

셋째, 위기관리 매뉴얼을 상비하고 있어야 하며 시설 종사자(직원, 지도자, 아르바이트)에 대해서 위기관리 매뉴얼을 작성, 정기적인 교육을 실시하고 시설 및 용기구의 정기적인 안전점검도 실시해야 한다.

넷째, 스포츠 시설 보험에 가입해야 한다.

다섯째, 시설이 내진 구조를 갖추거나 3년 이내의 내진공사 계획이 있어야 한다.

이상과 같은 인증 조건을 충족할 경우, 협회 회원은 1만 엔, 비회원의 경우는 5만 엔의 인정비용을 내고 인정일로부터 3년간 유효한 인증을 받게 된다.

4. 영국의 스포츠 시설 안전관리체계[8]

영국의 보건안전법은 법(Act), 시행규칙(Regulation), 명령(Order), 승인실무규범(Approved Codes of Practice) 및 지침(Guidance) 등의 수직체계를 이루고 있다. 체육시설과 관련된 안전관리 법규 역시 이러한 체계로 이루어졌고 영국의 작업장보건안전관련법(HSWA)에 근거하여 레저시설의 운용과 레저활동 참여의 영역으로 구분하여 관리되고 있다.

---

8) 강종진(2017). 체육시설의 안전관리에 관한 법제도적 고찰, 부산외국어대학교 대학원, 67~76면의 자료를 재구성.

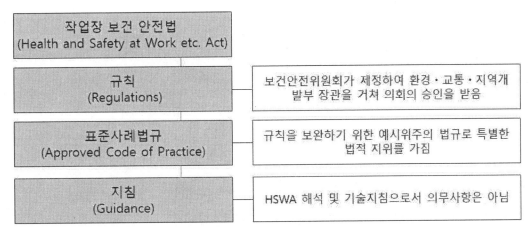

그림 Ⅱ-1 영국의 보건안전법체계

영국의 체육시설 안전관리시스템은 보건안전청(HSE)과 스포츠시설안전관리국(SGSA)의 이원화 체계로 관리되고 있다. 이들 두 기관은 각각의 고유 역할을 수행하며 상호 협력 하에 다양한 차원에서의 스포츠 시설에 대한 안전관리를 담당하고 있다. 두 기관은 모두 정부의 기금으로 운영되고 있다.

1) 보건안전청 및 보건안전위원회

영국의 산업보건안전과 관련된 집행체계는 중앙정부에서 관리하는 시스템이며, 이러한 체계 하에 체육시설의 안전관리는 보건안전위원회(HSC)와 보건안전청이 핵심적인 행정조 직 역할을 맡고 있다.

영국은 내각책임제이기 때문에 모든 정책 결정은 장관들로 구성된 내각에서 이루어지 며 내각에서 결정된 정책을 행정부에서 집행한다. 그러나 보건안전청은 내각 부서가 아니 므로 장관이란 직책이 없다. 따라서 보건안전청은 내각에 정책을 건의하지 않으면서 내각 으로부터 정책 지시도 받지 않는다. 그러나 보건안전청은 영국의 다양한 산업기관이나 사 업장, 그리고 학교 등에서의 보건과 안전에 관한 연구를 주관하며 관련 업무를 시행한다. 영국 보건안전보건법의 제정과 보건안전청의 설립 과정은 사업장 안전관리의 일원화라는 측면에서 대표적인 외국의 성공 사례로 많이 소개되고 있다.

보건안전위원회는 노·사·정 합의로 정책 건의나 정부 지시를 받을 수 있지만 보건안 전청과 마찬가지로 정부 부처에 소속되거나 관리 감독을 받지 않는 독립조직체이다.

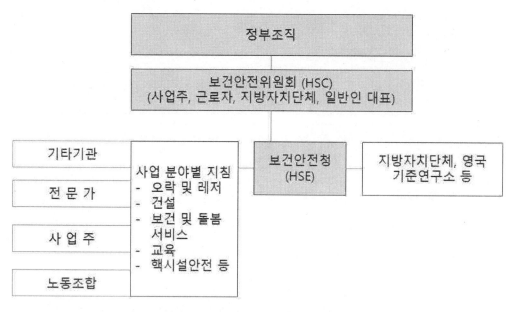

그림Ⅱ-2 영국의 보건안전 추진체계

보건안전위원회의 정책은 보건안전청 뿐만 아니라 각 주정부와 지방정부에서 수행하고 보건안전사항이나 일상적 점검 및 관리 감독은 지방정부(Local Authority)의 공무원이 담당한다. 지방정부 공무원은 스포츠를 포함한 다양한 영역의 보건안전 행정사항을 집행하지만 중요하거나 심각한 문제는 보건안전청 지방국의 협조를 받아 전문적인 감독관이 관리 감독을 하도록 되어 있다.

보건안전위원회에는 19개의 전문적인 자문위원회가 있다. 이 자문위원회는 노사 간에 수적 균형을 유지하며 제3자나 기술전문가가 포함되어 있어 분야별로 정책에 필요한 세부사항을 토의하고 검토하도록 되어 있다.

보건안전청의 레저활동에 관한 보건 및 안전에 관한 지침은 보건안전법의 범위 아래 적용되는데, 수영을 포함한 각종 스포츠 활동, 레저센터, 전원지역 방문, 아동놀이와 여가생활, 번지점프와 같은 레저활동 등을 폭넓게 다루고 있다. 그리고 레저활동을 위한 보건안전법은 체육시설에 대한 고용주와 노동자, 사업주를 위한 보건안전운영지침을 제시하고 있다. 구체적으로는 수영장과 아마추어 스포츠클럽을 운용하는데 있어서의 세부 지침을 제공하고 있다.

또 영국에서는 1975년 제정된 경기장법과 1987년 제정된 스포츠 화재안전 및 안전장소에 관한 규정에 의해, 지정된 스포츠 경기장과 다른 경기장에서의 안전을 보장하기 위한 안전인증제도를 운영하고 있다.

2) 스포츠시설안전관리국

스포츠시설안전관리국(Sports Grounds Safety Authority, SGSA)은 영국의 축구자격관리협회(Football Licensing Authority, FLA)의 성공적인 운영을 기반으로 2011년 11월 11일 설립되었다. 설립 이후, 축구경기장 등에서 관중들의 안전과 관련된 중요한 업무를 수행하고 있다. 특히 잉글랜드와 웨일즈에 적용되는 축구 관중에 관한 법률(1989) 집행의 행정적 기능을 담당하고 관련 사안에 대한 국제적인 자문 역할도 맡고 있다.

스포츠시설안전관리국은 잉글랜드와 웨일즈 뿐만 아니라 전 세계적으로 모든 스포츠 경기장에서 관중들이 보다 즐겁고 안전한 환경에서 경기를 관전할 수 있도록 신뢰할 수 있는 조언과 지침을 제공한다. 또 다른 여러 기관과의 협력관계를 통해 안전한 경기장 운영을 위한 교육과 정보 제공, 조직 구조와 체계의 혁신을 이룬다는 목표를 두고 업무를 추진하고 있다.

현재 영국의 스포츠시설안전관리국은 경기장 관람 안전성이란 측면에서 세계적인 선두주자로서 세계 최고의 스포츠 안전 간행물인 〈경기장에서의 안전 지침서〉〈그린 가이드〉 등을 출판한 바 있다.

또 스포츠시설안전관리국은 경기장에서 진행되는 스포츠와 관련된 개별 클럽 및 내무부, 내각부, 문화미디어스포츠부 등의 정부기구, 지방자치단체, 국제기구 등과 파트너십을 맺고 있으며 이들과 함께 스포츠 시설에 대한 안전관리 문제를 다루고 있다. 이밖에 다양한 스포츠 조직, 경찰, 소방, 의료 등 응급서비스단체, 올림픽과 같은 주요 스포츠 이벤트 개최 도시 및 조직기구와도 협력하고 있다.

3) 공공체육시설 안전관리 점검체계

영국의 공공체육시설에 대한 안전관리 점검체계는 보건안전청에서 제공하는 수영장 운용에 관한 보건안전지침이 대표적 실례이다.

보건안전청은 1988년 처음으로 〈수영장에서의 안전〉을 출간했고 1999년 두 번째 판을 출간했다. 이후 2003년 〈수영장 운용에 관한 보건안전지침〉으로 세 번째 개정판을 내놓았으며 2013년 일부 수정하여 재출간했다. 이 지침에는 수영 도구와 시설, 그리고 이에 관한 감독 행위의 조정과 관련된 보건안전법의 개정 내용과 최신 정보를 담고 있다. 수영 시설에서의 보건안전 업무를 담당, 조정, 관리하는 업무와 관계된 사람들에게 예외 없이 제공되고 있다.

이 지침은 특히 수영장 소유자, 관리자, 선수, 엔지니어, 설계 디자이너, 유지보수 담당 자와 건설 관계자 등에게 유용한 자료이다. 영국 보건안전청은 이 지침서를 통해 수영장 운용에 있어서의 위험을 최소화하고 수영장을 즐기는 사람들은 물론, 수영장에서 근무하 는 근로자들에게도 안전한 환경을 제공하는데 역점을 두고 있다.

이렇게 본다면 영국의 스포츠 시설관리체계는 전형적인 민관 협력구조이다. 정부의 역 할은 최소화하지만 최대 효과의 가이드라인을 제시함으로써 국민의 기본적인 안전을 지 키고 효율적으로 스포츠 시설을 관리한다는 방침을 세우고 있는 것이다.

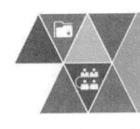

Ⅲ 체육시설 안전요원 운용

제1장 체육시설 안전관리계획[9)]

Ⅰ. 체육시설 안전관리요원 배치

체육시설법 제24조에서, 체육시설업자는 이용자가 체육시설을 안전하고 쾌적하게 이용할 수 있도록 안전관리요원을 배치하고 수질 관리 및 보호장구 구비 등 문화체육관광부령으로 정하는 안전·위생 기준을 지킬 것을 명문화하고 있다. 동법 시행규칙 별표 6에서는 체육시설 업종별로 안전요원의 배치를 다음과 같이 규정하고 있다.

스키장에는 이용자에게 스키에 관한 지식과 스키를 타는 방법, 그리고 기술·안전 등에 관해 교습할 수 있는 스키지도요원, 스키장 슬로프를 순찰하여 이용자의 안전사고 예방과 사고 발생 시 인명 구조 및 후송 등의 업무를 할 수 있는 스키구조요원을 배치하되, 스키지도요원은 슬로프면적 5만㎡당 1명 이상, 스키구조요원은 운영 중인 슬로프별로 2명 이상(슬로프 길이가 1.5㎞ 이상인 슬로프는 3명 이상)을 각각 배치해야 한다. 또한 각 리프트의 승차장에는 2명 이상의 승차보조요원을, 하차장에는 1명 이상의 하차보조요원을 배치해야 한다.

스키장에는 의료법에 따른 간호사나 응급의료에 관한 법률에 따른 응급구조사를 1명 이상 배치해야 하며, 스키장 시설 이용에 관한 안전수칙을 이용자가 쉽게 알아볼 수 있도록 셋 이상의 장소에 게시해야 한다. 그리고 스키장 운영자는 스키장 내에서 이용자가 안전모를 착용하도록 지도해야 하며 이용자가 안전모의 대여를 요청할 때 대여할 수 있는 충분한 수량을 갖춰야 한다.

요트장 및 조정장의 구조용 선박에는 수상안전요원을, 감시탑에는 감시요원을 각 1명

---

9) 체육시설 안전관리계획은 국가직무능력표준(2018), 12. 이용숙박여행오락스포츠, 04. 스포츠, 02. 스포츠시설, 스포츠시설 안전관리, 3~23면의 내용을 통해서 편집된 자료임.

이상 배치해야 한다. 이 경우, 수상안전요원은 대한적십자사에서 실시하는 수상인명 구조 활동에 관해 정해진 과정을 마친 자, 해군이나 해경에 복무한 자로서 수상인명구조에 경험이 있는 자 또는 그에 상당하는 자격이 있는 자이어야 한다.

자동차경주장에는 경주 진행 및 안전 등에 관한 규칙을 자체적으로 제정하여 경주참가자나 일반주행자 등 트랙이용자에게 사전에 교육해야 하며, 경주의 안전한 진행에 필요한 통제소요원, 감시탑요원 및 진행요원 등 각종 요원은 각각 해당 분야의 지식과 기술을 보유한 자로서 시설의 규모에 따라 적절하게 배치해야 한다.

수영장에는 수영장 내의 감시탑에 수상안전요원을 2명 이상 배치해야 한다. 여기서 수상안전요원은 대한적십자사나 법 제34조에 따른 수영장협회 또는 해양경찰청에서 고시하는 '인명구조요원 래프팅가이드 자격관리지침'에 따라 지정된 인명구조 교육기관 등에서 발급하는 수상안전에 관한 자격증을 가진 자이어야 한다. 또 개장 중인 실외 수영장에는 의료법에 따른 간호사 또는 '간호조무사 및 의료유사업자에 관한 규칙'에 따른 간호조무사 1명 이상을 배치해야 하며, 수영조 안에 미끄럼틀을 설치하는 경우에는 관리요원을 배치하여 그 이용 상태를 항상 점검해야 한다.

썰매장에는 출발 지점과 도착 지점에 각 1명 이상의 안전요원을 배치해야 한다.

골프장에서는 코스관리요원을 18홀 이하인 골프장에는 1명 이상, 18홀을 초과하는 골프장에는 2명 이상을 배치해야 하며 그 외에 종합체육시설업의 안전·위생 기준은 종합체육시설업을 구성하고 있는 해당 체육시설업의 안전·위생 기준에 따르도록 하고 있다.

II. 체육시설 안전매뉴얼[10]

1. 매뉴얼의 정의

관리매뉴얼이란 교본, 안내서, 사람(모델)으로 안전 및 위기관리에 필요한 계획, 방침, 일상 집무, 현장 작업 등의 실제를 명문화하여 해당 관리담당 직원에게 명시함으로써 안전 및 위기관리의 효율을 도모하고자 작성하는 일종의 사무계획표라고 할 수 있다.

---

10) 체육시설 안전매뉴얼은 국가직무능력표준(2018), 12. 이용숙박여행오락스포츠, 04. 스포츠, 02. 스포츠시설, 스포츠시설 안전관리, 24~37면의 내용을 통해서 편집된 자료임.

2. 매뉴얼의 작성법

매뉴얼을 효율적으로 작성하기 위해서는 우선 스포츠 시설의 안전 및 위기관리를 특성별로 분류하여 작성 범위를 정하는 작업부터 실시한다. 그리고 이를 바탕으로 관리 업무별 작업내용 및 행동양식을 모든 직원이 이해할 수 있도록 명확히 작성하면 매뉴얼화를 추진하기 위한 기본 단계는 일단 이루어졌다고 할 수 있다.

3. 매뉴얼 실행 절차

매뉴얼을 실행하기 위한 절차는 먼저 관리 모델(주제)의 선정부터 시작된다. 다음으로 초기 관리 매뉴얼을 작성하며 이를 테스트해 본다. 그런 다음에 매뉴얼을 수정하고 이에 대해 검토할 위원회를 개최한다. 위원회에서는 매뉴얼의 실시 여부를 검토하고 실행할 것인지에 대한 여부를 결정한다. 최종 매뉴얼이 확정되면 이에 대한 교육훈련이 실시되고 실행이 이루어진다.

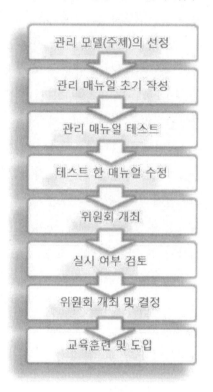

그림III-1 매뉴얼 실행 절차

III. 안전점검의 대상 및 항목

1. 시설물 실시 대상

체육시설 안전점검의 실시 대상은 체육시설법 제5~7조의 규정에 따라 전문체육시설, 생활체육시설, 직장체육시설 등 공공체육시설이 해당된다. 동법 제10조에 해당되는 등록 및 신고 체육시설 중에서 건물 등 시설물 연면적의 50% 이상을 사용하고 있는 시설에 대해서도 안전점검을 실시해야 한다. 다만, 시설물의 안전관리에 관한 특별법 제6조에 따른 안전점검 또는 동법 제7조에 따른 정밀안전진단을 받은 시설은 제외된다.

2. 소방시설 점검 대상

체육시설 중 소방시설의 점검 대상이 되는 시설은 체육시설법 제5~7조의 규정에 따른 전문체육시설, 생활체육시설, 직장체육시설 등 공공체육시설이 해당된다. 동법 제10조에 따른 등록 및 신고 체육시설업의 시설 역시 소방시설 점검의 대상이 된다. 다만, '소방시설 설치·유지 및 안전관리에 관한 법률' 제4조에 따라 최근 1년 이내에 소방특별조사를 받은 시설은 제외된다.

Ⅳ. 안전관리 매뉴얼 작성하기

1. 시설물 안전점검 항목

체육시설 안전점검의 항목 및 기준에 따라 점검 매뉴얼을 작성한다. 시설물 안전점검 항목의 예는 다음과 같다.
  ○기둥의 손상 균열 여부를 관리하는 매뉴얼
  ○벽의 손상 균열 여부를 관리하는 매뉴얼
  ○보의 손상 균열 여부를 관리하는 매뉴얼
  ○마감재의 손상 균열 여부를 관리하는 매뉴얼
  ○지반 침하 등에 따른 구조물의 위험 여부를 관리하는 매뉴얼
  ○절개지 및 낙석 위험지역 방지망 등의 안전시설 설치 및 관리 매뉴얼
  ○노후 축대 보수 및 보강 조치 매뉴얼
  ○옹벽 등 위험시설의 보수 및 보강 조치 매뉴얼
  ○시설의 연결 상태를 관리하는 매뉴얼
  ○시설의 변형 상태를 관리하는 매뉴얼
  ○시설의 청결 상태를 관리하는 매뉴얼
  ○부대시설의 파손 상태를 관리하는 관리 매뉴얼
  ○부대시설의 위험물질의 존재 여부를 관리하는 매뉴얼

2. 소방시설 안전점검 항목

체육시설의 소방시설 안전점검의 항목 및 기준에 따라 점검 매뉴얼을 작성한다. 소방시설물 안전점검 항목의 예는 다음과 같다.
- 화재경보기의 정상 작동 여부를 관리하는 매뉴얼
- 응급구조장비(경추보호대, 부목, 자동제세동기)의 정상 작동 여부를 관리하는 매뉴얼
- 스프링클러 등의 정상 작동 여부를 관리하는 매뉴얼
- 소화기 등 방화 장비의 적정 보유 여부를 관리하는 매뉴얼
- 피난 안내도의 비치 여부를 관리하는 매뉴얼
- 피난 안내 영상물의 상영 여부를 관리하는 매뉴얼
- 비상구의 설치 여부를 관리하는 매뉴얼
- 영업장 내부 피난 통로의 설치 여부를 관리하는 매뉴얼
- 누전차단기 등 전기시설의 정상 작동 여부를 관리하는 매뉴얼

3. 체육시설법의 관련 규정 준수

체육시설의 안전점검 매뉴얼을 작성할 때에는 체육시설법의 관련 규정을 준수해야 한다. 체육시설법에 규정된 체육시설의 안전점검 매뉴얼에 관련된 항목은 다음과 같다.
- 시설기준 준수 여부를 관리하는 매뉴얼(체육시설법 제11조 제1항)
- 체육지도자 배치 의무 준수 여부를 관리하는 매뉴얼(체육시설법 제23조)
- 안전기준 준수 여부를 관리하는 매뉴얼(체육시설법 제24조)
- 보험 가입의무 준수 여부를 관리하는 매뉴얼(체육시설법 제26조)
- 이밖에 체육시설 안전을 위해 필요한 항목으로 문화체육관광부장관이 정하여 고시하는 항목에 대한 매뉴얼
- 안전점검의 기준에 따라 작성하는 매뉴얼

체육시설의 안전점검 기준은 체육시설법 시행령 별표 1의 2에서 정하고 있다. 안전점검의 각 항목에 따라 점검한 뒤에 표Ⅲ-1에 나타난 바와 같이 '양호, 수리 필요, 이용제한 필요, 사용중지 필요' 등의 판정을 한 다음에 그 결과를 체육시설정보관리종합시스템에

입력하여 관리하도록 한다.

표Ⅲ-1 안전점검의 기준

안전점검의 기준
체육시설에 대한 안전점검을 실시하는 자는 제1호에 따른 점검 항목에 대하여 다음 각 목의 기준에 따라 구분하여 안전점검을 한 후, 체육시설정보관리종합시스템에 입력하는 방법으로 관리하여야 한다

○양호 : 체육시설의 이용자에게 위해·위험을 발생시킬 요소가 없는 상태
○수리 필요 : 체육시설의 이용자에게 위해·위험을 발생시킬 수는 있으나 경미한 사안으로 즉시 수리가 가능한 상태
○이용제한 필요 : 체육시설의 이용자에게 위해·위험을 발생시킬 수 있는 수리가 가능한 요소가 있거나 시설물의 주요 부재에 결함이 발생하여 긴급한 보수·보강이 필요한 상태
○사용중지 필요 : 체육시설의 이용자에게 위해가 발생한 경우 또는 주요 부재에 발생한 심각한 결함으로 인하여 체육시설의 안전에 위험이 있어 즉각 사용을 중지하고 보강 또는 개축을 하여야 하는 상태

V. 체육시설물 점검 실례

1. 헬스장 시설물

헬스장 시설물의 안전점검은 표Ⅱ-2에 나타난 바와 같이 체련장의 전원, 에어컨, 환풍기, 공기청정기, 제습기, 정수기 등의 작동 상태를 확인하고 각 점검 항목별로 점검표에 기록한다. 또 실내온도, 환기, 청결 상태도 점검 대상이 되며 이를 체크하여 관리기록부로 작성해야 한다. 점검 후, 시설 및 장비에 이상이 있다고 판단되면 시설부에 연락하여 협조를 요청하고 다음 근무자에게 인수인계하여 조치할 수 있도록 한다.

2. 수영장 시설물

수영장 시설물에 대한 안전점검을 위해, 먼저 수영장 내부의 수영조 입구 잠금장치를 해제한다. 다음으로 전원을 켜고 수영장 내부, 남녀 샤워실, 라커, 파우더룸 등 수영장 시

설 내부의 모든 조명의 이상 여부를 확인한다. 조명에 대한 점검이 완료되면 수영장 시설물 점검표 항목에 따라 수영장의 시설을 점검한다.

표Ⅲ-2 헬스장 장비점검표

점검 시설	점검 항목	월요일 (1/10)	화요일 (1/11)	수요일 (1/12)	목요일 (1/13)	금요일 (1/14)	토요일 (1/15)	일요일 (1/16)
○○○ 운동기구 1	체크 항목 1							
	체크 항목 2							
	체크 항목 3							
○○○ 운동기구 2	체크 항목 1							
	체크 항목 2							
	체크 항목 3							
○○○ 운동기구 8	체크 항목 1							
	체크 항목 2							
	체크 항목 3							
○○○ 운동기구 9	체크 항목 1							
	체크 항목 2							
	체크 항목 3							
○○○ 운동기구 10	체크 항목 1							
	체크 항목 2							
	체크 항목 3							

표Ⅲ-3 수영장 시설점검표

점검 항목	점검 결과			개선조치
	양호	보통	불량	
감시탑 적정 설치				
수영장 및 수영조 입장 정원 준수				
의료인력 배치				
욕수의 여과기 통과 규정 준수				
욕수의 수질기준 준수				
게시물 적정 게시				
미끄럼 설치 시 관리요원 배치				
수상안전요원 배치				

수영장 시설의 점검 항목은 감시탑이 적정하게 설치되었는지, 수영장 및 수영조의 입장 인원이 정원을 준수하고 있는지에 대한 점검을 비롯하여 의료 인력이 규정에 맞게 배치되었는지에 대한 확인, 수영장 욕수의 여과기 통과 규정 준수 여부와 욕수의 수질이 기준을 준수하고 있는지에 대한 검사, 게시물이 올바른 위치에 적정하게 게시되고 있는지에 대한 점검, 수영장 내 미끄럼 설치 시 관리요원이 배치되었는지에 대한 확인, 그리고 수영장 내 적정 수상안전요원의 배치 여부 등이다.

3. 골프연습장 시설물

골프연습장 시설물에 대한 안전점검은 다음과 같은 순서로 이루어진다.

첫째, 골프연습장 시설물 점검표의 항목별로 골프연습장의 전원, 에어컨, 환풍기, 공기청정기, 제습기, 정수기 등의 작동 상태를 확인하고 점검표에 기록한다. 둘째, 캐디머신의 전원을 켜고 작동 상태 및 청결 상태를 확인한다. 셋째, 골프 브러시의 상태를 점검하고 손상 여부를 확인하여 필요한 경우에는 교체한다. 넷째, 공배급기의 전원을 켜고 작동 상태를 확인한다. 다섯째, 골프공 바구니, 연습용 골프채 등의 정리 상태를 점검한다. 여섯째, 실내온도와 환기 상태를 시간별로 체크하여 기록한다.

시설물 점검표(골프연습장)

16. 10. 28

구분	점검내용	점검결과		시정 또는 미비사항	담당자 확인
		양호	불량		
1.	캐디 머신		✓	전원 교체함	김으여
2.	골프 브러쉬	✓			이성나
3.	공 배급기	✓			이으이
4.	골프공 바구니 정리	✓		정리 정돈 상태 양호함	이으여
5.	실내 온도 정리 상태	✓			이으여
6.	에어컨 청소기	✓			이으기
7.	정수기(정수기 필터)		✓	증기 정수기 필터 상태 교체함	이으기
8.	청소기	✓			이으여

그림Ⅲ-2 골프연습장 시설물 점검표

Ⅵ. 위기관리 매뉴얼 작성

위기관리 매뉴얼은 체육시설의 재해나 재난이 발생했을 경우를 대비하여 비상상황에서 신속하게 대응함으로써 시설 이용자들의 생명을 보호하고 재산의 피해를 최소화할 수 있도록 하는 행동요령이다. 위기관리 매뉴얼은 체육시설의 안전성을 제고하며 예방할 수 있는 사고를 사전에 예방하는데 도움이 된다. 따라서 체육시설의 관리자는 사고를 예방하고 비상상황에 신속하게 대처할 수 있도록 평소 매뉴얼에 따른 행동요령을 훈련하고 숙지해야 한다.

1. 재해·재난에 대한 매뉴얼

체육시설에서의 재해나 재해 발생에 대비하여 시설구성원들의 임무와 역할에 대한 매뉴얼이 마련되어야 한다. 예를 들어, 시설에 화재가 발생할 경우, 총괄 지휘하여 전 직원에게 연락하고 경찰 및 소방서에 신고하는 등의 선제 역할을 담당할 부서, 이 부서의 총괄지휘 하에 시설 내의 인원들에 대한 대피 유도와 인원 파악 등의 역할을 담당할 부서와 인원, 부상자에 대한 처치와 간호 임무를 담당할 부서와 인원, 시설 내의 통제부서와 긴급방송, 각종 연락담당 부서와 인원 등이 사전에 위임되어 매뉴얼로 작성되어 있어야 한다. 표Ⅲ-4는 화재 발생 시에 시설구성원들의 임무와 역할에 대한 예시이다.

표Ⅲ-4 화재 발생 시 시설구성원의 임무와 역할 매뉴얼(예시)

구분	임무와 역할
운영팀	○ 총괄 ○ 전 직원에게 연락 ○ 경찰 및 소방서에 신고
회계팀	○ 피난 유도(시설 내 방송 등으로 정확한 지시) ○ 직원들의 인원 확인
체육팀	○ 응급처치 ○ 부상자의 간호
시설팀	○ 시설 내 출입통제 ○ 현장 직행
총무팀	○ 각종 연락 ○ 긴급방송

2. 화재에 대한 매뉴얼

체육시설에서 화재가 발생했을 때의 대응에 대한 매뉴얼도 핵심 대처사항을 중심으로 작성되어 있어야 한다.

우선 자체 소화시설을 활용하여 진화를 시도하고 사람들을 대피시킨 후 화재신고를 한다. 화재신고는 당황하여 누락하거나 잘못할 수 있으므로 신고 매뉴얼을 마련하고 게시함으로써 평소 숙지하게 하고 화재 발생 시, 이에 따라 정확하고 신속하게 신고가 이루어질 수 있도록 한다.

표Ⅲ-5 화재 신고요령 매뉴얼(예시)

내용
○화재 연기나 불을 발견하면 '불이야'하고 주변에 알린다
○침착하게 119를 눌러 신고한다
○불이 난 사실과 내용을 간단명료하게 설명한다
○해당 시설의 주소를 알려준다
○소방서에서 확인 대답을 하기 전까지 끊지 않는다

자체 소화시설에 의한 초등 대처는 화재 확산을 억제하는데 매우 중요한 대응이다. 따라서 평소 소화기와 같은 자체 소화시설에 대한 사용요령을 매뉴얼로 작성하여 훈련함으로써 유사시 효과적으로 조치할 수 있도록 한다. 표Ⅲ-6은 소화기 사용요령에 관한 매뉴얼의 예이다.

표Ⅲ-6 소화기 사용요령 매뉴얼(예시)

내용
○스포츠 시설 내부에 있는 소화기를 사용한다
○우선 소화기 안전핀을 뽑는다
○소화기 호스 방향을 불이 나는 곳에 조준한다
○손잡이 움켜쥐며 불이 나는 곳을 향해 뿌린다
○완전히 불씨가 사라졌는지를 확인한다

화재가 발생한 경우, 시설 내 사람들의 대피 행동요령, 대피 이동경로, 안전한 곳으로 대피 후 행동요령 등에 대해 미리 숙지가 되어 있어야만 피해를 최소화할 수 있다. 따라서 이에 대한 대응 사항도 매뉴얼로 작성되어 직원들로 하여금 훈련할 수 있도록 해야 한다. 화재 시 대피요령에 관한 매뉴얼의 예는 표Ⅲ-7과 같다.

내용
○시설관리자는 건물 내 사람들을 안전하게 대피시킨다
○질서정연하게 가까운 계단을 통해 밖으로 대피한다
○무조건 창밖으로 뛰어내려서는 안 된다
○불이 난 사무실의 문을 함부로 열어서는 안 된다
○부상자가 발생하였을 경우 응급처치 후 즉시 병원으로 이송한다
○이동 간 손수건과 헝겊 등을 이용하여 코와 입을 막아 연기를 마시지 않도록 한다
○연기가 차고 있을 때는 낮은 자세로 대피한다

3. 태풍·호우에 대한 매뉴얼

태풍이나 호우로 인해 체육시설이 위험에 처할 경우, 태풍의 진행이나 강우량 등을 확인함으로써 재난에 효과적으로 대응하기 위한 행동요령도 매뉴얼로 작성되어야 한다. 또한 호우로 인해 시설물이 침수되었을 때의 조치에 대한 사항도 매뉴얼화하여 피해를 최소화하도록 해야 한다. 표III-8은 태풍·호우 시 태풍의 진행 경로 및 예상 강우량 확인과 시설물 침수에 조치해야 할 사항을 매뉴얼로 작성한 예이다.

표III-8 태풍의 진행 경로 및 예상 강우량 확인에 관한 매뉴얼(예시)

내용
○시설관리자는 각종 매체를 통해 기상방송을 청취하여 태풍의 진행 경로 및 예상 강우량을 확인하여 보고한다
○시설물 침수 시에는 시설 내 전기와 가스 등을 차단한다
○시설 내 사람들을 안전한 곳으로 대피시킨다
○태풍·호우 발생으로 인한 피해 발생 시 즉각 관계기관에 보고한다

4. 폭설에 대한 매뉴얼

폭설에 의해 체육시설이 위험에 처할 경우, 예상 적설량을 확인함으로써 위험에 미리 대처할 수 있도록 매뉴얼에 명시해야 한다. 평소에도 폭설에 대비하여 제설장비 및 제설장비용품에 관한 매뉴얼을 작성하고 이에 따른 관리가 이루어져야 한다. 적설량이 위험

수준을 넘는 경우에 대비한 통제계획 및 피해 발생 시 보고에 관한 사항도 매뉴얼에 정리되어야 한다. 표III-9는 폭설과 관련된 위기대응 매뉴얼의 예이다.

표III-9 폭설 대응 매뉴얼(예시)

내용
○ 시설관리자는 각종 매체를 통해 기상방송을 청취하여 예상 적설량을 확인하여 보고한다
○ 시설관리자는 제설작업을 대비하여 넉가래, 버팀대 등 제설장비를 점검한다
○ 시설관리자는 적설량이 50cm 이상일 경우, 붕괴 위험이 있으므로 출입을 제한한다
○ 폭설로 인한 피해 발생 시 즉각 관계기관에 보고한다
○ 지붕 면적이 넓은 시설물 내부에는 트러스에 버팀대를 설치한다

5. 지진에 대한 매뉴얼

지진이 발생했을 때, 최초의 지진은 1~2분 내에 멈추므로 이 시간 동안 잠시 테이블 등의 밑으로 몸을 피한 후, 지진이 소강상태일 때에 지진에 대응할 수 있는 행동을 취해야 한다. 이러한 행동요령은 평소 매뉴얼에 의해 훈련되어 있어야 한다. 지진에 대처하는 매뉴얼에는 지진의 규모를 파악할 수 있는 진도별 상황을 묘사하여 대처하는 사람이 진도의 크기를 파악할 수 있어야 하며, 각 지진 크기에 따른 행동요령이 기술되어 있어야 한다. 표III-10은 지진 규모에 따른 영향을 나타낸 것이다.

표III-10 지진 규모에 따른 영향

규모	진도	인체, 구조물, 자연계 등에 미치는 영향
2.9 미만	1	○ 진도 1 : 아주 평온한 상태에서 극소수의 사람만이 느낀다
3.0~3.9	2~3	○ 진도 2 : 앉아 있는 상태에서 약간의 혼들림을 느끼고 서 있는 사람은 잘 느끼지 못한다 ○ 진도 3 : 특히 건물 위층에 있는 사람들이 뚜렷하게 느낀다. 전창 등에 매달린 물체가 약하게 혼들리고 정지한 차가 약간 혼들린다
4.0~4.9	4~5	○ 진도 4 : 실내에서는 많은 사람이 느끼지만 야외에서는 거의 느끼지 못한다. 그릇이나 창문 등이 혼들린다 ○ 진도 5 : 거의 모든 사람이 느낀다. 그릇과 창문이 깨지거나 고정이 안 된 물체가 넘어지기도 한다

규모	진도	인체, 구조물, 자연계 등에 미치는 영향
5.0~4.9	6~7	○진도 6 : 똑바로 걷기가 힘들다. 무거운 가구가 움직이거나 넘어지고 건물의 회벽이 떨어지거나 벽에 금이 생긴다 ○진도 7 : 차안에서도 진동을 느낀다. 서 있기가 힘들고 낡은 굴뚝이 무너지는 현상이 발생한다
5.0~5.9	8~9	○진도 8 : 일반건축물에 부분적 붕괴 등 상당한 피해가 발생한다 ○진도 9 : 땅에 균열이 발생한다. 최근 지어진 내진 설계된 건물에도 상당한 피해가 발생한다
6.0~6.9	10~11	○진도 10 : 잘 지어진 목조건물이 파괴되며 땅에 심한 금이 가고 철도가 휘어진다 ○진도 11 : 남아 있는 석조구조물은 거의 없어지고 땅에 넓은 균열이 생긴다
7.0 이상	12이상	○진도 12 이상 : 지표면이 파도처럼 흔들리고 시야와 수평면이 뒤틀린다. 물체가 하늘로 던져진다

출처: 교육부(2007). 교육시설 재난관리행동매뉴얼

지진 규모에 따른 행동요령에 대한 매뉴얼에는 피난 결정 및 지시에 관한 사항, 피난 장소, 지진으로 인한 낙하물에 관한 행동요령, 안전대책본부의 설치에 관한 사항 등이 포함되어야 하며 작성된 안전·위기관리 매뉴얼을 바탕으로 교육을 실시하여 위기 시 피해를 최소화 하도록 해야 한다.

이상과 같은 재난이나 재해를 대비하여 각 상황에 맞는 매뉴얼과 함께 기본적으로 시설 관련자를 대상으로 비상연락망 및 비상근무에 관한 매뉴얼도 확인되어야 한다.

표Ⅲ-11 비상연락망 및 비상근무 매뉴얼(예시)

구분	조치사항	책임자
신고	소방서(☎119) 경찰서(☎112)	김○○(☎010-XXXX-XXXX))
대피 유도	△△위치(윤○○), △△위치(백○○)	이○○(☎010-XXXX-XXXX)
화재 진압	△△소방서(☎XXX-XXX)	박○○(☎010-XXXX-XXXX))
응급 의료	△△구급차(☎XXX-XXX) △△병원(☎XXX-XXX)	윤○○(☎010-XXXX-XXXX))
차량 통제	경찰서(☎XXX-XXX) 안전요원(☎XXX-XXX)	한○○(☎010-XXXX-XXXX))

제2장 안전요원 배치 및 활동[11]

I. 체육시설 근무규정에 따른 안전요원 운용

체육시설의 안전요원과 관련된 운영사항은 체육시설법 제24조에 명확히 밝히고 있으며 동법 시행규칙 별표 6에서도 종목별로 구체적인 운영방안을 제시함으로써 체육시설을 안전하고 쾌적하게 이용할 수 있도록 하며 시설관리자로 하여금 안전·위생 기준을 지킬 것을 명문화하고 있다. 별표 6에서 제시하고 있는 종목별로 구체적인 운영방안은 앞서 제1장에서 설명한 바와 같다.

II. 현장 중심의 안전관리요원 임무

예방 중심의 안전요원 운영에 대한 기본원칙은 다음과 같다.

첫째로 사전에 시설에 대한 점검을 통해 시설구조를 파악하고 있어야 한다.

둘째로 시설 내의 모든 동선에 대해 사전에 숙지함으로써 비상상황에 대비해야 한다.

셋째로 시설이나 이벤트의 특성에 맞는 안전관리조직을 구성해야 한다.

넷째로 사전에 위험군에 대한 정보를 분석, 분류하고 관찰 계획도 수립되어야 한다.

다섯째로 위기상황 발생 시의 대처요령은 사전 시뮬레이션을 통해 숙지되어야 한다.

특히 현장에서 안전관리요원들이 효율적으로 위기상황에 대처하기 위해서는 철저하게 현장 중심의 시뮬레이션에 의해 위기대처능력을 확보해야 하며 사전정보 분석 등을 통해 전반적인 업무에 통달하고 있어야 한다. 또 지휘와 보고체계의 합리화로 협력적 통제체계

---

11) 안전요원 배치 및 활동은 국가직무능력표준(2018), 12. 이용숙박여행오락스포츠, 04. 스포츠, 02. 스포츠시설, 스포츠시설 안전관리, 47~53면, 86~93면의 내용을 통해서 편집된 자료임.

가 확립되어 있어야 한다.

1. 도면의 확보

현장의 안전관리요원은 기본적으로 사전에 시설에 대한 구조와 동선을 파악하고 있어야 한다. 현장 파악은 현장요원의 첫 번째 임무이다. 따라서 가장 먼저 현장의 지도 또는 경기장 도면부터 확보해야 한다. 그림Ⅲ-3은 경기장의 부지와 평면도면 및 층별 평면도면을 나타내고 있다. 현장요원은 이 도면들을 확보한 후, 실제 경기장과의 일치 여부를 확인하고 공조실 및 통제실 등 각 기능실에 대한 점검도 필히 확인해야 한다.

또 동선이나 탈출로 확보 등 다양한 측면에서 안전점검과 관리가 이루어지기 위해서는 평면도뿐만 아니라 그림Ⅲ-4와 같은 입면도도 확보해야 한다.

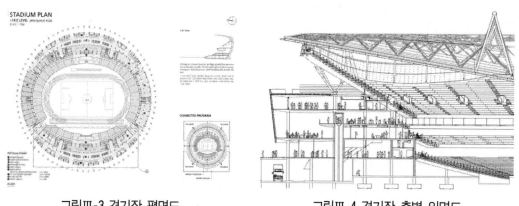

그림Ⅲ-3 경기장 평면도   그림Ⅲ-4 경기장 층별 입면도

2. 경기장 각 위치의 코드화

현장 중심의 조사와 분석이 완료된 다음에는 좌석뿐만 아니라 세부 기능실 등 주요 시설에 대해서도 각각의 위치를 코드화하여 현장요원들 간에 공유하고 숙지해야 한다. 경기장 코드는 각 위치를 인식과 소통이 용이하도록 방위를 기본으로 코드화한다. 예를 들면 'Total Functional Area: ○○종 ○○개소' 등과 같이 현장의 모든 코드 범위를 먼저 정의

한다. 모든 코드 범위가 정해지면 각 장소별로 고유의 코드 번호를 부여한다. 코드화 방식은 그림Ⅲ-5의 예와 같다.

○Total Functional Area : ○○종 ○○개소
○장소별 고유 코드번호 부여 방식
  - 좌석별 고유번호 : Seat＋방향＋숫자
  - 경기면(Track & Field) 고유번호 : Game Field＋숫자
  - 실내 기능실 고유번호 : Room＋층수＋숫자
  - 외부 기능실 고유번호 : EE(or EC)＋숫자

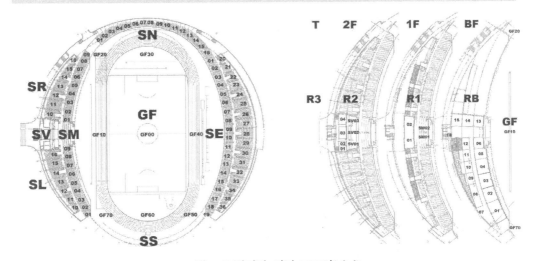

그림Ⅲ-5 경기장 위치 코드화(예시)

3. 동선 파악 및 현장 투입, 위험관리

현장의 안전요원은 경기장 시설에 대한 파악과 더불어 경기장 내의 사람이나 차량, 물자, 서비스 등 모든 분야의 이동경로를 파악하고 상황 특성에 맞는 효율적인 이동경로로 조정해야 한다. 이동경로의 조절은 기본적으로 각각의 이동자들이 동시에 이동할 경우에 겹치지 않아야 하며 모든 경로가 일정한 방향과 속도를 계속해서 유지하도록 하는 것이 중요하다.

경기장 안전관리를 위한 조직과 자원의 투입을 위해서는 사전에 정보 분석이 이루어져야 한다. 이를 통해 현장 안전관리에 필요한 인력과 물자, 서비스 등을 산출해야 한다. 그

리고 산출된 자료를 근거로 현장 실행조직이 구성되며 구성된 조직에 의해 업무 분장과 훈련이 실행된다. 또한 실행조직의 통제 하에 체계적인 보고와 협업이 이루어져야 한다.

　　현장에서는 안전을 위해 경기 시간이나 장소 등 세부 일정을 사전에 파악하고 합리적으로 조정함으로써 대량이동 시간을 분산시키는 등의 시간 관리를 해야 한다. 또 위험관리(risk management)를 통해 사전에 위험군에 대한 정보를 분석하고 분류하여 사고 발생 시 조치 방안과 행동요령, 현장 통제 등 기본지침을 마련하고 있어야 한다.

III. 안전요원 배치를 통한 안전점검

1. 체육시설의 물리적 안전점검

　　체육시설 내의 물리적 시설에 대한 안전점검 대상에는 체육시설 내의 모든 건축물과 체육시설 주변의 옹벽, 석축, 배수로 등 모든 부대시설이 포함된다. 전기나 가스, 기계, 소방 및 비상설비 등의 기타 분야도 망라된다.

그림III-6 피난 안내도

건물내부용 안전점검표

소속		점검자		점검일자	

구분	점검항목		양호	불량	개선 조치계획 (비고)
건물 내부	기둥	손상 균열			
		콘크리트 탈락			
		철근 노출			
	벽	손상 균열			
		누수, 백태			
		돌출 안전상태			
		벽면 부착물(액자, 책장등) 안전상태(지진대비)			
	보	손상 균열			
		콘크리트 탈락			
		철근 노출			
	천장	누수, 백태			
		마감재 탈락, 노후화			
		텍스, 몰딩, 전등 등 안전상태			
	바닥	손상 균열			
		하중에 의한 기울기 및 바닥판 변형			
		돌출 안전상태			
	창호	창호(문짝, 문틀)의 탈락 위험성			
		창호 유리의 안전상태			
		창호 부착물(방범창, 방충망 등)			
	경기무대(링)상부	조명 등의 안전상태			
	경기무대(링)하부	무대 구조물의 안전상태			
	화장실	내부 경량 칸막이의 안전상태			
		내벽타일 탈락 등 안전상태			
		위생기구(변기, 세면대 등) 안전상태			
	계단	바닥, 벽의 돌출 등 안전 상태			
		주계단 균열 상태			
		미끄럼 방지턱, 낙하방지 그물 등			
	난간	난간의 흔들림			

건물외부용 안전점검표

소속		점검자		점검일자	

구분	점검항목		양호	불량	개선 조치계획 (비고)
건물 외부	옥상 /지붕	옥상 방수, 마감 등 안전상태			
		옥상 물탱크·물건 적치 등 과하중 상태			
		지붕 안전상태			
	슬래브	손상 균열			
		콘크리트 탈락			
		철근 노출			
	외벽	각종 균열			
		누수, 백태			
		기울기 발생			
	장류	장류 안전상태			
건물 주변	절개지	절개지(切開地)의 안전시설설치 등			
	낙석위험 지역	낙석 위험지역 방지망 등 안전시설 설치 여부			
	노후축대	보수, 보강, 기타 조치 상태 등			
	옹벽	수직, 수평, 경사 균열 발생 상태			
		균열 부분 누수, 백태			
		옹벽 배면 토사 침하 현상			
		옹벽 및 석축 기울어짐, 배부름 현상			
		기타 붕괴 위험성			
	비탈면	경사면 부분 균열 발생			
		경사면 부분 지하수 유출			
		토사유실 위험성			
		수목의 기울어짐			
		토사면 배수시설 상태			
	담장	붕괴위험성			
		담장주변 토사적치			
	시설 내 통행로	차량 통행로 시설 안전상태			
		보행자 통행로 시설 안전상태			

부대시설 및 가스·전기설비점검표

소속		점검자		점검일자	

구분	점검항목		양호	불량	개선 조치계획 (비고)
부대 시설	승강기	승강기 및 엘리베이터 안전검사필증 부착여부			
		비상시 승강기의 비상운전 작동상태 여부			
	에스컬 레이터	에스컬레이터 안전검사 여부			
		에스컬레이터 정상작동 여부			
	기계식 주차시설	기계식 주차시설, 주차타워 안전상태			
	물탱크	옥상 물탱크, 물건 적치 등 과하중			
		물탱크 및 정화조 뚜껑의 안전상태			
	조명탑	조명탑의 안전상태			
		환기시설 정상 작동 여부			
	기타 부대시설	시설의 연결, 변형 상태			
		부대시설의 파손 상태 여부			
		위험물질의 존재 여부			
가스 설비	가스 차단기	정상작동 여부			
		가스 주 배관에 견고히 부착되어 있는지의 여부			
	가스누설 경보기	주방 또는 난방시설이 설치된 장소에 설치여부			
		정상작동 여부			

소방비상설비용 안전점검표

소속		점검자		점검일자	

구분	점검항목		양호	불량	개선 조치계획 (비고)
소방 설비	화재경보기	정상작동 여부			
	스프링클러	정상작동 여부			
	소화기	설치된 장소의 통행 또는 피난에의 장애여부			
		사용하기 쉬운 위치에 설치여부			
		구획된 실 마다 설치여부			
		보행거리가 규정치 이하인가 여부 ~소형: 20m, 대형: 30m 마다 1대			
		지시압력치의 적정 여부			
		소화약제의 응결·변질 여부			
		안전핀 봉인의 탈락 여부			
	옥내소화전	정상작동 여부			
		소화전앞 장애물 및 물건적체 여부			
	방화셔터	정상작동 여부			
비상 설비	비상구	정상작동 여부			
		비상구앞 장애물 및 물건적체 여부			
		비상구가 열려있는지 여부 * 비상사태 발생 시 비상구가 잠겨 있을 경우, 피해가 커져 참사를 초래할 수 있음			

그림Ⅲ-7 체육시설 안전점검표 (출처 : 문화체육관광부, 2016)

소규모 체육시설용 자율안전점검표[1]

시설명		점검일자	2018.
주소		점검자	(인)
소유자		연락처	

구분		점검항목	양호	보통	불량
소방시설		○ 화재경보기, 스프링쿨러 등의 정상 작동 여부			
		○ 소화기 등 방화장비의 적정 보유 및 정상 작동 여부			
		○ 피난안내도의 비치 또는 피난안내 영상물의 상영 여부			
		○ 비상구 및 영업장 내부 피난통로의 설치 여부			
		○ 누전차단기 등 전기시설의 정상작동 여부			
체육시설법 관련규정 준수여부	시설기준 (안전부문)	○ 「산업표준화법」에 따른 조도기준 준수 여부			
		○ 구급약품 비치 여부			
		○ 적정 환기시설			
		○ 어린이 통학버스의 도로교통법 제52조에 따른 신고 여부			
		○ (골프연습장) 그물·보호망 설치 여부			
	지도자 배치	○ 규모별 적정 지도자 배치 여부			
		○ 이용질서 유지			
	안전·위생 기준	○ 시설·설비·장비·기구 등의 정상 이용 가능 여부			
		○ 음주자 등의 이용 제한			
		○ 정원 내 이용 여부			
		○ 소화기 설치, 피난안내도 부착, 피난방법 고지 여부			
		○ 해당 체육시설 내 사망자 발생시 영등포구청장에게 즉시 보고			

그림Ⅲ-8 소규모 체육시설용 안전점검표
(출처 : 문화체육관광부, 2016)

안전점검요원은 기본적으로 담당 구역 시설물의 기둥, 벽, 보, 마감재, 옹벽, 시설의 연결과 변형 및 청결 상태, 지반 침하 등 구조물과 부대시설의 위험 여부를 점검한다. 절개지 및 낙석 위험지역 방지망 등의 안전시설도 점검사항에 포함되며 시설물의 노후화된 곳을 확인해야 한다. 이외에도 담당 구역의 소방시설에 대한 안전점검도 실시해야 한다. 주로 화재경보기나 스프링클러, 소화기 등 방화 장비와 각종 전기시설물을 점검하며 위급상황을 대비하여 비상구와 피난 안내도 등을 점검해야 한다. 점검 결과, 이상 현상이나 안전에 위협이 될 만한 요소가 발견될 경우에는 안전점검표에 내용을 기입함으로써 위험 사항에 대한 조치계획을 수립하고 계획에 따라 시행할 수 있도록 해야 한다.

안전점검표는 그림Ⅲ-7과 같이 건물 내부의 시설물이나 주변 부대시설의 점검사항이 수록된 건물 내부용과, 건물의 외부 및 주변에 대한 안전점검표, 가스·전기시설 및 부대시설에 대한 안전점검표, 소방·비상설비에 대한 안전점검표 등이 각각 세부 항목별로 따로 구분되어 점검이 이루어져야 한다. 단, 건물 전체를 사용하지 않는 소규모 체육시설의 경우에는 그림Ⅲ-8과 같은 '소규모 체육시설용 안전점검표'를 활용하여 점검할 수 있다.

2. 체육·스포츠 시설 안전요원의 책임과 역할

체육·스포츠 시설에서는 이용자들이 안전수칙을 잘 준수할 수 있도록 하기 위해 훈련된 안전요원을 배치하여 안내해야 한다. 안전요원의 배치는 경기 종목별, 규모별, 구단별 특성에 따라 인원 상대성을 고려하여 배치한다.

체육·스포츠 시설에서의 시설 운영자를 비롯한 모든 안전요원 및 관계자들은 원칙적으로 시설 안에서의 사고 위험요소와 스포츠 사고가 발생했을 때의 대응요령, 스포츠 시설 사용의 유의사항 등에 관해 충분한 지식을 지니고 있어야 한다. 또 시설에서 스포츠 활동을 수

그림Ⅲ-9 스포츠 시설의 안전요원 활동

행하는 참여자 및 다른 사람들을 위협하는 모든 요소와 참여자들을 보호하기 위해 설치한 위험 통제장치에 대해서도 알고 있어야 한다.

그리고 스포츠 시설 운영과 관련된 모든 안전요원 및 관계자들은 합리적으로 실행 가능한 범위 안에서 항상 자신들의 임무가 당사자들이나 다른 사람들 또는 작업 환경에 피해를 줄 가능성이 있는지를 확인해야 하며, 동료와 함께 안전규정과 절차를 준수하기 위해 노력해야 한다. 아울러 현장에서 발생하는 위험 상황을 감독자에게 보고해야 한다.

표Ⅲ-12 사건보고서(예시)

구분	내용
작성일	20XX. XX. XX
부서	안전관리부서
사건 장소	서울특별시 ○○체육관
발생일	20XX. XX. XX. ○요일
발생 경위	○○운동시설에서 화재가 시작된 것으로 추정
재해 내용	화재사고
재해사고 원인	난로가 쓰러져 발생한 화재
사고현장 사진	당시 사고현장 사진
처리 결과	화재 진압

3. 안전요원 교육

스포츠 시설의 운영자는 안전요원을 대상으로 현장에서 발생할 수 있는 사고에 대한 예방과 대처 방법을 중심으로 교육해야 하며 새로운 시설, 절차 등이 도입되었을 때에는 이를 적용하기 전에 먼저 새로운 시스템에 대한 안전교육이 이루어져야 한다. 물론 안전요원은 이와 같은 교육을 반드시 이수해야 한다.

제4장 경기장 대피계획 안내서[12]

I. 대피 프로그램

일반적으로 모든 대피 안내서는 공통적인 기본 요소를 갖고 있다. 그러나 각 경기장의 소유주 및 운영자는 중앙정부 및 지방정부, 주변 지역사회 및 특정 절차. 경기장 특성 등을 고려하여 대피계획을 수립해야 한다. 이 책에서 소개하는 대피 안내서는 안전 및 치안 강화를 위해 지속적으로 개발되어야 하며, 경기장의 소유자 및 운영자가 경기장 관련 대피계획을 개발하는데 활용될 수 있다.

1. 대피 프로그램 개요

경기장 대피계획의 중요한 요소 중 하나는 위험 발생 시 관객 및 시민의 행동에 대한 통제가 필요한지를 결정하는 것이다. 통제가 필요한 경우에는 경기장 주변의 교통 통제, 경기장 내부의 관중 이동 및 완전 퇴실조치 등을 취하게 되며 이러한 일련의 통제는 일관된 실행 원칙에 따라 이루어진다.

실행 원칙에는 위험요소의 평가, 적절한 대응계획 수립, 일반인에게 알리기, 대피계획 수립 등이 포함된다. 위험을 평가하고 취약성을 줄이며 준비 수준을 높이면 경기장의 잠재적인 위협과 피해를 최소화할 수 있다.

스포츠 경기장의 관중들을 효율적으로 대피시키기 위해서는 엄청난 수의 관중, 경기장 출입구의 이동량, 경기장의 위치, 경기장과 그 주변 시설로의 이동경로 등을 고려하여 대

---

12) Homeland security(2018), Evacuation Planning Guide for Stadiums. 자료를 번역하여 수록하였음. 부록Ⅱ에 세부 지침을 첨부했음.

피계획을 수립해야 한다. 또 경기장의 대피계획에는 상당한 수준의 협업, 경기장 소유주 및 운영자 그리고 관련 단체와의 통신 및 협조가 포함되어야 한다.

2. 다른 계획과의 관계

경기장의 대피계획은 경기장 비상계획의 부록이어야 하며 비상계획의 작업과 절차에 중복되지 않도록 비상계획과 통합되어야 한다. 대피계획은 비상계획을 참조해야 하며 대피시나리오가 포함된 지역의 비상대응계획과도 일치해야 한다.

II. 조직 구조

경기장에서의 성공적인 대피를 위해서는 먼저 대피계획을 실행하기 위한 조직의 구조를 수립해야 한다. 대피계획에서는 조직의 각 구성요소에 대한 역할과 책임을 분명하게 명시해야 한다. 여기서는 대피계획을 수립한 개인 및 조직의 역할과 책임, 그리고 대피계획의 조직 구조가 경기장의 비상계획에 어떻게 부합하는지를 설명하기로 한다.

경기장에서의 대피가 경기장의 현장 직원만으로 통제 가능한 경우도 있지만 때로는 지역사회 역시 대피 절차의 일부가 되어야 할 때가 있다. 따라서 대피계획의 세부사항에 대한 정보를 모든 이해관계자에게 전달하고 그들의 적절한 참여를 보장하기 위해 대피계획에 대한 지역 기관의 협의와 동의를 얻는 것이 좋다.

또한 효과적으로 대피명령을 내리려면 지역 대응 관리자와의 긴밀한 협조가 요구된다. 사고처리시스템의 원칙을 사용하여 경기장 대피팀, 소방, 경찰, 군 등의 이해관계자와 효율적으로 소통할 수 있어야 하며, 사건의 범위와 관련된 대응 조직의 수에 따라 통합지휘 (Unified Control)가 필요할 수 있다.

지역 교통기반시설은 성공적인 대피 수행을 위한 자원이다. 이 시스템을 효과적으로 활용하려면 지역 교통 및 교통관제기관의 참여가 필요하다. 도로, 고속도로, 대중교통시스템의 지역시스템에 대한 통제는 중앙정부와 지방정부의 교통 관련 부서를 포함한 여러 단체 간에 공유될 수 있다. 대도시권에서는 도시계획기구가 대피계획을 위한 추가적인 지원을 제공할 수 있다.

1. 대피팀

경기장 내에서 대피 상황이 발생할 경우에 대피하는 동안 책임자가 누구인지를 명확히 해야 한다. 대피팀은 대피가 필요할 때, 경기장에서 사람들을 대피시키는 것이 주된 책임이 될 개인들로 구성된다. 대피팀의 구성과 관련하여 다음과 같은 사안을 고려해야 한다.

- 대피팀이 수행해야 하는 작업은 무엇인가?
- 대피팀 구성원은 어떻게 선정되는가?
- 대피, 대피소 설치나 대응 활동 중 각 팀 구성원의 주요 역할과 과제는 무엇인가?
- 대피팀을 위한 인력 요구사항은 무엇인가?
- 대체 또는 백업 팀원의 활용 여부를 결정하는 프로세스는 무엇인가?
- 팀원의 연락처 정보를 추적하는 시스템이 있는가?
- 대피팀의 실행 프로토콜은 무엇인가?
- 팀 구성원이 사용하는 자격증명은 무엇이 있는가?

대피팀을 구성하는데 있어 다음과 같이 대피팀 구성원의 역할과 기본 규정이 명시되어야 한다.

(1) 비상계획에 따라 대피팀 구성원의 자격 및 구조를 결정한다.

(2) 팀의 각 구성원의 역할과 책임을 명시한다.

(3) 대피팀의 구성원과 그 해당 조직을 명시하고 대피, 은신 혹은 재배치 활동에 있어 그들의 역할을 명시한다.

(4) 대피팀의 기본 및 대체인력 요구사항을 수립한다. 필요한 경우에 대피 지원을 위한 보조인력 또는 추가 리소스에 대한 규정을 작성한다.

(5) 대피팀과 위탁지원기관이 사용하게 될 신원확인서를 사전에 준비한다.

2. 지시와 통제

경기장 대피팀을 운영할 때에는 다음의 고려 사항을 염두에 두고 대피 결정, 대피 프로세스 통제 및 대피 리소스 결정에 필요한 권한을 만들고 정의해야 한다.

- 대피, 대피소 배치 또는 대응 활동을 지시, 관리 및 이행하는 사람은 누구인가?
- 비상계획은 대피팀의 역할을 어떻게 정의하는가?
- 이러한 역할을 수행하기 위해 어떤 권한이 부여되는가?
- 비상계획, 통합지휘본부 및 대피팀 간의 관계는 무엇인가?
- 대피팀은 경기장 비상계획에 따라 중앙정보센터에 정보를 어떻게 제공하는가?
- 팀의 인식과 준비를 보장하기 위해 어떤 프로세스가 시행되고 있는가?
- 대피 과정 전체에 걸쳐 권한 위임을 정의하는 비상계획 프로토콜은 무엇인가?
- 대피 수행 시에 이 기관의 제한 사항은 무엇인가?
- 경기장과 이벤트에 대한 어떤 정보가 이벤트 전에 대피팀에 전달되는가?
- 대피, 대피 또는 이전 결정을 위해 어떤 정보가 필요한가?
- 대피 관리를 위해 어떤 통제가 실행되는가?
- 대피팀의 배정 및 철수를 포함한 자원은 대피 과정에서 어떻게 관리되는가?

경기장에서의 대피활동 발생에 대비하여 사전에 대피팀의 각 구성원에게 명확한 임무가 부여되어야 하며 비상계획서에는 대피팀 구성과 운영에 대한 규정이 명시되어야 한다. 다음은 이에 대한 내용들이다.

(1) 경기장의 비상계획과 사고처리시스템의 적용을 이용하여 통합본부에 포함될 대피팀 구성원을 식별한다.

(2) 경기장의 비상계획서에는 대피팀을 구성하고 활성화하기 위한 단계가 기술되어 있는지를 확인한다.

(3) 대피, 대피 또는 이전 결정을 내릴 수 있는 권한을 부여받을 사람을 결정한다.

(4) 대피, 대피소 배치 또는 이전 작업을 지시하고 관리할 사람을 식별한다.

(5) 대피팀의 대피활동은 경기장 비상계획에 적힌 대로 지정된 비상운영센터에서 지휘해야 한다.

(6) 경기장 비상계획 수립 시, 계획과정의 일부로 화학, 생물학, 방사선 또는 핵 사고를 포함시킨다.

(7) 최소의 어려움으로 대피가 실현될 수 있도록 구체적인 관리 방향 및 제어방법을 개발한다.

다음은 경기장의 대피팀 운영을 위한 표준운영절차 개발에서 기본적으로 고려되어야 할 사항들이다.

(1) 기능영역을 기반으로 한 역할 및 책임
(2) 사고처리시스템 및 표준화된 기준에 따른 리더십 포지션
(3) 핵심 인재를 위한 기본 및 전문 사고처리시스템 교육
(4) 확장 가능한 팀 교육 및 연습 프로그램
(5) 운영계획의 백업 또는 연속성

경기장에서의 대피활동이 성공적으로 완수되기 위해서는 모든 참여자의 완전한 통합이 전제되어야 하며, 이를 위해서는 지역의 각 대응기관 및 지역사회의 기반 조직과 사전에 협동관계가 확립되어야 한다. 따라서 경기장의 대피팀 운영 조직은 현지 대응기관 및 지역사회 조직과 양해각서(MOU) 등을 체결하여 협력체제를 갖추어야 한다. 또한 대피팀 구성요소의 위치 및 책임을 반영하는 유인물을 작성하여 기존 지휘센터에 게시해 놓아야 한다.

3. 지방 및 관련 기관의 지원

경기장의 대피팀이 조직되고 운영되기 위해서는 대피팀과 지방 및 관련 부처 간의 역할을 명확하게 정의해야 한다. 다음 사항들은 비상계획을 작성할 때, 이와 관련되어 고려되어야 할 사항들이다.

○ 대피 중에 지역 및 비상관리기관의 역할은 무엇인가?
○ 사법적 책임이 대피의 성격, 범위 및 규모에 어떤 영향을 미칠 것인가?
○ 경기장 비상계획은 대피와 관련하여 관련 기관과의 조정 노력을 어떻게 진행되는가?
○ 누가 이러한 조정 작업을 담당하는가?
○ 운영계획의 백업 또는 연속성

이상과 같은 사항 등이 고려되어 대피팀과 지방 및 관련 부처 간의 협조가 이루어져야 한다. 또한 다음과 같은 사항들이 대피팀과 지방 및 관련 부처 간의 원활한 협조를 위해 사전에 확인되어야 한다.

⑴ 대피활동에 영향을 미칠 수 있는 현지 법률, 규정 및 상호지원 계약에 대한 정보를 확보한다.

⑵ 경기장 관리와 지역 관련 기관 사이의 양해각서를 체결한다.

⑶ 지역 이해당사자의 동의 또는 채택을 통해 대피계획에 대한 현지 승인을 획득한다.

⑷ 대피활동에 참여하는 다양한 정부기관 간의 지휘계통을 확인한다.

III. 운영 개념

1. 사전 계획

경기장의 대피계획을 확립하기 위해서는 사전에 많은 활동들이 고려되어야 한다. 경기장 대피계획의 수준은 경기장에 발생할 수 있는 위험 및 위협뿐만 아니라 경기장 및 대피 중에 분명하게 드러나는 잠재적 취약점이 포함되어야 한다. 이러한 모든 잠재적 위험이 포함된 합리적 계획이 수립되면 대피와 관련된 문제를 효율적으로 준비하고 대비할 수 있다. 이 계획의 작성은 일반적으로 비상계획 주기가 포함되어야 하며 모든 관련 지역과 중앙 대응기관과의 협조 방안도 수립되어야 한다.

다음은 경기장 대피계획과 대피팀 운영과 관련하여 행정, 사고 평가, 대피, 대피소, 의사소통, 물리적 자원, 건강과 의료 지원, 간판 및 조명 등 각 영역별로 대피계획 시 사전에 고려되어야 할 사항들이다.

1) 행정

경기장 대피와 관련된 사전계획 시, 다음과 같은 행정계획 수립은 대피 과정에서 발생하는 법률적 책임을 명료화하는데 매우 유용하게 활용될 수 있다.

○ 대피 시 고려해야 할 법률과 확립된 권한은 무엇인가?

○ 권한과 책임의 물리적 경계는 무엇인가?

○ 경기장 소유자 및 운영자는 비상사태와 관련하여 어떤 책임을 져야 하는가?

○ 대피 수행과 관련하여 경기장은 어떤 책임을 져야 하는가?

○ 대피팀이 규정을 준수하지 않는 관중에게 어떻게 반응할 것인가?

○대피 수행과 관련하여 지방 관할권이 부담하는 책임은 무엇인가?

이상과 같은 고려 사항들에 의해 다음 항목 등이 포함된 경기장 대피 관련 사전행정계획을 수립한다.

(1) 경기장에 대한 통제의 분명한 경계를 설정한다.

(2) 대피에 영향을 미칠 법률, 법령 및 권한을 대피계획에 포함시킨다.

(3) 대피 발생 및 대응과 관련된 계약상 책임의 문제를 명확히 설명한다.

(4) 대피 시 적용될 수 있는 권한의 존재 여부를 결정한다.

(5) 계약상 의무 보호뿐만 아니라 대피 비용을 감당할 수 있는 적절한 보험을 갖추고 있는지를 고려한다.

(6) 대피 수행과 관련하여 지역 관할 당국이 야기할 수 있는 잠재적 부채를 결정한다.

2) 사고 평가

경기장 대피와 관련된 사전계획 시, 다음과 같은 사고 평가의 수립은 사고의 잠재적 영향력을 평가하는 프로세스를 개발하는데 매우 유용하게 활용될 수 있다.

○잠재적 위험, 위협 및 취약성의 발생과 본질을 평가하기 위한 방법론이 존재하는가?

○대피가 필요한 사건이 발생할 수 있는 경기장의 위험, 위협 및 취약점은 무엇인가?

○대피, 대피소 또는 재배치가 결정되는 절차는 무엇인가?

○비상경고의 유무에 따라 대피 과정이 어떻게 달라지나?

○비상사태의 규모와 성격에 따라 대피는 어떻게 달라질 것인가?

○경기장 최악의 사건 시나리오는 무엇인가?

○어떠한 사고에 완전한 대피, 부분적인 대피 혹은 재배치가 필요한가?

○대피 장소가 되거나 재배치될 안전지역이 위험으로부터 어떻게 보호되는가?

○대피 중에 일어나는 활동에 대한 기록은 어떻게 유지되고 누가 유지할 것인가?

이상과 같은 고려 사항들에 의해. 다음 항목 등이 포함된 경기장 사고 평가계획을 수립할 수 있다.

(1) 비상계획의 일환으로, 대피 시행시기를 결정하는데 도움이 되는 위험 평가에 기초한 의사결정 문서를 개발한다.

(2) 대피, 이전 또는 조치를 취하지 않기로 결정하는 시간 및 거리 등을 기준에 포함시킨다.

(3) 가스관이 파열되거나 의도하지 않은 대피와 같은 2차적인 결과로 발생할 수 있는 문제를 고려한다.

(4) 계획된 비상경로 이외의 위험을 피하기 위한 직접 대피 과정을 준비한다.

(5) 사고에 따른 각각의 대피 및 은신 시나리오 옵션을 개발한다.

(6) 경기장에서의 이벤트 전에 경기장 직원 및 공공 안전담당자에게 조치 계획을 수립하여 브리핑을 한다.

3) 대피

경기장에서의 대피는 재난의 위협이나 발생으로 인해 위험한 장소에서 사람들의 이동이 필요한 비상상황이 발생할 때에 내려지는 결정이다. 여기에는 전체 또는 부분적 대피가 포함된다. 재난의 위협이나 발생 시, 다음의 고려 사항들은 대피 수행에 유용하게 활용될 수 있다.

○ 대피 사유는 무엇인가?

○ 대피 결정을 내릴 때 어떤 기준이 사용되는가?

○ 경기장 관중과 참가자를 위험한 상황에서 제거하는데 대피가 얼마나 효과적인가?

○ 합리적인 시간 내에 대피할 수 있는 사람은 몇 명인가?

○ 대피율은 어떻게 증가시킬 수 있는가?

○ 대피 결정은 누가, 어떻게 그 결정을 실행할 것인가?

○ 이벤트가 발생하기 전에 어떤 조치를 취해야 하는가?

○ 공기 중에 유해한 오염물이 있는지 여부를 어떻게 확인할 수 있는가?

이상과 같은 사항들이 종합적으로 고려되어 다음의 항목들이 포함된 지원 조치사항 등을 수립할 수 있다.

(1) 대피 결정을 내리는 데 도움이 되는 결정 기준을 개발한다.

(2) 대피 결정을 내릴 사람을 확인한다.

(3) 대피활동을 수행하기 위한 절차를 개발한다.

(4) 대피팀이 대피를 위한 역할과 책임을 수립한다.

(5) 공기모니터링 팀과 장비가 현장에 설치되어 있고 가능한 모든 화학물질 또는 기타 오염물질 상황을 해결할 수 있는지 확인한다.

4) 대피소

은신이란 경기장 내에서 즉시 대피 장소를 찾는 것을 의미한다. 사고가 경기장 외부에서 발생하거나 경기장을 빠져나가는데 너무 오래 시간이 걸릴 경우, 개인을 안전하게 지키기 위한 대피소에 머무른다. 아래의 고려 사항들은 임시 대피를 수행하는데 유용하다.

- ○ 대피하는 이유는 무엇인가?(화재, 구조적 결함, 설비 고장, 군중 제어 등)
- ○ 장소 내 수용시설을 선택하기 위해 어떤 기준을 사용하는가?
- ○ 보호 제공을 위해 배치 위치에서 대피소가 얼마나 효과적인가?
- ○ 각 대피소에서 몇 명의 사람들을 보호할 수 있는가?
- ○ 누가 대피 결정을 내릴 것인가? 그리고 어떻게 그 결정을 실행할 것인가?
- ○ 대피로 이어질 수 있는 다양한 유형의 사고에 필요한 보호유형(천장, 마스크, 대피소)은 무엇인가?
- ○ 대피소 사건이 발생하기 전에 어떤 조치를 취해야 하는가? 대피하기에 안전한 구역은 어디인가?(경기장 밖, 스탠드, 필드 등)
- ○ 장소 내 수용시설의 대피자에게 어떤 종류의 보급품을 제공할 것인가?
- ○ 보호시설이 사건에 어떤 영향을 미칠 것인가? 사람들이 경기장 안에 얼마나 오랫동안 보호받을 수 있는가?
- ○ 대피소 대기명령에도 불구하고 경기장을 나가려는 관객과 참가자를 어떻게 처리할 것인가?
- ○ 경기장 내 자원(식품, 의료, 위생 등)을 가지고 얼마나 오랫동안 대피할 수 있는가?
- ○ 공기 중에 유해한 오염물이 있는지 여부를 어떻게 판단하는가?
- ○ 누구에 의해, 그리고 어떻게 대피 해지 정보가 전달되는가?

대피소 설치 및 운영과 관련된 이상과 같은 사항들이 고려되어 다음과 같은 지원 조치 사항 등을 수립할 수 있다.
(1) 대피소 결정에 도움이 되는 의사결정기준을 개발한다.
(2) 대피 결정을 내릴 사람을 식별한다.

(3) 장소에서의 대피 구현절차를 개발한다.

(4) 보호시설 설치 이유를 고객에게 알리고 대피 선택 시 잠재적 위험을 알려주는 계획을 수립한다.

(5) 대피팀이 대피소를 제자리에 배치할 역할과 책임을 수립한다.

(6) 경기장 내에서 언제, 어디서, 얼마나 오랫동안 후원자를 보호할 수 있는지를 결정하기 위해 수용력 모델을 사용하는 것을 고려한다.

(7) 해당 시설(음식, 물, 담요, 의료품, 이동식 위생시설, 통신장치, 보안 등)을 확인한다.

(8) 대기 모니터링 팀 및 장비가 현장에 있고 화학적 또는 기타 오염물질 상황을 해결할 수 있도록 작동하는지 확인한다.

5) 의사소통

경기장에서 재난의 위협이나 발생으로 인해 대피할 때, 통합적이고 지속 가능하며 효과적인 커뮤니케이션 계획의 수립은 신속하고 효과적인 대피를 위해서 매우 중요하다. 다음 사항들은 비상계획을 수립하는데 고려되어야 할 의사소통 방법과 관련된 것들이다.

○ 경기장 대피팀은 지역 비상관리기관과 어떻게 조정하고 협조하는가?

○ 대피팀원은 어떻게 서로, 그리고 전체적인 지휘구조와 의사소통하는가? 이 통신은 누가 담당하는가?

○ 외부 대응자에게 대피 통보를 할 경기장 직원은 누구인가?

○ 대피팀에게 대피, 대피소 또는 이전을 시작하도록 통보하려면 어떻게 해야 하는가?

○ 사건 담당자와 공공안전요원은 대피, 대피소 설치 또는 이전을 어떻게 통보받는가?

○ 외부 비상관리기관에 대피, 대피소 또는 이전을 어떻게 통보할 것인가?

○ 대피의 성격과 범위(대피, 은신, 재배치)와 관련하여 외부 비상관리기관에 어떤 정보(구현될 계획, 자원)가 전달될 것인가?

○ 경기장 관중과 참가자들에게 비상상황을 어떻게, 언제 알릴 것인가?

○ 경기장 관중과 참가자, 선수, 경기장의 위치에 따라 각자의 대피 절차를 어떻게 알 수 있는가?

○ 통보 목적과 대피경로 계획을 위한 범주를 어떻게 설정할 것인가?

대피할 때, 의사소통 관련계획의 수립에 있어 이상과 같은 사항들이 고려되어 다음과 같은 지원 조치사항 등을 수립할 수 있다.

(1) 경기장 직원 및 외부 관리기관에 대피 사실을 통보하기 위한 경고 및 통보계획을 작성한다.

(2) 대피 상황에서 인력으로 수행해야 할 의사소통 범위와 역할을 규정한다.

(3) 대피팀과 경기장 참가자들이 대피 명령을 이해할 수 있도록 표준화된 의사소통 방법을 결정한다. 여기에는 대피 유형 및 대피계획을 전달하는데 사용되는 형식 및 특정 언어가 모두 포함되어야 한다. 또 모든 사람이 이해하는 평범한 언어를 사용한다.

(4) 외부 응급관리기관과 협조하여 무선주파수 또는 기타 고유한 비상통신매체를 사용할 수 있도록 한다.

(5) 방송시스템, 사이렌, 전광판 또는 스크린, 안내판과 같은 대피 정보전달 방법을 결정한다.

(6) 즉각적인 대피가 필요한 경우, 경기장 관중과 참가자들에게 이를 알리는 구체적인 절차를 개발한다.

(7) 대피 중에 경보가 울리지 않을 수 있는 영역(화장실)이 있는지를 확인한다.

(8) 관객과 참가자에게 대피와 관련된 정보 메시지를 작성하고 이를 모든 이들에게 전파하는 방법을 개발한다.

(9) 위에 명시된 커뮤니케이션 작업의 수행 방법에 대해 직원교육을 실시한다.

(10) 작업 실행 방법과 관련된 구체적인 지침을 마련한다.

6) 물리적 자원

다음의 고려 사항 및 지원활동은 대피 시에 필요한 대피 보급품, 자원, 장비를 사용할 수 있고 대피 중 활용이 용이하다는 것을 판단하는데 유용하다. 먼저 고려 사항에 대한 항목은 다음과 같다.

o 소모품, 장비 및 기타 자산의 대피 시, 신속하게 사용할 수 있도록 준비했는가? 이러한 자산의 수량 및 저장 위치는 어떻게 결정하는가?

o 대피에 필요한 추가 공급물품이나 장비가 확인되고 구매되었는가?

o 어떻게, 언제 대피장비를 시험하여 운전 가능성을 점검하는가?

o 대피 중 필요한 물리적 자원을 외부로부터 공급받기 위한 방법과 절차는 무엇인가?

이상과 같은 사항들이 고려되어 다음과 같은 지원 조치들이 수립되어야 한다.

(1) 장비 유형(차량 및 개인 보호장비, 소화기)과 대피에 필요한 자원에 대한 요구평가서를 작성한다.

(2) 대피팀에서 사용할 수 있는 실제 자원목록과 해당 자원의 위치목록을 준비한다.

(3) 대피 절차, 대피 및 침투 경로, 구조구역을 나타내는 표지판을 준비하고 게시한다.

(4) 정기적으로 대피장비(비상등 및 UPS 전환, 개인 보호장비)를 시험한다.

(5) 일반 대피지침 및 대피순서 양식을 준비한다.

(6) 대피 중 필요 자원의 공유를 위해 공공 및 민간단체와 양해각서를 체결한다.

7) 건강과 의료지원

경기장에서의 비상계획에는 대피 중이나 지역 의료커뮤니티 전체에서 필요한 보건 및 의료지원을 다루는 지침과 절차가 포함되어야 한다. 다음은 이를 위한 고려 사항으로 건강 및 의료지원을 다루는데 유용하게 활용될 수 있다.

○ 병자나 부상자는 어떻게, 어디서 선별 가능한가?

○ 아프거나 부상당한 사람을 지역의 병원, 의료센터로 이송하는 과정은 무엇인가?

○ 선별된 부상자 개인들의 기록과 목록은 어떻게 작성되고 저장되는가?

○ 대피팀과 직원의 안전과 건강을 위한 계획은 무엇인가? 누가 주관하는가?

이상과 같은 사항들이 고려되어 대피 중이나 지역 의료커뮤니티 전체에서 필요한 보건 및 의료지원을 다루는 지침 및 절차가 다음과 같이 수립되어야 한다.

(1) 경기장에서 대형 이벤트를 주최할 경우, 지역 병원에 미리 통지한다.

(2) 대피 중 의료 요구를 지원할 수 있는 상호지원 계약을 체결한다.

(3) 필요한 경우에 추가 의료자원을 얻을 수 있는 방법과 위치를 파악한다.

(4) 환자와 부상자의 이송 준비 지역을 확보한다.

(5) 환자 또는 부상자를 지역 의료시설로 이송하기 위한 경로를 확보한다.

(6) 대규모 환자 및 부상자를 대피시키기 위해 중대사고 계획서를 수립한다.

8) 간판 및 조명

대피 중 사용할 수 있는 비상신호와 조명 문제를 해결하기 위한 경기장의 비상계획지침 및 절차도 규정되어 있어야 한다. 다음은 이와 관련되어 고려되어야 할 사항들이다.

- 경기장의 관중과 참가자가 경기장 내 특정 위치에서 대피할 수 있는 최상의 경로를 알 수 있도록 하기 위해 필요한 신호는 무엇인가?
- 표지판의 적절한 크기와 문구는 무엇인가?
- 대피할 때, 어떤 유형의 비상조명이 사용되는가? 그것은 어디에 사용될 것인가? 누가 조명을 사용하는가?

이상과 같은 사항들이 고려되어 대피 중에 간판 및 조명과 관련된 비상계획지침을 다음과 같이 수립할 수 있다.

(1) 비상침입 및 대피경로, 대규모 관리기지, 수용시설 등과 관련된 사전 배치신호 전달, 게시 및 활성화 방안을 마련한다.

(2) 발전기에 의해 전원이 공급되는 조명 및 비상 경기장 조명을 포함하여 필요에 따라 비상조명을 활성화하여 경기장 밖의 경로를 확보한다.

(3) 야간 운영을 위해 보안 및 기타 경기장 직원이 손전등을 휴대하도록 보강한다.

(4) 비상조명을 설정하는 방법에 대한 정보를 포함한다.

(5) 비상조명을 사용할 경우, 경기장 직원에게 대피 교육을 제공한다.

2. 대피 실시

경기장 대피계획을 수립하는데 있어서 대피 실시와 관련된 계획을 수립할 때, 경기진행 담당자 및 대피담당자, 관중 및 경기관련 참여자 등과의 관계 및 운영계획은 효율적 대피를 위해 매우 중요한 요소가 된다. 다음은 각 관련자들 간의 관계 및 운영계획 수립에 있어서 고려되고 지원 조치되어야 할 사항들이다.

1) 경기담당자 및 대피담당자

경기장 대피계획 중 경기담당 직원 및 대피인력 운영계획과 관련하여 다음 사항들이 고려되어야 하며 이러한 사항들은 평소 훈련 등에 매우 유용하게 활용될 수 있다.

- 경기담당자, 경기장 직원 및 응급요원에게 대피계획에 대한 충분한 정보를 제공하고 교육을 받았는가?

○추가 대피팀 구성원을 신속하게 식별하고 활성화할 수 있는가?

○다른 기능을 지원하기 위해 직원을 어떻게 재배치할 수 있는가?

이와 같은 사항들이 고려되어 다음과 같이 경기담당자 및 대피인력 등에 대한 훈련지침 등이 규정될 수 있다.

(1) 대피팀 및 경기담당자, 경기장 및 보안요원을 위한 대피 훈련을 강화하고 표준화한다. 단, 교육 요구는 각 지정된 지위에 따라 달라야 한다.

(2) 대피할 때, 무엇을 해야 하는지를 알려주는 카드, 팸플릿과 같은 대피 작업 보조물을 경기담당 직원에게 제공한다.

(3) 대피 중에 발생할 수 있는 보안사고를 처리하기에 충분한 보안 수준을 유지한다.

(4) 보안요원을 한 위치에서 다른 위치로 신속하게 이동할 수 있어야 한다.

(5) 대피 인원의 자격증명 및 인가가 어떻게 성취될 것인지 결정한다.

(6) 모든 대피 인원이 권한의 한계를 알고 적절한 훈련을 받았는지 확인한다.

(7) 한 사람에게서 다른 사람으로 직위를 이전하기 위한 일반적인 계획을 세운다.

(8) 대피 중 수행할 다양한 직무의 책임과 한계를 이해하기 위해 직원을 훈련한다.

(9) 보조 대피 인력을 신속하게 활성화할 계획을 세운다.

2) 관중 및 참가자

경기장 대피계획에는 관중은 물론, 경기 참가자, 직원, 계약자 및 공급업체 등도 포함된다. 따라서 대피계획에는 이들에 대한 고려 사항이 반드시 포함되어야 한다. 다음은 이들에 대한 대피계획 수립 시에 고려되어야 할 사항들이다.

○대피하는 동안 VIP 및 관중들, 공연자들의 경기장 내부, 외부로의 이동을 어떻게 통제할 것인가?

○대피하지 않도록 선택하거나 대피 과정을 방해하는 개인은 대피하는 동안 어떻게 관리해야 하는가?

○경기 전 혹은 경기 중에 관객, VIP와 참가자에게 대피계획 정보를 어떻게 제공하고 있는가?

이상과 같은 고려를 한 뒤, 다음과 같은 지원 조치사항은 관중, 참가자, 선수, 직원, 계약자 및 판매자의 대피 절차를 다루는데 유용하게 활용될 수 있다.

(1) 관중, 참가자 등을 통제하고 경기장에서 안전하고 적절한 출구를 보장하는 절차를 결정한다.

(2) 비상 및 대피 절차에 대한 모든 사항을 팀, 방송사, 공연자 대표, VIP 및 주최자에게 설명한다. 또한 이러한 절차가 익숙해지도록 제안된 대피경로를 인지하게 한다.

(3) 대피하는 동안, 경기장 내에 남겨진 개인 재산에 어떤 일이 일어나는지를 파악한다.

(4) 대피가 시행되면 경기장 관중과 참가자에게 어떤 정보가 제공될 것인지를 결정한다.

(5) 책임 진술서의 일부로, 협조하지 않는 관객의 경우에 취해야 할 조치에 대한 규정을 포함한다.

(6) 대피자가 대피하는 동안 헤어질 수 있는 가족들과 함께 모일 수 있는 만남의 장소를 설정한다.

3. 사고 후 활동

경기장 대피계획에는 사고 발생 이후 대피팀의 활동에 관한 계획도 수립되어야 한다. 사고 후의 활동계획 수립에는 대피 종료 후의 규정, 대피팀의 비활성화 대책, 대피 종료 후의 보고서 작성, 대피 종료 후의 검토사항 등이 포함된다.

1) 대피 종료

경기장 대피 종료 후의 계획을 수립하는데 있어 다음 몇 가지 사항이 고려되어 규정되어야 한다.

○ 대피 종료 기준은 무엇인가?

○ 대피 종료를 결정하는 사람은 누구인가?

○ 경기장 관중과 참가자는 대피의 종료를 어떻게 알 수 있는가?

○ 관중과 참가자가 경기장에 다시 입장할 수 있도록 하는 결정은 누가 내리는가? 또한 이것을 위한 계획에는 어떠한 것이 있는가?

이상과 같은 고려 사항을 검토하여 다음과 같은 지원 조치사항이 마련된다.

(1) 가능한 비상사태의 범위를 고려한 결정 도구를 개발하고 사고에 대한 응급상황이

끝날 때를 기준으로 대피를 종료하는데 사용할 기준을 수립한다.

⑵ 종료 결정을 내릴 수 있는 사람을 지정한다.

⑶ 대피 종료와 관련된 업무 및 작업 목록을 작성한다.

⑷ 비상계획에 따라 적절한 인원이 경기장 관객이나 참가자에게 대피 종료를 알리는데 사용할 수 있는 스크립트를 작성한다.

⑸ 경기장 관중과 참가자가 경기장으로 돌아갈 수 있도록 하는 절차를 개발한다.

2) 비활성화

경기장 대피 종료 후, 대피팀을 비활성화하는 것에 대한 계획을 수립할 때 고려되어야 할 사항들은 다음과 같다.

○ 대피팀을 비활성화하기 위한 기준은 무엇인가?

○ 대피팀을 비활성화하기 위한 기본 틀은 무엇인가?

○ 누가 비활성화 활동을 이끌 것인가?

○ 누가 비활성화 결정을 내리는가?

○ 동원 및 준비 지역은 어떻게 세분화 될 것인가?

이상과 같은 고려 사항을 검토하여 경기장 요원과 함께 대피팀을 비활성화하기 위한 절차 및 결정 도구가 개발되어야 하며 이러한 도구는 사건별로 적용될 수 있다.

3) 문서

다음 사항은 전체 대피 프로세스가 진행되는 동안에 활용해야 할 문서를 개발하고 작성되는데 고려되어야 할 사항이다.

○ 대피활동의 상태를 어떻게 확인할 것인가?

○ 대피 중 및 이후에 어떤 보고서를 완료해야 할 것인가?

○ 보고서의 내용은 무엇이며, 누구에게 어떻게 전달될 것인가?

이상과 같은 사항들이 고려되어 대피 및 대응, 복구 활동 등 과정 전체에 걸쳐 적절한 사전배치 양식이 작성되고 활용되어야 한다. 또한 대피 상태를 모두 문서화 또는 보고할 수 있는 프로토콜을 개발해야 하며 모든 문서는 목록으로 관리되어야 한다.

4) 대피 후 검토

경기장 대피 종료 후에는 대피 전 과정에 대한 검토가 이루어져 다음 대피 방안에 반영될 수 있도록 해야 한다. 다음은 대피 후 검토사항을 수립하는데 고려되어야 할 사항들이다.

　ㅇ 대피계획이 준수되었는가?
　ㅇ 대피 후 검토를 실시하기 위한 절차는 무엇인가?
　ㅇ 기존 대피계획의 장단점은 무엇인가?
　ㅇ 무엇이 옳았고 무엇이 잘못되었는가?
　ㅇ 대피계획을 개선하기 위해 대피로부터 배운 교훈을 어떻게 적용할 것인가?

이와 같은 고려 사항을 반영하여 다음과 같은 대피 종료 후의 방안을 수립한다.
(1) 경기장의 대피계획을 검토한다.
(2) 동일 인원을 포함한 사후 대피 절차를 검토하고 개발한다.
(3) 대피 명령 또는 지침을 검토한다.
(4) 시험, 훈련 및 대피 연습 프로그램을 개발한다.

Ⅳ. 대피계획의 유지·관리

경기장 대피계획은 계획 수립, 훈련, 실행 및 반응, 평가, 조치 등을 포함하는 경기장의 비상계획 준비 사이클에 따라 유지되며, 전 계획 과정에 대한 피드백을 통해 다시 계획이 수립된다. 따라서 대피요원에 의해 활용되는 현재의 비상계획의 운영 전략, 조직 구조 및 방법에 반영될 수 있도록 하기 위해 경기장 내의 모든 이해관계자는 준비 기간의 모든 단계에 참여해야 한다.

또 비상계획에 명시된 바와 같이, 각 대피 과정 또는 훈련 후의 모든 대피 과정에 대한 평가가 수행되어야 한다. 이를 통해 경기장의 전반적인 대피 준비를 강화할 수 있으며, 대피계획의 유지나 개선 또는 추가할 영역을 발견할 수 있다. 여기서는 대피계획의 유지·보수를 위해 비상계획의 준비 주기를 활용하는 방법에 대해 소개한다.

1. 프로그램 유지

대피 프로그램이 효율적으로 유지되기 위해서는 대피계획에 포함된 모든 관련자들을 대상으로 하는 교육훈련이 필요하며 이에 대한 평가와 조치가 이루어져야 한다. 이를 통해 대피계획이 보완되어 효율적 실행을 기대할 수 있다. 다음의 항목들은 대피계획을 효과적으로 유지하고 관리하기 위한 절차들이다.

1) 교육훈련 및 연습

대피계획이 항상 최신인지, 결점이 해결되었는지, 자원을 이용할 수 있는지, 대피팀이 적절하게 훈련되었는지 등을 확인하기 위해 평소 수립된 대피계획에 따라 훈련과 연습을 실시해야 한다. 다음은 교육훈련계획을 수립하는데 있어 고려되어야 할 사항들이다.

○ 대피계획 및 대피팀의 훈련 및 연습 요건은 무엇인가?

○ 대피계획을 위한 연습 프로그램이 정부의 대피지침을 반영하고 있는가?

○ 훈련 및 연습 프로그램은 누가 담당하는가?

○ 필요한 훈련, 훈련 및 연습(팀 구성원 및 기타 직원의 기능적 역할)은 무엇인가?

○ 어떤 유형의 훈련 및 연습 기록이 유지되고 있는가?

○ 훈련 참석자, 참여 수준, 인증 유무, 교육 요구사항 등은 무엇인가?

○ 대피 훈련 및 훈련을 계획하고 조정하기 위해 훈련 및 연습팀을 구성하는 사람은 누구인가?

○ 모든 신규 직원은 대피 교육을 받아야 하는가? 또 정기적으로 재교육을 받는가?

이상과 같은 고려 사항을 반영하여 다음과 같이 대피계획에 따른 교육훈련 및 연습에 대한 지원 조치가 규정되어야 한다.

(1) 대피계획 및 절차를 전체 경기장 비상관리훈련 및 연습 프로그램에 통합한다.

(2) 대피계획 및 대피팀 구성원에 대한 교육 및 연습의 요구사항을 파악한다.

(3) 훈련 및 대피 연습 프로그램을 담당하는 사람을 지정한다.

(4) 훈련 유형을 파악하고 이에 따른 대피 연습활동의 빈도와 일정, 그리고 참석자 등을 규정한다.

(5) 모든 유형의 경기가 경기장 대피계획에 포함되기 위해 대피 훈련을 경기장의 비상

계획 대응훈련 프로그램에 포함시키거나 독립적인 대피 훈련 및 연습 일정(최소한 권장 계획의 연간 훈련)을 개발한다.

(6) 대피 훈련 및 연습 기록을 수집하고 유지·관리한다.

(7) 대피 훈련 및 실제 사고로부터 시정해야 할 조치를 발견하고 분석한다.

(8) 학습 및 교정 조치를 분석하고 대피계획을 변경할 책임이 있는 사람을 지정한다.

(9) 필요한 경우에 지원을 제공하고 기타 책임을 인수할 수 있도록 기본적인 비상장비의 사용에 대한 대피팀을 교육한다.

2) 평가 및 조치

경기장 대피계획이 항상 최신인지, 결점이 해결되었는지, 자원을 사용할 수 있는지, 대피팀이 적절하게 훈련되었는지 등을 확인하기 위해서 교육훈련에 대한 평가 및 조치가 이루어져야 한다. 이러한 평가 및 조치를 계획할 때 고려되어야 할 사항은 다음과 같다.

ㅇ대피에 대한 평가 기준 및 절차는 무엇인가?

ㅇ누가 수행한 대피의 성공을 평가할 것인가?

ㅇ대피 데이터를 어떻게 수집하고 분석할 것인가?

ㅇ사후 조치에 대한 검토는 언제 수행될 것인가?

ㅇ학습된 교육훈련을 대피계획에 어떻게 통합할 것인가?

ㅇ잠재적 경감 대책을 어떻게 분석하고 이행할 것인가?

ㅇ이러한 일이 일어나도록 하기 위해 어떤 기록 보존이 필요한가?

이상과 같은 사항들이 고려되어, 다음과 같은 교육훈련에 대한 평가 및 조치사항이 규정되어야 한다.

(1) 각 관련 기관의 대표자를 포함하는 평가팀을 구성한다.

(2) 참가자의 분명한 피드백을 시행한다.

(3) 전문가에 의한 검토와 분석이 이루어져야 한다.

(4) 대피 과정에 대한 평가 절차가 개발된다.

(5) 모든 데이터의 수집 및 분석을 위한 프로세스를 정의한다.

(6) 사후조치 검토의 완료 일정을 수립한다.

(7) 사후조치 검토 과정의 결과를 토대로 개선계획을 개발한다.

(8) 개선계획의 구현 일정을 설정한다.

(9) 분석을 통해 발견된 사항과 개선계획에 포함된 모든 개선조치가 이행되도록 계획을 개발한다.

2. 대피계획 유지·관리 및 개정

대피계획을 유지하고 필요할 때 수정하기 위해 다음의 과정을 필요로 한다.

1) 대피계획 유지·관리

다음의 사항들은 경기장 대피계획을 유지·관리하고 수정하는데 있어 고려되어야 할 사항들이다.

○ 계획을 유지하고 계획 개정을 조정하는 책임자(그룹 또는 사람)는 누구인가?

○ 계획 검토 일정은 무엇인가? 또 그것은 얼마나 자주 검토되는가?

○ 대피계획을 승인을 받고 필요한 계획 변경을 담당하는 사람은 누구인가?

○ 지역의 대응계획과 절차는 어떻게 조정되는가?

○ 시정조치 및 배제 사례는 어떻게 확인되는가?

○ 계획 개정안을 어떻게 문서화해야 하는가?

○ 계획 보유자 목록에 포함되어야 하는 사람은 누구인가?

○ 계획에 대한 변경사항은 직원에게 전달되고 현재 계획을 모든 직원이 사용하도록 하는 프로세스는 무엇인가?

이상과 같은 사항들이 고려되어 다음과 같이 대피계획의 유지·관리 및 개선과 관련된 조치사항이 규정되어야 한다.

(1) 전반적인 계획 프로세스에 초점을 맞추어 프로세스에 참여자와 변경 및 유지·보수 프로세스 담당자를 지정한다.

(2) 계획을 유지·관리할 책임이 있는 사람(그룹 또는 사람)을 지정하고 계획 개정을 조정한다.

(3) 계획 변경이 이루어지는 빈도와 계획 검토 일정을 정하고 이를 승인하고 수행하는 담당자를 지정한다.

(4) 실제 행사 및 훈련 시 계획을 적용하고 사후조치사항을 검토한다.

(5) 지역 대응계획 및 절차와 계획 정보를 조정한다.

(6) 시정조치를 이행하기 위한 프로세스를 개발한다.

(7) 정부, 지방자치단체 및 관계 기관과 계획 프로세스를 조율한다.

2) 대피계획 개정 이력

경기장 대피계획을 수립하고 수정한 이력들은 반드시 문서로 관리되어야 한다. 다음은 대피계획에 대한 이력 사항을 관리하기 위한 지침을 마련하는데 고려되어야 할 사항이다.

○ 계획의 변경사항은 어떻게 문서화할 것인가?

○ 계획을 유지하고 변경하는 과정은 무엇인가?

○ 변경사항은 어떻게 추적되는가?

○ 계획 원본과 개별 사본은 어떻게 유지 및 보관되는가?

이상과 같은 사항들이 고려되어 대피계획 변경표가 작성되며, 대피계획 변경표에는 변경 사항, 변경 날짜, 변경 사유, 변경된 페이지 번호 및 섹션, 변경한 사람 등이 포함된다.

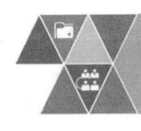

Ⅳ 체육시설 안전관리

제1장 안전장비 관리[13]

I. 체육시설 안전장비

체육시설 안전장비란 체육시설을 운영함에 있어서 체육소비자 및 관계자들의 안전을 보호하기 위해 구비해야 하는 안전장비와 응급장비 등을 뜻한다. 체육시설의 종류별로 구비되어 있는 안전장비가 다르지만 비슷한 상황이나 사고를 대비하여 소화기, 화재경보기 등 공통적인 안전장비도 있다.

소화기   자동제세동기   유도등   화재경보기   스프링클러

그림Ⅳ-1 각종 안전장비

II. 안전장비 설치기준

우리나라는 응급의료자원의 관리에 필요한 사항을 규정하여 응급환자의 생명과 건강을 보호하고 국민의료의 적정을 기하기 위해 '응급의료에 관한 법률'을 시행하고 있다. 동법

---

13) 안전장비 관리는 국가직무능력표준(2018). 12. 이용숙박여행오락스포츠, 04. 스포츠, 02. 스포츠시설, 스포츠시설 안전관리, 57~84면의 내용을 통해서 편집된 자료임.

시행령에는 체육시설에서의 안전장비 설치기준을 규정하고 있다.

1. 체육시설 응급장비 설치기준

응급의료에 관한 법률 시행령 제26조의 4에서는 한국마사회법 제4조에 따른 경마장, 경륜·경정법 제5조 제1항에 따른 경주장, 그리고 체육시설법 제5조에 따른 전문체육시설 중 총 관람석 수가 5000석 이상인 운동장 및 종합운동장에 의무적으로 응급장비를 구비할 것을 명시하고 있다.

2. 안전장비 설치기준

1) 소화기

일반적으로 사용하는 분말소화기의 종류는 A급 화재(일반화재), B급 화재(유류화재), C급 화재(전기화재), D급 화재(금속화재) 등 4가지 종류가 있다.

A·B·C·D 소화기의 설치기준은 '소화기구 및 자동소화장치의 화재안전기준(NFSC 101)' 제4조 소화기 설치기준을 근거로 한다. 이 기준에 따르면 소화기는 건물의 각 층마다 설치하되, 특정 소방대상물의 각 부분으로부터 1개의 소화기까지의 보행거리가 소형소화기의 경우 2m 이내, 대형소화기의 경우 30m 이내에 설치할 것을 규정하고 있다. 다만, 가연성 물질이 없는 작업장(실내 공간)의 경우에는 작업장의 실정에 맞게 보행거리를 완화하여 배치할 수 있으며, 지하구의 경우에는 화재 발생의 우려가 있거나 사람의 접근이 쉬운 장소에 한해 설치할 수 있다고 규정하고 있다.

표Ⅳ-1 소화기 설치기준

구분	내용
개요	○화재 초기 진화용으로 사용하기 위해 전 구역에 능력단위 이상, 보행거리 이상 설치
설치기준	○설치거리 : 보행거리 20m 이내에 포용할 수 있도록 하고 복도, 통로 등 화재 시 사용하기 쉽고 식별이 용이한 곳에 표지를 설치 ○구획 실 : 33㎡ 이상으로 구획 실마다 추가 배치 ○부속 용도는 추가로 설치

또 특정 소방대상물의 각 층이 2개 이상의 거실(거주, 집무, 작업, 오락, 그밖에 이와 유사한 목적을 위해 사용되는 방)로 구획된 경우에는 각 층마다 설치하는 것 외에 바닥 면적이 33㎡ 이상으로 구획된 각 거실에도 배치하도록 하고 있다.

2) 소화전

소화전은 화재를 진압하기 위한 물을 공급해 주는 소방용수시설을 의미한다. 옥내소화전은 옥내소화전 외함, 옥내소화전 내함, 앵글밸브, 관창, 소방호수 등으로 구성된다.

소방용수시설의 설치기준에 따르면, 주거지역과 상업지역 및 공업지역에 소화전을 설치할 경우에는 소방대상물과의 수평거리를 140m 이하가 되도록 하고 있다. 옥내소화전의 설치 조건은 건물의 연면적 3000㎡ 이상이거나 지하층, 창이 없는 층, 또는 층수가 4층 이상인 것 중에서 바닥 면적이 600㎡ 이상인 층이 있는 건물은 모든 층에 소화전을 설치해야 한다. 그 외에 근린생활시설, 판매시설, 운수시설, 의료시설, 노유자시설, 업무시설 등 복합건물도 해당되는데, 이 경우 건물의 연면적이 1500㎡ 이상이거나 지하층, 창이 없는 층, 또는 층수가 4층 이상인 층중에서도 바닥 면적이 300㎡ 이상인 경우 모든 층에 옥내소화전을 설치해야 한다. 또한 건축의 옥상에 설치된 차고, 주차장으로 차고 또는 주차장 용도의 바닥 면적이 200㎡ 이상인 경우에도 소화전을 설치해야 한다.

옥외소화전은 옥외소화전 설비의 화재안전기준(NFSC 109)에 근거하여 지상 1층 및 2층의 바닥 면적의 합계가 9000㎡ 이상인 것, 그리고 이 경우와 같은 구내의 특정 소방대상물 중 국무총리가 지정한 연소 우려가 있는 구조에 설치해야 한다. 또한 국보 및 보물로 지정된 문화재 목조건물 등도 옥외소화전을 설치해야 한다.

표Ⅳ-2 소화전 설치기준

구분	내용
개요	○화재 발생 초기에 자체 요원에 의해 신속하게 화재를 진압할 수 있도록 건축물 안에 설치하는 고정식 소화설비
설치기준	○방수압력 : 0.17MPa 이상 0.7MPa 이하(0.7MPa를 초과할 경우, 호스 접결구의 인입 측에 강압장치를 설치) ○방수량 : 130 l/min 이상 ○설치거리 : 수평거리 25m 이하로 배치 ○소화전함 : 높이 1.5m 이하, 표시등 설치

3) 스프링클러

스프링클러는 처음 화재가 발생하여 연기나 열이 발생할 경우, 이를 감지하고 물을 뿌려 화재가 더 이상 확산되는 것을 방지하는 역할을 하는 소화기기이다.

모든 건축물은 소방법 및 건축법의 적용을 받아 스프링클러 설치기준에 해당되는 건축물에는 스프링클러를 설치해야 한다. 현재 법에는 근린생활시설일 경우, 연면적 5000㎡ 이상이거나 수용인원이 500명 이상일 경우에는 스프링클러를 의무적으로 설치하도록 하고 있다.

실내 체육시설의 경우에는 사람들이 많이 모이는 문화 및 집회시설이나 실내 종교시설과 마찬가지로 100명 이상의 인원을 수용하는 시설에는 설치하도록 하고 있다. 또한 무대부면적일 경우, 지하층, 창이 없는 층, 4층 이상 층의 경우 300㎡ 이상 전 층에도 스프링클러를 설치해야 하며 그 밖의 층의 경우에는 500㎡ 이상 전 층에 스프링클러를 설치해야 한다.

학생 기숙사 또는 복합건축물의 경우에는 연면적 5500㎡ 이상은 전 층에 스프링클러를 설치해야 한다. 그리고 의료시설 중 정신의료기관, 노유자시설, 숙박수련시설의 경우에는 연면적 600㎡ 이상이면 스프링클러를 의무적으로 설치해야 한다.

표Ⅳ-3 스프링클러 설치기준

구분	내용
개요	○건축물 내에 화재가 발생할 경우, 당해 장소에 설치된 스프링클러 헤드 자체 감열부의 화재 감지에 의해 설비가 자동으로 작동하여 소화수 방사에 의해 화재를 소화하고 경보를 발생시키는 고정식 물소화설비 ○가장 신뢰성 있는 습식설비를 우선적으로 적용하고 주차장 등 동파의 우려가 있는 장소에는 건식설비(프리액션밸브)를 적용
설치기준	○수원의 양 : 기준개수×80 1/min×20분 ○헤드 수평거리 : 내화구조 2.3m 이내 ○유수검지장치 : 방호구역마다 1개 이상 ○헤드 선단 방수압력 : 0.1MPa 이상 1.2MPa 이하 ○방수량 : 80 1/min/EA 이상 ○송수구 : 소방차량 진입 가능 장소 ○펌프 : 정격토출압력 65%에서 150% 토출 ○감시제어반 : 방화 구획된 안전한 장소 설치 ○비상전원 : 20분 이상 가동, 적정용량 확보

4) 자동화재탐지설비

자동화재탐지설비는 건축물 내에 발생한 화재의 초기 단계에서 발생하는 열, 연기 또는 불꽃 등을 자동으로 감지하여 건물 내의 관계자 또는 거주자에게 신속하게 화재 발생을 벨, 사이렌 등 음향을 사용하여 알리는 동시에 발화 장소를 표시해 주는 설비이다. 자동화재탐지설비는 열 또는 연기 등을 감지하는 감지기, 발화 장소를 명시하는 수신기, 발신기, 음향장치, 배선, 전원 등으로 구성되어 있다.

자동화재탐지기의 설치 대상 중 체육시설과 관계가 있는 문화 및 집회시설, 운동시설, 관광휴게시설 등은 연면적 1000㎡ 이상이면 자동화재탐지설비를 설치해야 한다. 교육연구시설이나 수련시설의 경우에는 연면적이 2000㎡ 이상이 설비 대상이다. 숙박시설이 있는 수련시설의 경우 수용인원이 100명 이상이면 설비를 갖추어야 한다.

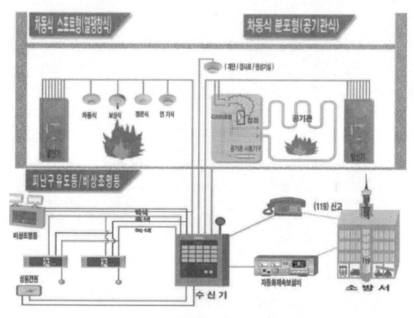

그림Ⅳ-2 자동화재탐지설비 구성요소

5) 비상방송설비

비상방송설비란 자동화재탐지설비 또는 다른 방법에 의해 감지된 화재를 신속하게 화재가 발생한 건물 내부에 있는 사람들에게 방송으로 화재 사실을 알려 대피 또는 초기 소화진압을 용이하게 하기 위한 설비이다.

표Ⅳ-4 자동화재탐지설비 설치기준

구분	내용
개요	○ 화재 시 발생하는 열, 연기를 감지하는 감지기, 수신기, 음향장치, 배선, 전원 중계기 등으로 구성되는 설비
설치기준	○ 수신기 : 감지기 또는 발신기로부터 나오는 신호를 직접 또는 중계기를 통하여 고유신호로 화재의 발생을 당해 소방대상물의 관계자에게 경보한다 ○ 중계기 : 감지기 또는 발신기의 작동에 의한 신호를 수신기에 발신하여 소화설비, 배연설비, 건축설비 등의 방재관련 시설에 제어신호를 보낸다 ○ 발신기 : 발신기는 화재 발견자가 수동으로 누름 스위치를 눌러 수신기에 신호를 보낸다 ○ 감지기는 화재에 의해 발생하는 열 또는 연기를 감지하여 화재의 발생을 수신기에 통보하는 것으로 장소별 적용성 있는 감지기를 설치한다

표Ⅳ-5 비상방송설비 설치기준

구분	내용
개요	○ 평상시 일반방송을 행하며, 화재 발생 시에는 비상방송으로 자동전환되어 방재센터에서 대피, 소화활동 등에 대한 정보방송을 위한 설비
설치기준	○ 확성기의 음성 입력은 실내의 경우 1W 이상으로 설치하며 실외의 경우 3W 이상으로 한다 ○ 증폭기 및 조작부는 상시 사람이 근무하는 장소로서 점검이 편리하고 방화 상 유효한 방재센터에 설치한다 ○ 일반방송설비와 공용하므로 화재시 비상경보방송 외의 것을 차단할 수 있는 구조로 한다 ○ 화재신고를 수신한 후에는 필요한 음향으로 방송이 개시될 때까지의 소요시간을 10초 이하로 한다

적용 대상은 연면적 3500㎡ 이상인 건축물이나 지하층을 제외한 층수가 11층 이상인 건축물, 그리고 지하층 층수가 3개 층 이상인 건축물이 해당된다. 이 설비는 자동화재탐지설비 외에 사람이 인위적으로 행하는 설비로서 업무용 방송설비와 겸용할 수 있다. 비상방송설비의 화재안전기준(NFSC 202)에 따르면, 비상방송설비는 확성기와 음량조절기, 증폭기 등으로 정의한다. 확성기란 소리를 크게 하여 멀리까지 전달될 수 있도록 하는 장

치로서 일명 스피커를 말한다. 음량조절기란 가변저항을 이용해서 전류를 변화시켜 음량을 크게 하거나 작게 조절할 수 있는 장치를 말한다. 증폭기는 전압전류의 진폭을 늘려 감도를 좋게 하고 미약한 음성전류를 커다란 음성전류로 전환시켜 소리를 크게 하는 장치를 말한다. 비상방송설비의 구성요소는 이러한 확성기, 음량조절기, 증폭기, 그리고 조작부 등으로 구성된다.

음향장치는 정격전압의 80% 전압에서 음향을 발휘해야 하며 자동화재탐지설비의 작동과 연동하여 작동할 수 있는 것으로 해야 한다.

6) 피난설비

피난설비란 화재 발생 시 화재 발생 건물에 거주하는 사람들을 안전한 장소로 피난시킬 수 있도록 건축물에 설치하는 것이다. 건축물의 구조와 기능에 따라 여러 가지 형태의 피난 기구가 있다. 대표적인 완강기를 비롯하여 구조대, 피난사다리, 미끄럼대, 피난용 로프, 미끄럼봉, 피난교 등이 있다. 이를 건축물에 설치할 경우에는 건축물에 적합한 피난 기구를 선정하여 사용에 편리한 위치에서 조작할 수 있도록 해야 한다.

피난설비 중 완강기는 지지대에 걸어서 사용자의 몸무게에 의해 자동적으로 내려올 수 있도록 하는 기구로서 사용자가 교대하여 연속적으로 사용할 수 있는 것을 말한다. 완강기의 강하속도는 16~150cm/s 이내이다.

표IV-6 완강기 설치기준

구분	내용
개요	○비상시 안전한 피난을 위한 설치
설치기준	○완강기 ○완강기를 적용하여 유사시 피난 동선을 추가 확보한다 ○구획된 거실 및 막다른 복도 등에 설치한다

7) 유도등

피난 기구의 하나인 유도등은 화재 발생 시 피난을 유도하기 위한 등으로, 정상 상태에서는 상용전원에 따라 켜지고 상용전원이 정전되는 경우에는 비상전원으로 자동 전환되어 점등되는 등을 말한다.

표Ⅳ-7 유도등설비 설치기준

구분	내용
개요	○ 피난 통로로 신속히 대피시키기 위한 설비
설치기준	○ 전기회로에 점멸기를 설치하지 않고 항시 점등 상태를 유지하는 2선식 배선방식으로 한다 ○ 피난 안전구역에는 통로 유도등을 복도, 통로, 중앙 부분의 바닥에 설치한다

Ⅲ. 체육시설업 안전장비 배치

체육시설업 종목별 안전장비에 관한 사항은 앞서 제2장과 제3장에서 각각 기술한 바와 같이 체육시설법 시행규칙 별표 6에서 종목별 안전장비의 구비에 관해 규정하고 있다. 예를 들면, 스키장업이나 자동차경주업에서는 이용자의 안전모 착용을 지도해야 하며 이용자가 대여를 요청할 때에 대여할 수 있는 충분한 수량을 구비해야 한다고 명시하고 있다. 또 요트장업, 조정장업, 카누장업에서는 이용자가 항상 구명대 착용을 이용할 수 있도록 구비해야 한다고 규정하고 있다. 승마장업에 대해서도 이용자가 이용할 수 있도록 승마용 신발과 안전모를 구비해야 하며, 빙상장업에서도 이용자가 안전모, 보호장갑 등 안전장비를 대여할 수 있는 충분한 수량을 구비해야 한다고 명시하고 있다.

'응급의료에 관한 법률'과 동법 시행령에서 규정하고 있는 안전장비 설치기준을 준수하며 이에 대한 배치가 올바르게 되었는지에 대한 파악도 안전점검에서 필요한 과정이다. 먼저 소화장비의 배치 파악을 위해서는 화재진화용 소화기, 화재경보기, 소화전과 스프링쿨러, 비상유도등 장비, 그리고 기타 소화장비 등의 배치를 파악하는 것 등이 확인되어야 한다.

피난 기구의 배치 파악은 완강기와 기타 구조대, 피난사다리, 미끄럼대, 피난용 로프, 미끄럼봉, 피난교 등의 피난 기구가 올바른 위치에 배치되어 있는지를 점검해야 한다.

수상 인명구조장비의 배치 파악은 레스큐튜브, 레스큐캔치, 링부이, 히빙라인, 구명조끼와 구조보드 등이 제대로 배치되어 있는지를 확인해야 한다. 또 기타의 수상 인명구조장비의 배치를 파악하고 가스 차단, 누전 차단장비 및 비상방송장비의 배치도 파악 항목에 포함된다.

　이밖에 종목별 체육시설에서의 해당 안전장비 파악은 다음과 같이 이루어져야 한다.

　스키장업에서는 스키용 안전모 등 안전장비 구비 여부를 파악해야 하고, 요트장업과 조정장업, 카누장업에서는 구명대의 배치 여부를, 자동차경주장업에서는 자동차경주용 안전모의 배치 여부를, 승마장업에서는 승마용 신발과 안전모의 비치 여부를, 빙상장업에서는 빙상용 안전모와 보호장갑 등의 배치 여부가 점검되어야 한다.

제2장 설비 안전관리[14]

Ⅰ. 설비 안전관리

안전관리란 재해로부터 사람의 생명과 재산을 보호하고 재해를 방지하기 위한 적절한 계획과 그에 수반되는 모든 행동을 말한다. 체육행위에서 비롯된 사고뿐만 아니라 시설, 설비와 연관된 사고도 위험성이 크기 때문에 매뉴얼에서 사전 대처가 필요하다.

안전관리계획이란 사업장 등에서 안전관리를 계획적으로 실시하기 위해 일정한 기간을 정해 작성하는 계획을 뜻한다. 이러한 안전관리계획은 재해를 방지하기 위한 자율적인 활동의 일환이다. 일반적인 건물의 경우, 안전관리계획은 기본적으로 7개의 시설, 설비 등과 기타 건물에 부속된 시설에 대해 수립된다. 즉, ① 천장, 조명, 바닥면 ② 고압가스시설 ③ 중앙집중식 난방시설 ④ 발전 및 변전시설 ⑤ 위험물 저장시설 ⑥ 소방시설, 승강기 및 인양기 ⑦ 석축, 옹벽, 담장, 맨홀, 정화조, 하수도 등이다. 일반건물과 유원시설의 시설물 관리는 크게 다르지 않다.

Ⅱ. 체육시설 설비 안전관리

체육시설법 제4조 2에서는 체육시설의 안전한 이용 및 체계적인 관리를 위해 5년마다 체육시설 안전관리에 관한 기본계획을 수립, 시행해야 한다고 규정하고 있다. 이에 따라

---

14) 설비 안전관리는 국가직무능력표준(2018), 12. 이용숙박여행오락스포츠, 04. 스포츠, 유원시설관리 39~43면의 내용을 통해서 편집된 자료임.

2016년 체육시설 안전관리에 관한 기본계획이 수립되면서 체육시설 확충과 더불어 체육시설물 특성에 따른 운영 및 안전관리 등 사후관리를 강화하기 시작했다. 체육시설 안전관리에 관한 기본계획은 체육시설의 안전사고 예방 및 관리체계를 구축하는데 중점을 두고 있다. 다음은 체육시설에서의 보일러 관련 시설물, 가스설비, 전기설비 등의 안전관리와 관련된 내용이다.

1. 보일러 관련 시설물의 안전관리

보일러 시설은 특정열사용기자재 중 검사대상기기에 해당된다. 따라서 '에너지이용 합리화법' 제39조 제2항에 근거하여 보일러를 설치하거나 개조해서 사용하려는 자, 보일러의 설치 장소를 변경해서 사용하려는 자, 보일러를 사용 중지한 후 재사용하려는 자 등은 에너지관리공단의 검사를 받아야 한다.

검사대상 보일러는 강철제 보일러와 주철제 보일러이며, 가스 사용량이 17kg/h를 초과하는 소형 온수보일러도 검사대상에 해당된다. 다만 보일러 중 최고사용압력이 0.1MPa 이하이고 동체의 안지름이 300mm 이하이며 길이가 600mm 이하인 보일러 또는 최고사용압력이 0.1MPa 이하이고 전열면적이 5m² 이하인 것, 2종 관류보일러, 대기개방형인 온수발생 보일러 등에 하나라도 해당되면 검사대상에서 제외된다. 다음은 보일러 안전검사의 검사 내용 예이다.

○ 제한압력의 초과 사용
○ 탱크 내 물의 양의 감소
○ 스케일 부착 : 금속면에 부착한 피막상의 불순물, 금속 산화물
○ 무면허자의 취급
○ 연소가스 폭발
○ 안전판의 고장
○ 압력계 및 수면계의 고장

2. 가스설비의 안전관리

현재 체육시설물에서 주로 사용되는 가스설비는 크게 도시가스설비와 LP가스설비로 나

넌다. 도시가스설비는 천연가스와 원유, 석탄을 주성분으로 하고 공기보다 가볍기 때문에 가스가 누출된다면 천장 근처에 가스가 응집하게 된다. 반면 LP가스는 프로판가스라고도 불리며 공기보다 무겁기 때문에 가스가 누출되면 바닥면 근처에 응집하게 된다. 도시가스는 공기 중 가스 농도가 약 5%를 넘고 LP가스는 약 2%를 넘기면 폭발할 우려가 있다. 이러한 점을 감안하여 관련법에서는 일정 규모 이상의 시설이나 보호시설, 지하실에 있는 가스사용시설 등은 의무적으로 안전검사를 받도록 규정하고 있다.

해마다 받게 되는 가스시설의 검사항목은 외부인의 실수로 인한 손상을 예방하기 위한 경계표지에서부터 용기보관 상태, 가스누출자동차단기의 설치 및 작동 여부, 습기로 인한 부식방지 조치, 가스호스의 상태, 중간밸브, 연수기의 상태 등이다. 사고 발생의 여지가 있는 사항들을 세밀하게 살펴 가스에 의한 사고가 발생되지 않도록 충분한 안전관리가 이루어져야 한다. 가스 시설의 검사대상은 표IV-8에 나타난 바와 같다.

표IV-8 가스설비 설치기준

사용가스	검사대상
LPG	○ 제1종 보호시설 또는 지하실(가정용 제외)의 시설 ○ 식품위생법 제2조 제12호에 따른 집단급식소 ○ 식품위생법 제36조 제1항 제3호에 따른 식품접객업소 ○ 저장능력 250kg 이상 5톤 미만의 시설을 갖춘 사용시설 ○ 소형 저장탱크를 갖춘 사용시설 ○ 사용승인을 받아야 하는 단독주택, 공동주택 및 오피스텔(주거용) ○ 건축법 시행령 별표 1 제3호부터 제28호까지 해당하는 건축물
도시가스	○ 월 예정사용량 2,000㎥ 이상인 가스 사용시설(제1종 보호시설 내는 1,000㎥이상) ○ 그 외 시설은 도시가스회사에서 검사

3. 전기설비의 안전관리

전기사업법 제2조 제16호에 따르면, 전기설비란 발전, 송전, 변전, 배전, 전기 공급 또는 전기 사용을 위해 설치하는 기계, 기구, 댐, 수로, 저수지, 전선로, 보안통신선로 및 그밖의 설비를 가리킨다. 일반용전기설비는 전압 600V 이하로서 용량 75kW(제조업 또는 심야 전력을 이용하는 전기설비는 용량 100kW) 미만의 전력을 타인으로부터 수전하여 그 수전 장소(담, 울타리 또는 그 밖의 시설물로 타인의 출입을 제한하는 구역 포함)에서 그 전기를 사용하기 위한 전기설비 또는 전압 600V 이하로서 용량 10kW 이하인 발전설비를 의미한다. 전기사업용전기설비 및 일반용전기설비 외의 전기설비는 자가용전기설비로 칭한다. 일반용전기설비는 매년 정기 안전점검을 받도록 되어 있다. 체육시설도 전기사업법 시행규칙 제3조 제2항 제2호에 의거하여 전기용량 20kW 미만의 전기설비가 설치된 시설일 경우에는 일반용전기설비 정기점검 대상에 해당된다.

체육시설과 같은 다중이용시설 등에서의 전기설비 안전관리는 설치부터 유지 및 관리까지 모든 단계가 체계화되어 있어야 한다. 따라서 체육시설에서는 전기설비 안전관리규정을 마련하여 관리해야 한다. 전기설비 안전관리규정에는 안전관리 업무의 감독, 전기설비 설치자 의무, 안전관리 직원의 의무 등과 관련된 운영관리체제와 안전관리 교육 등이 포함되어야 하며, 전기설비공사 관련 계획과 실시, 보수, 운전과 조작, 재해 대책 등도 규정에 명시되어야 한다. 전기에 대한 안전설비로 유도장애장치, 피뢰기가 있다.

III. 체육시설물 유지 · 관리

건축법 제35조에는 시설물 유지 · 관리 점검제도가 있다. 이는 시설물의 소유자나 관리자가 건축물에 대해 정기점검 및 수시점검을 실시하여 그 결과를 허가권자(지방자치단체)에게 보고하는 제도이다. 시설물의 유지 · 관리가 필요한 이유는 정기적인 점검 및 유지가 미흡하다면 시설물의 노후가 가속화되고 수명이 단축되기 때문이다. 따라서 시설물의 유지 · 관리를 통해 기능을 회복하고 안전성을 확보할 수 있다.

시설물의 점검 절차는 먼저 허가권자가 시설물 소유자에게 점검 대상임을 통보하고, 시설물 소유자는 점검자 리스트를 건축행정시스템(세움터 www.eais.go.kr)을 통해 조회한다. 점검 대상 시설물은 시설물 소유자와 점검자 간에 시설물 점검에 대한 계약을 한 후, 점검을 실시한다. 점검 후, 점검자는 점검 결과를 시설물 소유자에게 통보한다. 시설물 소유자는 허가권자에게 점검 결과를 보고하고 허가권자는 점검 결과를 시설물대장에 기재하고 관리하는 절차를 밟는다.

시설물 유지 · 관리 점검제도의 효과는 안전적 측면과 기능적 측면, 성능 측면에서 나타

그림IV-3 체육시설 유지·관리 점검영역

난다. 먼저 안전 측면에서는 시설물의 구조적 안전성과 재난 발생 시에 대피체계를 점검하여 안전사고를 예방할 수 있다. 기능적 측면에서는 시설물을 쾌적한 상태로 유지하고 적절한 시기에 보수를 실시함으로써 시설물의 수명을 연장시킬 수 있다. 마지막으로 성능의 측면에서는 정기적인 시설물 점검과 보수를 통해 시설물의 성능을 유지시키고 이를 통해 장기적인 관점에서 발생하는 수리비용을 절약할 수 있다. 시설물 유지·관리의 점검 분야는 대지, 높이 및 형태, 구조 안전, 화재 안전, 건축설비, 에너지 및 친환경 분야가 영역이다.

Ⅳ. 체육시설의 안전·위생 기준

1. 종목별 공통 기준

체육시설물의 종목별 안전·위생 기준은 체육시설법과 동법 시행령에 잘 나타나 있다. 체육시설법에서는 체육시설업의 시설을 이용하는 사람은 체육시설업의 공통 및 종류별 안전·위생 기준에 따른 보호장구를 착용할 것을 규정하고 있으며, 만약 체육시설업의 시설을 이용하는 사람이 보호장구의 착용 의무를 준수하지 않을 경우에는 동법 제24조 제3항에 근거하여 체육시설업자는 체육시설의 이용을 거절하거나 중지하게 할 수 있다. 체육시설업의 시설을 이용하는 사람이 지켜야 할 체육시설업의 공통적인 안전·위생 기준은 다음과 같다.

(1) 체육시설 내에서는 이용자가 항상 이용 질서를 유지하게 해야 한다.

(2) 이용자의 체육활동에 제공되거나 이용자의 안전을 위한 각종 시설, 설비, 장비, 기구 등은 안전하게 정상적으로 이용될 수 있는 상태를 유지하도록 하여야 하며, 재난 및 안전관리기본법 제3조 제1호에 따른 재난으로 인한 피해가 발생하지 않도록 노력해야 한다.

(3) 재난 및 안전관리기본법 제3조 제1호 가목에 따른 재난으로 인해 이용자의 안전을 해칠 우려가 있다고 판단될 때에는 그 체육시설의 이용을 제한해야 한다.

(4) 체육시설업의 해당 종목의 특성을 고려하여 음주 등으로 정상적인 이용이 곤란하다고 판단될 때에는 음주자 등의 이용을 제한해야 한다.

(5) 체육시설의 정원을 초과하여 이용하게 해서는 안 된다.

(6) 화재 발생에 대비하여 소화기를 설치하고 이용자가 쉽게 알아볼 수 있는 곳에 피난 안내도를 부착하거나 피난 방법에 대하여 고지해야 한다.

(7) 체육시설업자는 체육시설 내에서 사망사고가 발생한 경우에는 해당 체육시설업을 등록 또는 신고한 지방자치단체의 장에게 즉시 보고해야 한다.

2. 체육시설업의 종류별 기준

체육시설법과 동법 시행령에서 규정하고 있는 체육시설업의 시설을 이용하는 사람이 지켜야 할 체육시설업의 종류별 안전·위생 기준은 다음과 같다.

1) 골프장업

골프장업에서는 코스관리요원을 18홀 이하인 골프장에는 1명 이상, 18홀을 초과하는 골프장에는 2명 이상을 배치해야 한다. 여기서 코스관리요원은 골프장에서 잔디 및 수목의 식재, 재배, 병해충 방제와 체육활동을 위한 풀베기 작업과 함께 농약의 안전한 사용·보관 및 오염 방지 등에 관한 업무에 종사하는 자를 말한다.

2) 스키장업

스키장업에서는 스키지도요원 및 스키구조요원을 배치하되, 스키지도요원은 슬로프 면적 5만㎡당 1명 이상, 스키구조요원은 운영 중인 슬로프별로 2명이상(슬로프 길이가 1.5㎞ 이상인 슬로프는 3명 이상)을 각각 배치해야 한다. 여기서 스키지도요원이란 스키장에서 이용자에게 스키에 관한 지식과 스키를 타는 방법, 기술 및 안전 등에 관해 교습하는 업무에 종사하는 사람을 말하고, 스키구조요원은 스키장에서 슬로프를 순찰하여 안전사고 예방과 사고 발생 시 인명구조 및 후송 등의 업무에 종사하는 사람으로서 법 제34조에 따른 스키장협회에서 실시하는 정기안전교육을 받은 사람을 말한다.

또 각 리프트의 승차장에는 2명 이상의 승차보조요원을, 하차장에는 1명 이상의 하차보조요원을 배치해야 한다. 그리고 안전사고에 대비하기 위해 의료법에 따른 간호사 또는 '응급의료에 관한 법률'에 따른 응급구조사를 1명 이상 배치해야 한다.

스키장 내에는 스키장 시설 이용에 관한 안전수칙을 이용자가 쉽게 알아볼 수 있도록 셋 이상의 장소에 게시해야 하며 이용자가 안전모를 착용하도록 지도해야 한다. 그리고 이용자가 안전모의 대여를 요청할 때에 대여할 수 있는 충분한 수량을 갖춰야 한다.

3) 요트장업, 조정장업 및 카누장업

요트장업, 조정장업, 카누장업 시설업자는 이용자가 항상 구명대를 착용하고 이용하게 해야 한다. 사업장 내 구조용 선박에는 수상안전요원을, 감시탑에는 감시요원을 각 1명 이상 배치해야 하는데, 수상안전요원은 대한적십자사에서 실시하는 수상인명 구조활동에 관하여 정해진 과정을 마친 자, 해군이나 해경에 복무한 자로서 수상인명구조에 경험이 있는 자 또는 그에 상당하는 자격이 있는 자이어야 한다.

또 요트장업의 경우에는 특별자치도지사·시장·군수 또는 구청장이 요트장의 지형 여건 등을 고려하여 안전수칙을 정한 경우에는 이를 지켜야 한다.

4) 승마장업

승마장업장 내에서는 이용자가 항상 승마용 신발을 착용하고 승마를 하도록 해야 하며 장애물 통과에 관한 승마를 하는 자는 헬멧을 착용해야 한다. 또 말이 놀라서 낙마사고가 발생하지 않도록 마장 주변에서 고성방가를 하거나 자동차 경적을 사용하는 것 등을 금지하게 해야 한다.

5) 종합체육시설업

종합체육시설업을 구성하고 있는 해당 체육시설업의 안전·위생 기준에 따른다.

6) 수영장업

수영장업 시설업자는 수영조 주변 공간 및 부대시설 등의 규모를 고려하여 안전과 위생에 지장이 없다고 인정하는 범위에서 특별자치도지사·시장·군수 또는 구청장이 정하는 입장자의 정원을 초과하여 입장시켜서는 안 된다.

수영장 내 수영조에서 동시에 수영할 수 있는 인원은 도약대의 높이, 수심, 수영조의 면적 및 수상안전시설의 구비 정도 등을 고려하여 특별자치도지사·시장·군수 또는 구청장이 정하는 인원을 초과하지 않도록 하고 도약대의 전면 돌출부의 최단 부분에서 반지름 3m 이내의 수면에서는 5명 이상이 동시에 수영하도록 해서는 안 된다. 그리고 개장 중인 실외 수영장에는 의료법에 따른 간호사 또는 '간호조무사 및 의료유사업자에 관한 규칙'에 따른 간호조무사 1명 이상을 배치해야 한다.

수영조 위생과 관련하여, 수영조의 욕수는 1일 3회 이상 여과기를 통과하도록 해야 하며 욕수의 조절, 침전물의 유무 및 사고의 유무를 확인하기 위해 1시간마다 수영조 안의 수영자를 밖으로 나오도록 하고 수영조를 점검해야 한다. 다만, 일정 범위의 이용자에게만 제공되는 호텔 수영장 등의 경우에는 수영조의 점검 시간을 체육시설업자가 별도로 정할 수 있도록 하고 있다.

수영조의 욕수는 표IV-9에 표시된 수질기준을 유지해야 하고 욕수의 수질검사방법은 '먹는물 수질기준 및 검사 등에 관한 규칙'에 따른 수질검사방법에 따르도록 정하고 있다. 그리고 해수를 이용하는 수영장의 욕수 수질기준은 환경정책기본법 시행령 제2조 및 별표 1 제3호 라 목의 II등급 기준을 적용한다.

수영장업 사업자는 수영조 주위의 적당한 곳에 수영장의 정원, 욕수의 순환 횟수, 잔류 염소량, 수소이온농도 및 수영자의 준수사항을 게시해야 한다. 또 수영조 안에 미끄럼틀을 설치하는 경우에는 관리요원을 배치하여 그 이용 상태를 항상 점검해야 한다.

감시탑에는 수상안전요원을 2명 이상 배치해야 하는데, 이들은 대한적십자사나 법 제34

조에 따른 수영장협회 또는 수상레저안전법 시행령 제37조 제1항에 따라 해양경찰청장이 지정하는 교육기관에서 수상안전에 관한 교육을 마친 후 수상안전에 관한 자격증을 취득한 사람이어야 한다.

표IV-9 수영조 수질기준

수영조 욕수 수질기준
○ 유리잔류염소는 0.4mg/l부터 1.0mg/l까지의 범위 내이어야 한다.
○ 수소이온농도는 5.8부터 8.6까지 되도록 하여야 한다.
○ 탁도는 1.5 NTU 이하이어야 한다.
○ 과망간산칼륨의 소비량은 12mg/l 이하로 하여야 한다.
○ 대장균군은 10밀리리터들이 시험대상 욕수 5개 중 양성이 2개 이하이어야 한다.
○ 비소는 0.05mg/l 이하, 수은은 0.007mg/l 이하, 알루미늄은 0.5mg/l 이하이어야 한다.

V. 체육시설의 안전관리 점검

체육시설에 대한 안전점검은 전술한 바와 같이 건축법 제35조에 따른 시설물 유지·관리 점검제도의 규정에 따라 실시되어야 한다.

1. 체육시설 안전점검 방법

체육시설의 안전점검 방법에는 시설의 형태 및 종류에 따라 그에 맞는 다양한 방법에 따른다. 일반적으로 육안에 의해 체육시설 및 설비 등을 점검하는 방법은 다음과 같다.
　○ 천장, 조명, 바닥면의 설계도를 확보하고 육안으로 확인한다.
　○ 가스시설의 설계도를 확보하고 육안으로 확인한다.
　○ 난방시설의 설계도를 확보하고 육안으로 확인한다.
　○ 발전 및 변전시설의 설계도를 확보하고 육안으로 확인한다.
　○ 위험물 저장시설의 설계도를 확보하고 육안으로 확인한다.
　○ 소방시설, 승강기 및 인양기의 설계도를 확보하고 육안으로 확인한다.

○석축, 옹벽, 담장, 맨홀, 정화조, 하수도의 설계도를 확보하고 육안으로 확인한다.

2. 시설물 점검 절차

체육시설물의 유지·관리 점검에서 전술한 바와 같이 건축법 제35조 시설물 유지·관리 점검제도의 규정에 따른 체육시설물의 점검 절차는 다음과 같다.

(1) 허가권자는 시설물 소유자에게 점검 대상임을 통보하고 시설물 소유자는 점검자 리스트를 건축행정시스템(세움터 www.eais.go.kr)을 통해 조회한다.

(2) 시설물 소유자와 점검자 간에 시설물 점검에 대한 계약을 진행한다.

(3) 점검자는 점검 결과를 시설물 소유자에게 통보한다.

(4) 시설물 소유자는 허가권자에게 점검 결과를 보고하고 허가권자는 점검 결과를 시설물대장에 기재하고 관리한다.

Ⅵ. 하자 파악 및 보수

1. 체육시설 하자의 정의

법적으로 설치·관리를 특별히 분류할 필요는 없지만, 설치의 하자라는 것은 해당 체육시설 설치의 구조상 불비, 부적당, 사용 재료 등에 의한 결함을 뜻하고, 관리의 하자라는 것은 체육시설 관리 및 운영상 불완전한, 즉 체육시설에는 특별한 결함이 없지만 관리상 적절하지 못한 결함이 있다는 뜻이다. 판례에 따르면, 공공의 영조물의 설치 또는 관리 하자라고 할 때, 해당 영조물을 통상 이용자의 판단능력, 행동능력, 설치된 장소, 환경 등을 구체적으로 고려하여 해당 영조물이 본래 갖추어야 할 안전에 결함이 있는 상태를 가리킨다.

2. 가공, 조립, 설치, 공법, 마무리 등에 따른 하자

체육시설에서의 가공, 조립, 설치, 공법, 마무리 등의 하자 원인은 여러 가지 이유에 기인한다. 그러나 많은 경우에 다음과 같은 원인에서 비롯된다.

○목재의 휨, 뒤틀림 특성을 배려하지 않기 때문에 하자가 발생한다.

○바닥의 삐걱 소리는 접합부 이음이 고르지 못했기 때문이다.

○목재 프레임은 주변부를 보강해 줘야 하자가 없다.

○문틀 구조의 목구조는 내력이 확보되어 있어야 하자 발생이 없다.

○칸막이 구조 내에 매입되는 설비 기구 등의 위치 검토가 필요하다.

○천장이나 벽 조명기구, 공고기구, 점검구 등의 설치에 따른 바탕 구조의 보강이 되어야 한다.

○이음의 위치, 형태를 검토한다.

○물을 사용하는 곳의 벽이나 바닥에는 점검구 설치 여부 및 습기 방지 대책이 있어야 한다.

○바닥에 설치되는 배관에 못이 관통할 경우 설비 부분 하자가 발생한다.

3. 체육시설관리 감사

체육시설에 대한 관리 감사는 운영에 필요한 전반적인 사항에 대한 체계적인 검토와 분석, 그리고 업무 수행 개선에 필요한 문제들을 제안하는데 있어 기본적인 가이드라인을 제공한다. 감사는 시설의 어느 영역에 개선이 필요하며, 잠재적 문제를 제거하기 위해 무엇을 해야 하는지, 그리고 이러한 모든 수행의 결과를 어떠한 방법으로 확인할 것인지에 대한 실행 방안을 제시해 주기도 한다. 시설관리 감사는 시설관리자의 역할이며 시설관리자의 역할은 다음과 같다.

○시설관리자는 시설관리 활동을 계획하고 일정을 조정하며 계약을 관리하고 업무기준을 개발하고 직원과 외부 계약자를 평가한다.

○시설관리자는 직원을 고용하고 조직화하며 업무 일정을 개발하고 적절한 방침과 절차를 수행한다.

○시설관리자는 분기별 재정에 초점을 맞춘 단기·중기·장기계획을 수립한다.

○시설관리자는 가능한 공간의 조사 목록을 개발하고, 필요한 공간 배치 및 미래 성장을 위한 추가적 공간 확보 등을 통해 공간을 관리한다.

○시설관리자는 건물 설계와 계획, 건축 설계, 공학 설계, 코드·지역제 승낙, 건설비,

그리고 건물 시스템 및 유지에 대한 확실한 이해 및 평가가 요구된다.

○ 작업장 계획 및 설계는 구내매점, 라커룸, 기자석과 같은 공간에서 필요한 비품 및 장비의 획득과 관리 업무를 수반한다.

○ 시설관리자는 예산, 회계, 경제 예측과 같은 부분에 상당한 노력을 기울여야 한다.

○ 시설관리자는 건축공사 기획, 관리 및 시설 이전에 대한 업무를 수행한다.

○ 시설관리자는 운영, 유지, 보수에 상당한 시간을 투자해야 한다. 이러한 활동들은 건물의 외부 보존과 쓰레기나 해충 방제와 같은 업무를 포함한다.

○ 시설관리자는 보안과 생활 안전에 대해 더 많은 관심을 기울여야 한다.

○ 최근에는 시설관리자가 음식 서비스나 우편함 같은 일반행정 부문을 감독해야 한다.

4. 체육시설 관련 사고와 배상책임

1) 체육시설 하자로 인한 사고

학교 및 공공체육시설 등은 국가 또는 지방자치단체에서 설치하므로 이러한 시설의 하자로 인해 사고가 발생한 경우에는 헌법 제29조 제1항에 근거를 둔 국가배상법 제5조가 적용된다. 동법 제5조에서는 도로, 하천, 기타 공공영조물의 설치 또는 관리의 하자가 있기 때문에 타인에게 손해가 발생했을 때에는 국가 또는 지방자치단체가 그 손해를 배상해야 한다고 규정하고 있다.

사립학교나 민간체육시설의 설치 및 관리 하자로 인한 사고에 대해서는 민법 제758조의 규정이 적용된다. 동법 제758조 제1항에서는 '공작물의 설치 또는 보존의 하자로 인하여 타인에게 손해를 가한 때에는 공작물의 점유자가 손해를 배상할 책임이 있다. 그러나 점유자가 손해의 방지에 필요한 주의를 해태하지 아니한 때에는 소유자가 손해를 배상할 책임이 있다'고 규정하고 있다.

이와 같은 공작물의 점유자와 소유자의 책임은 위험한 물건을 관리·소유하는 그 물건에서 생긴 책임을 져야 한다는 사상에 기인한 것이다(위험책임). 그리고 공작물의 하자로 생긴 손해에 관해 전술한 점유자나 이외의 책임을 져야 할 자(과실이 있는 자)가 있을 때에는 점유자나 소유자는 이에 대해 구상할 수 있다고 민법 제758조 제3항에서 규정하고 있다. 다시 말해서 민법 제758조에 의한 민간체육시설의 사고는 우선 그 시설을 직접 사용하여 사업을 행하는 자(점유자)가 책임을 지고, 점유자가 사고 발생을 방지하기 위해 필요한 주의를 다했을 때에는 점유자는 면책되고 그 시설의 소유자가 책임을 져야 한다는 의미이다.

따라서 체육시설을 빌려서 체육행사를 개최하거나 강습회를 개최하는 경우에 그 주체자가 점유자가 된다. 점유자는 필요한 주의를 기울였다는 것을 증명하여 면책을 주장할 수 있지만 소유자는 이와 같은 면책을 주장할 수 없다. 즉, 무관실책임이다. 이와 같이 시설 소유자에게 무거운 책임을 지우는 것은 위험성이 큰 시설을 관리하고 소유하는 자는 위험 방지에 대해 충분한 주의를 하지 않으면 안 된다는 것에 기인한 것이다. 그리고 만일 위험이 현실화하여 사고가 발생한 경우에 피해자에 대해 배상책임을 지게 하는 것은 사회적 공평원칙으로 보아 당연한 일이다. 즉, 위험책임이다.

원칙적으로 시설의 소유자는 사고의 원인이 다른 사람의 책임에 있을 때, 즉 구조상의 결함에 의한 사고에 있어서 설계, 시공상 과실에 의한 경우에는 피해자에 대해 우선 손해를 배상한 뒤에 설계, 시공 책임이 있는 건설업자 등에게 구상권을 행사할 수 있다.

2) 토지 공작물과 영조물

토지의 공작물이 원인이 되어 손해가 발생했을 때는 전술한 바와 같이, 그 공작물의 소유자 또는 점유자가 배상책임을 져야 하는데, 체육에 관한 토지 공작물로는 그라운드, 테니스코트와 같이 토지를 직접 공작하여 만든 것, 그리고 체육관처럼 토지에 접착하여 설치한 것들이 있다. 물론 토지에 직접 접착하고 있는 것뿐만 아니라 그 시설과 일체하지 않는 설치도 포함된다. 그러나 체육관 내의 운동기구, 용구 등을 토지 공작물로 보기는 어렵다. 만약 그러한 물건의 관리상 하자로 인한 경우라면 일반적 불법행위를 다루고 있는 민법 제750조에 의한 문제로 보는 게 타당할 것이다.

공공의 영조물이라 함은 국가 또는 공공단체가 설치하는 시설인 공물로서, 국가배상법이 국가 또는 공공단체의 소유 또는 관리하는 위험물로부터 생긴 손해의 구제를 완전하게 하려는 취지의 규정이기 때문에 넓은 의미로 공공에 제공되는 물적 설비를 말한다. 민법의 토지 공작물에 해당하는 체육관, 그라운드, 풀장, 코트 등의 지상 공작물뿐만 아니라 공적 목적에 이용되는 공물로서 조회대, 이동식 수평사다리, 해수욕장의 다이빙대, 축구 골포스트, 회전탑, 미끄럼대, 교정이 모래밭 등이 공공의 영조물에 포함되기 때문에 그러한 시설, 설비의 결함으로 인한 사고에 대해서는 국가 또는 지방자치단체가 배상 책임을 지도록 하고 있다.

5. 체육시설 개발과정의 하자(예)

체육시설의 하자를 파악하는 방법으로는 여러 가지가 있다. 여기서는 공사 요소를 바탕으로 시설물의 하자를 파악하는 경우를 예시한다. 먼저 공사 요소 중 기초공사 자재, 상부구조, 외장 요소, 지붕, 배수시스템 등 외부 요소의 파악이다. 기초공사 자재의 파악에서는 나무, 콘크리트, 구조용 강철 등 기초공사에 적절한 자재가 사용되었는지, 하부구조 및 하중의 파악에서는 구조물의 최하층을 구성하는 요소 등을 파악한다. 상부구조에서는 골격, 기둥, 들보, 지붕틀 등을 파악한다. 외장 요소에서는 비바람에도 견딜 수 있는 견고한 벽을 만들었는지, 에너지 사용을 최소화하기 위해 벽에 단열재를 넣었는지 등을 파악하고 비나 눈이 잘 배수되도록 만들었는지에 대한 배수 시스템도 파악해야 한다.

다음으로 내부 요소의 파악이다. 여기서는 가구 및 마감재를 파악하며 경기장 좌석의 크기와 넓이 등을 확인한다. 또 바닥재와 관련하여 바닥재의 성능, 옵션, 바닥재 사용 공간 등을 검토하고 용도에 알맞은 바닥재를 사용했는지를 확인한다.

표IV-9은 인조잔디 축구장의 바닥재 하자를 파악하는 예이고 표IV-10은 학교체육시설의 우레탄 체육시설에 대한 하자 파악과 보수의 예이다.

6. 체육시설의 유지관리

체육시설의 유지관리란 시간이 경과함에 따라 저하하는 체육시설물의 가치를 인위적 행위를 통해 회복시키고자 하는 관리 활동을 말한다.

1) 체육시설 유지관리의 목표
체육시설 유지관리의 목표는 각 부위의 기능, 기기의 성능을 계속 보유하여 장시간 사용하도록 하는 것이며 이러한 유지관리를 통해 재산으로서 시설의 경제적 가치를 보전하며 재해를 미연에 방지하도록 하는데 목표를 둔다. 또 환경과 위생 측면에서 양호한 상태로 보전하여 쾌적한 주거 환경을 조성하는 것이기도 하다.

2) 체육시설 관리운영의 기본 원리
체육시설에 대한 관리운영의 기본 원리는 시설관리자와 행정담당자와의 관계를 긴밀하게 유지하는 것을 전제로 하며 능력 있는 관리자를 확보하고 시설의 적절한 활용을 제고 시키는데 있다. 또한 미사용 기간에도 적절한 관리가 유지되어야 하며 관리에 대한 지속적인 투자와 연구가 필요하다.

표Ⅳ-10 축구장 하자 파악(예시)

축구장 하자 파악
시흥시가 지난해 9월 완공한 희망공원 인조잔디 축구장에 하자가 발생했다. 희망공원 인조잔디 축구장은 토목과 인조잔디를 각각 도급을 통해 시공하여 완공한지 4개월 만에 축구장의 배수관로 전체가 2㎝ 정도 내려앉는 현상이 나타나 이용하는 시민들이 불편을 겪고 있다. 현재 인조잔디 축구장은 평탄성이 없어져 주의를 기울이지 않을 경우, 각종 부상의 위험이 높아져 있다. 동절기가 끝나 얼었던 땅이 풀리면 이러한 현상이 더 심화될 예정이어서 이를 위한 대책 마련이 시급한 상태다. 인조잔디 구장의 경우, 가장 중요한 요소는 배수 문제인데, 시 관계자는 지난해 하반기에 많은 강우량과 최근 들어 빈번한 설해에 따라 배수관로의 꺼짐 현상이 가속화 되어 왔다고 했으며, 하자가 발생한 원인을 찾아 조속한 시일 내에 현장 실사를 통해 하자 보수를 진행할 예정이라고 밝혔다. 하지만 동절기라 하자 보수가 어려워 불편은 고스란히 이용하는 시민이 감수해야 하는 형편이다. 희망공원 인조잔디 축구장은 정왕동 1358번지 희망공원 내 총사업비 13여억 원을 들여 축구장 2면(클레이 1면, 인조잔디 1면)과 조명시설, 안전시설(펜스) 등을 조성한 사업으로 작년 6월부터 9월 말까지 4개월에 걸쳐 완공됐다.

출처 : 바닥재(인조잔디) 하자 보수 완료. http://blindfootball.or.kr에서 2016.9.10 검색

표Ⅳ-11 학교체육시설 하자 보수(예시)

우레탄 체육시설 전면 교체

서울시교육청(교육감 조희연)은 학교 우레탄트랙 및 운동장 유해성 검사에서 중금속 기준치를 초과한 학교에 대해 △마사토로 전면 교체 추진 △우레탄 설치는 구조적 안전 및 체육특기학교 운영 등에 한해 실사 후 예외적으로 허용 △마사토 교체 시 예산 우선지원 및 예외적 우레탄 설치 허용 학교에 추후 재교체 비용 미지원 등 '유해 우레탄'을 학교에서 추방하고 마사토로 전면 전환할 것을 강력히 촉구할 방침이라고 밝혔다.

서울시교육청은 현재 우레탄 체육시설 KS기준(2016. 6.기준)인 중금속 4종(납·수은·카드뮴·육가크롬)외 환경호르몬으로 지정한 67종 중 하나인 프탈에이트가 추가 지정될 가능성이 있고, 이와 관련된 법 개정 절차가 진행 중인 것을 국가기술표준원에 확인한 후 이렇게 밝혔다.

서울시교육청은 지난 2차 수요조사 결과 새 우레탄 체육시설로 교체를 희망하는 102교(운동장·트랙 중복교 포함)의 학교장 및 학교운영위원장을 11일 긴급 소집하여, 마사토 및 우레탄 체육시설 장단점을 안내하고, 학교장 및 학교운영위원장의 의견을 수렴하는 협의회를 개최한 바 있다.

이날 협의회에서 시교육청-서울대 토목공학과 연구팀과 공동 개발한 친환경 마사토운동장의 공사방법, 각종 실험결과를 학교장에게 안내하며 △마사토로 전면 교체 추진 △우레탄 설치는 예외적으로 실사 후 허용 및 추후 재교체 비용 미지원 △마사토 교체 시 예산 우선 지원 등을 강조하였다. 또한, 조희연 서울시교육감은 "학생의 건강을 위협하는 각종 유해 화학물질을 교육청이 앞장서 학교 내에서 제거하고 학생의 건강을 보호하는 계기를 마련하자"고 학교장에게 당부하였다.

이에 따라 서울시교육청은 지난 2차 수요조사 시 마사토를 선택한 26개교에 교체 예산을 우선 지원한다. 또한 수요조사 시 우레탄을 선택했던 학교는 학교구성원의 토의 및 협의 과정을 거친 후 오는 17일까지 진행하는 3차 수요조사에 마사토를 신청한 경우 확보된 예산 범위 내에서 추가 지원하기로 하였다.

출처 : 윤동현 기자(2016.8.20). 서울시교육청, 유해 우레탄 체육시설 마사토로 전면 교체, 우리학교 뉴스

3) 체육시설 유지관리 업무 유형

체육시설에 대한 유지관리 업무에는 크게 점검, 보수, 수리, 청소, 진단, 수선이 있다.

보수는 부품이나 재료 등의 교체나 손질 등을 통해 사전에 하자를 예방하고자 하는 것을 말하고, 수리는 점검 시 발견되는 하자를 보수하는 것을 가리킨다. 청소는 시설물의 청결함을 유지하여 이용 환경을 쾌적하고 건강하게 유지시키려는 노력이다. 그리고 진단 활동은 건물의 하자와 관련된 각 부분의 전문가가 그 기능과 상태를 조사하는 것이다. 수선은 시설물이 노후, 마모되어 기능이 손상되었을 때에 보수하고 갱신하여 원래의 기능을 회복시키는 활동이다. 수선 업무는 비교적 장기간에 걸친 대규모의 공사를 계획적으로 실시한다는 점에서 보수와 구별된다. 표Ⅳ-12는 체육시설 유지관리 업무의 유형을 정리한 것이다.

표Ⅳ-12 유지관리 업무의 유형(예시)

유형	용도
보수	소모적인 부품이나 재료 등을 교체하거나 발견된 하자를 손질하여 하자로 인한 피해를 사전에 차단하려는 행위
수리	정지 점검 시 이루어지는 보수를 정비라고 하며, 점검 시 발견되는 하자를 보수하는 것을 수리라 한다
청소	건물 안팎에 쌓인 먼지와 더러움을 청결히 하여 시설물의 훼손을 방지하고 위생 상태를 개선함으로써 이용 환경을 쾌적하고 건강하게 유지하는 행위
진단	건축물, 시설물 등의 주요 구조부와 내력 구조부 등에는 하자가 중요한 결과를 초래하므로 전문 기술자가 그 기능 및 상태를 조사하는 행위(진단은 인간의 오감을 동원하는 일반진단과 측정기를 사용하는 특별진단이 있다)
수선	시설물이 노후, 마모되어 기능이 손상되었을 때에 이를 보수하고 갱신하여 원래의 기능을 회복시키는 것을 말한다. 비교적 장기간에 걸친 대규모의 공사를 계획적으로 실시한다는 것에서 보수와 구별된다. 수선에는 계획수선과 장기수선이 있다 ○계획수선 : 시설을 보존하기 위한 장기적인 수선계획에 따라 시행되는 수선 ○장기수선 : 예정하지 않았던 우발적인 하자가 발생하여 시행하는 수선

4) 사후점검사항 파악

체육시설의 사후점검사항은 물적관리영역에 관한 점검으로 토지, 설비, 건물 등의 관리와 운동장, 비품, 소모품 등의 관리영역이 포함된다. 구체적으로 비품과 비품대장의 일치를 확인하며 절차에 따른 사용이 이루어졌는지, 그리고 정리정돈 등이 제대로 실행되었는지를 파악한다. 사후점검 시에는 소음, 조명 등으로 인근 주민에게 피해가 발생하지 않는지를 확인해야 하며 시설 내 환경미화에도 신경을 쓴다.

5) 안전관리영역 파악

체육시설의 안전관리영역 파악에는 화재예방 관리, 시설 및 설비의 안전관리, 시설 이용자의 사고예방 관리 등이 포함된다.

6) 위생관리영역 파악

체육시설의 위생관리영역은 급탕·급수시설, 배수·통기설비 등이 포함된다. 급탕·급수설비의 점검 및 관리를 위해서는 급탕·급수설비 관리계획을 수립한다.

급탕에 대한 관리는 온수조를 점검하고 보존하며, 온수조를 점검할 때에는 직접 수조에 들어가 점검하기 때문에 안전에 유의해야 하므로 압력계와 온도계부터 점검해야 한다. 온수조 설비관리의 핵심은 온수가 적당한 온도를 유지하는 것이므로 온수의 온도 유지를 점검하고 관리한다. 아울러 온수배관을 점검하고 보존한다.

급수설비의 점검과 관리는 저수탱크의 점검과 조치, 수질의 측정관리 등이 이루어져야 하며 수도관을 통해 적절한 압력으로 적정한 양의 수도가 공급이 되는지를 확인한다. 또한 급수설비의 위생을 위해 설비의 오염 상태를 점검하며 오수, 쥐, 해충 등에 대한 방제도 실시한다. 급탕·급수의 배수설비뿐만 아니라 소변기, 양변기, 주방 배수관, 배수본관, 옥상배수, 설비배수 등도 점검하고 이상이 있을 경우 조치해야 한다. 또 트랩 점검에서는 트랩봉수가 파괴되었는지를 확인하고 문제가 발견될 경우에는 원인별로 조치한다. 통기설비도 통기관 내부의 청결 상태, 통기관 개부부의 폐쇄 여부, 통기관의 습기 여부, 배수관과 통기관 연결부위의 접합 여부를 점검해야 한다. 이밖에 화장실 및 오물처리 설비기구도 위생관리영역에 포함된다. 소변기, 양변기 등 화장실 관련 설비의 이상 여부를 점검하여 조치하며 정화조를 점검하고 위생관리 업무와 연관하여 조치한다.

이와 같은 시설 및 설비의 정기위생검사와 결과는 문서로 작성하여 보존해야 한다. 위생검사 결과, 결함 혹은 결함 징후 시에는 신속한 조치가 필요하며 위생사항을 이용자에게 주지시켜야 한다. 또 위생담당 직원을 배치하여 위생설비에 대한 사전조치와 사후관리가 효율적으로 이루어지도록 해야 한다.

제3장 보안관리[15]

I. 시설물 점검 및 정비

체육시설물의 경우, 일반시설물과 마찬가지로 '시설물의 안전 및 유지관리에 관한 특별법'에 따라 시설물의 기능과 안전을 유지하고 재해를 예방할 목적으로 안전점검을 실시해야 한다. 시설물의 안전점검에는 정기점검, 정밀점검, 정밀안전진단 등이 있다.

1. 정기점검

정기점검은 시설물의 현 상태를 정확히 파악하고 최초 또는 이전에 기록된 상태로부터의 변화를 확인하며 구조물이 현재의 사용요건을 계속 만족시키고 있는지를 확인하는 점검이다. 정기점검은 시설물의 준공일 또는 사용승인일(임시사용 포함)로부터 반기에 1회 이상 실시해야 하지만 정밀점검, 긴급점검 및 정밀안전진단의 실시기간과 중복되는 경우에는 생략할 수 있다. 다만, 공동주택의 경우에는 주택법 시행령 제65조에 따른 안전점검으로 대체할 수 있다.

2. 정밀점검

해당 시설물의 안전 등급에 따라 표IV-13에 나타난 실시주기에 의해 정기적으로 정밀점검을 실시 완료해야 한다. 건축물에는 그 건축물의 부대시설인 옹벽과 절토사면을 포함

---

15) 보안관리는 국가직무능력표준(2018), 12. 이용숙박여행오락스포츠, 04. 스포츠, 체육시설건축 28~52면, 66~69면의 내용을 통해서 편집된 자료임.

하며, 항만시설물 중 썰물시 바닷물에 항상 잠겨 있는 부분은 4년에 1회 이상 정밀점검을 해야 한다. 최초로 실시하는 정밀점검은 시설물의 준공일 또는 사용승인일(임시사용승인 포함)을 기준으로 3년 이내(건축물은 4년 이내)에 실시해야 하며, 정밀점검 또는 정밀안전진 단을 받은 경우라면 그날(완료일)을 기준으로 정밀점검의 실시주기를 정한다. 또한 정밀안 전진단 실시기간과 중복되는 경우에는 생략할 수 있다.

표Ⅳ-13 시설물 정밀점검

안전등급	정밀점검	
	건축물	그 외 시설물
A 등급	4년에 1회 이상	3년에 1회 이상
B·C 등급	3년에 1회 이상	2년에 1회 이상
D·E 등급	2년에 1회 이상	1년에 1회 이상

3. 정밀안전진단

정밀안전진단은 정기점검 과정을 통해서는 쉽게 발견하지 못하는 결함 부위를 발견하기 위해 행해지는 정밀한 근접점검이다. 정밀안전진단에서는 노후화, 손상 정도에 따라 구조물의 성능이나 잔존 수명을 평가하기 위한 안정성 평가가 포함되어야 한다.

정밀안전진단은 '시설물의 안전 및 유지관리에 관한 특별법' 제9조에 따른 1종시설물(공동주택 및 폐기물 매립시설은 제외)에 대해 준공일 또는 사용승인일(임시사용 포함)을 기준으로 산정하여 10년이 지난 때부터 1년 이내에 실시 완료해야 한다. 그 다음의 정밀안전진단은 전 회의 정밀안전진단 완료일을 기준으로 하여 해당 시설물의 안전등급에 따라 표Ⅳ-14에 나타난 실시주기에 따라서 정기적으로 실시 완료해야 한다. 다만, 시설물의

표Ⅳ-14 시설물 정밀안전진단

안전등급	정밀점검	
A 등급	4년에 1회 이상	3년에 1회 이상
B·C 등급	3년에 1회 이상	2년에 1회 이상
D·E 등급	2년에 1회 이상	1년에 1회 이상

특성상 정밀안전진단이 1년 이상 소요되는 시설물은 국토교통부장관과 협의하여 실시 완료해야 한다. 그리고 안전점검을 실시한 결과, 시설물의 재해 및 재난 예방과 안전성 확보 등을 위해 필요한 경우에는 정밀안전진단을 실시해야 한다.

II. 시설물 점검 및 정비 관련 근무요령

1. 안전점검

체육시설물의 안전점검을 통해 시설물의 상태를 파악함으로써 시설물에 대한 이해 및 위험요소를 사전에 예방, 대처할 수 있다. 체육시설물의 안전점검은 안전점검계획에 따라 일일, 주간, 월간 등으로 점검계획이 수립되어야 한다.

2. 시설물 유지보수

체육시설물을 최적의 상태로 유지하기 위해 정기적인 점검을 실시하여 유지·관리해야 한다. 정기적인 점검을 통해 기계적인 이상 발생을 최대한 억제해야 하며, 이상 발생의 징후를 사전에 발견하고 보수 작업을 시행함으로써 이용자가 시설물을 이용하는데 불편함이 없도록 해야 한다.

3. 장비 이력관리

체육시설물의 안전한 유지를 위해 정기적으로 점검, 교체, 보수 작업을 실시해야 하는데, 그 과정 및 결과 등을 장비 이력관리를 통해 운영함으로써 시설 및 장비의 기계적 수명을 연장할 수 있도록 한다.

4. 작업 인원 및 안전대책

체육시설에서의 모든 안전관리 활동은 원칙적으로 2인 작업을 기준으로 하며, 작업에 대한 내용을 사전에 숙지하도록 하여 안전사고에 대해 미리 공지하고 미연에 사고를 예방하도록 해야 한다.

5. 비상상황

체육시설 내에서의 비상상황이 발생할 때, 현장 상황에 대한 파악을 신속하고 정확하게 하여 비상연락망 가동 및 조치를 취한다.

Ⅲ. 체육시설 운용 매뉴얼 작성

체육시설 내에서의 모든 시설 및 설비에는 해당 시설 및 설비에 대한 운용 매뉴얼이 마련되어야 한다. 운용 매뉴얼에는 해당 체육시설의 운용 목적을 명확히 해야 하며, 해당 체육시설 운용에 대한 구성 인원이 작성되어야 한다. 표Ⅳ-15는 체육시설물 운용에 대한 구성 인원을 구성하는 예를 나타낸 것이다.

표Ⅳ-15 체육시설물 운용 인원 구성(예)

직급	인원	근무 형태
관리소장	1명	일근직
관리과장	1명	일근직
시설반장	전기 1명, 기계 1명, 영선 1명, 반장	일근 1명, 2명 당직
시설기사	전기 2명, 기계 2명, 기사	3교대(전기기계 2명 : 야간)

체육시설 및 설비 운용 매뉴얼에는 운용 인원의 구성과 함께 이들에 대한 근무시간 및 근무방법 등을 작성하여 근무 형태에 따른 근무방법을 명확히 해야 한다. 표Ⅳ-16은 체육시설물 운용과 관련하여 근무 형태에 따른 근무시간의 예를 나타낸 것이다. 이밖에도 체육시설 및 설비 운용 매뉴얼에는 설비 현황, 각 시설별 운용 방법, 소방·전기시설물 운용, 시설물별 현장 대응방안, 정전 시 대처요령 등의 매뉴얼이 작성되어야 한다.

표IV-16 체육시설물 운용 관련 근무시간(예)

근무 형태	근무시간
일근직	09:00~18:00
당직 근무	09:00~익일 09:00

표IV-17 체육시설물 운용 관련 일일근무편성표(예)

시간	근무 내용	비고
09:00 ~ 09:30	업무 인수인계 및 아침조회	
09:30 ~ 10:00	전시장 순찰	민원 처리 및 작업 병행
10:00 ~ 11:00	A동 시설물 점검 및 수변전실 검침	
11:00 ~ 11:30	전시장 순찰	
11:30 ~ 12:00	수변전실 검침 및 오전 업무보고	
12:00 ~ 13:00	중식시간	
13:00 ~ 13:30	오후 업무계획 및 준비	
13:30 ~ 14:00	전시장 순찰	계획 업무 및 민원 처리 병행
14:00 ~ 15:00	B동 각 시설물 점검 및 수변전실 검침	
15:00 ~ 15:30	전시장 순찰	
15:30 ~ 16:00	수변전실 검침	
16:00 ~ 17:00	전시장 순찰 및 자재 정리	
17:00 ~ 18:00	공기구 정리 및 일지 정리	
18:00 ~ 19:30	수변전실 검침 및 석식	
19:30 ~ 21:00	수변전실검침, 시설물, 장비류 순찰점검	

IV. 체육시설의 고객 안전과 시설물 운용

체육시설 내에 입장한 고객 및 관련 인원의 안전을 위한 시설물 등의 운용에 관한 점검표도 고객의 안전 확보를 위해 필요한 사항이다. 고객 안전을 위한 시설물 안전점검표는 수송 안전점검표, 관중이동 안전점검표, 범죄예방 점검표, 재해 및 테러예방 점검표 등이 있다.

1. 수송 안전점검표

관중 및 기타 체육시설 내 인원들의 수송과 관련된 안전점검사항은 차량 및 운전기사와 관련되어 있다. 주로 차량의 점검 상태와 운전기사의 기본적 안전소양 및 교육 여부와 관련된 내용으로 점검이 이루어진다. 표Ⅳ-18은 수송 안전점검표의 예이다.

표Ⅳ-18 수송 안전점검표

수송 관련 안전점검표		
1 수송 차량은 정기적인 서비스를 받는가	Y	N
2 브레이크 상태는 좋은가	Y	N
3 운전사는 적절하게 교육되고 있는가	Y	N
4 운전사는 기본적인 자동차 안전 법규를 준수하는가	Y	N
5 운전사가 올바른 자격을 취득했는지, 심각한 교통법규 위반 경험이 있는지를 확인했는가	Y	N

출처 : GIL FRIED & ASSOCIATES, LLC, Bringing risk management into the 21st century. [Online].
Availavle: http://www.gilfried.com, 2004

2. 관중이동 안전점검표

체육시설의 관중 및 기타 인원들의 이동과 관련된 안전점검표 작성도 관중의 안전 및 보안을 위해 매우 중요한 사항이다. 관중이동과 관련된 안전점검표에는 관중 및 기타 인원들을 통제할 수 있는 안내원 및 안전요원의 관련 교육 이수에 대한 확인 및 기본능력에 대한 확인이 포함된다. 또 체육시설에서의 이벤트가 실시되는 전 과정에서 관중에 대한 안전요소들의 확인사항이 중요한 점검 내용이 된다.

그 밖에 비상상황 발생 시의 대피계획, 대피경로, 대피 통제 등에 대한 점검사항이 확인되어야 하며 장애인 등에 대한 안전계획도 반드시 검토되어야 한다. 아울러 관객의 동선을 탐지하기 위한 지휘본부의 설치 여부와 이벤트 종료 후 안전계획에 대한 평가 분석을 위한 안전통합회의의 실시 여부도 안전점검표의 확인사항이다. 표Ⅳ-19는 관중이동 관련 안전점검표의 예이다.

표Ⅳ-19 관중이동 안전점검표

관중이동 관련 안전점검표			
1	안내원과 안전요원을 위한 교육이 제공되었는가	Y	N
2	개개인이 안전관련 교육을 받았다는 것을 문서로 증명해 주는가	Y	N
3	관리감독자는 부하 직원을 지휘하고 교육시키기 위한 적절한 교육을 받았는지를 확인하기 위해 스스로 추가교육을 받았는가	Y	N
4	관객의 안전 업무를 수행하는 사람은 미아 방송에 대한 교육을 받았는가	Y	N
5	관객의 안전 업무를 수행하는 사람은 수상한 행동을 식별할 수 있는가	Y	N
6	체육 이벤트가 시작되기 전에 관객의 안전에 대해 점검하는가	Y	N
7	체육 이벤트가 종료된 후에 관객의 안전에 대해 점검하는가	Y	N
8	비상대피계획이 있는가	Y	N
9	비상대피계획을 연습하는가	Y	N
10	비상사태 시 방송에 사용될 대본이 구비되어 있는가	Y	N
11	장애인을 위한 편의시설이 준비되어 있는가	Y	N
12	체육 이벤트 전, 중, 후에 걸쳐 통로를 정기적으로 점검하는가	Y	N
13	관객의 이동을 통제할 수 있는가	Y	N
14	관객의 동선을 탐지하기 위한 지휘본부가 있는가	Y	N
15	사고 위험성이 있는 물건을 소지한 관객에 대해서 통제를 하고 있는가	Y	N
16	체육 이벤트가 종료된 후 의료진, 경찰 등이 참석하는 안전통합회의를 소집하는가	Y	N

출처 : GIL FRIED & ASSOCIATES, LLC, Bringing risk management into the 21st century. [Online].
Availavle: http://www.gilfried.com, 2004

3. 범죄예방 안전점검표

체육시설에서의 이벤트 과정에서 일어날 수 있는 범죄를 예방하기 위한 점검도 필수적인 사항이다. 주로 안전요원의 직무 능력과 범죄행위의 포착 시설, 경찰과의 협력 여부, 안전요원의 효율적 배치 방법, 보안설비, 범죄행위에 대한 대응체계 등이 범죄예방 관련 안전점검표에 포함될 사항이다. 표Ⅳ-20은 체육시설에서의 이벤트 행사 시 범죄예방과 관련된 점검표의 예이다.

표IV-20 범죄예방 안전점검표

범죄예방 관련 안전점검표			
1	안전요원의 직무 수행능력을 분석하고 평가하는가	Y	N
2	공공장소의 범죄 행동에 대한 비디오 자료를 확보하고 있는가	Y	N
3	체육시설로 입장하는 관객의 행동에 대한 비디오 자료를 확보하고 있는가	Y	N
4	정기적으로 지역 범죄의 통계를 조사하는가	Y	N
5	범죄 예방을 위해 지방자치단체 또는 경찰 등과 협력하고 있는가	Y	N
6	사복 차림의 안전요원을 배치시키는가	Y	N
7	제복 차림의 안전요원을 배치시키는가	Y	N
8	모든 장소에 조명이 설치되어 있는가	Y	N
9	직원들에게 ID카드가 지급되는가	Y	N
10	중요 지역 또는 공간에 대한 통제가 이루어지고 있는가	Y	N
11	경고문이 적절히 설치되어 있는가	Y	N
12	관객들이 범죄행위를 식별하고 보고할 수 있는 체계가 있는가	Y	N

출처 : GIL FRIED & ASSOCIATES, LLC, Bringing risk management into the 21st century. [Online].
Availavle: http://www.gilfried.com, 2004

4. 재해 및 테러예방 안전점검표

체육시설에서의 재해 및 테러를 예방하기 위한 점검표에는 재해 및 테러 위험 시 관중에게 안내할 수 있는 시스템의 구비 여부, 테러 가능성을 예측하기 위한 협의체 운영, 재해 및 테러 대비훈련 및 대응 매뉴얼, 관련 관리자의 대처능력 및 대응시스템, 보안체제, 입장 관객 탐지, 관련 기록관리 여부 등의 내용이 확인되어야 한다. 표IV-21은 재해 및 테러예방과 관련된 점검표의 예이다.

V. 시설물의 규격

스포츠 시설의 시설물 규격은 시설물의 품질, 모양, 크기, 성능 등을 말한다. 스포츠 시설의 시설물 규격은 스포츠 분야별로 상이하므로 스포츠 시설 특성에 따라 안전그물망,

안전펜스 등 각 종목에 맞는 규격을 스포츠 종목 단체를 통해 규정되고 안내되어야 한다.

1. 도면의 이해

체육시설과 관련된 도면은 건축적 완성을 위한 다양한 작업 단계를 매개해 주는 수단이다. 또한 건축 설계자의 의도와 정신, 그리고 문화적 여건을 드러내 보여 주는 수단이며 건축가의 정신을 읽을 수 있고 건축물을 시공하기 위한 수단으로 사용된다.

시설물에 대한 도면은 실제적인 건축물이 구축되기 이전에 많은 관련자들 사이에 의사소통을 가능하게 하는 수단일 뿐만 아니라 사실상 건축에 있어서 커뮤니케이션을 가능하게 하는 수단이라고 할 수 있다. 도면에서 가장 중요한 문제는 건축물을 표현하는데 3차원적인 형태와 공간을 어떻게 2차원적인 평면으로 옮겨 내는가 하는 점이다. 따라서 2차원적 도면시스템을 통해 형태를 디자인하고 의사소통을 할 수 있도록 하는 능력은 건축가가 갖추어야 하는 가장 중요한 능력에 해당된다고 할 수 있다.

표IV-21 재해 및 테러예방 안전점검표

	재해 및 테러예방 관련 안전점검표		
1	테러 위험 시, 장내 아나운서가 방송하기 위한 대본이 준비되어 있는가	Y	N
2	테러 가능성에 대한 논의를 위해 지방자치단체 또는 법조계 사람들과 정기적으로 협의를 하는가	Y	N
3	재해에 대비하여 모의훈련을 정기적으로 진행하는가	Y	N
4	테러에 대비하여 모의훈련을 정기적으로 진행하는가	Y	N
5	재해나 테러 발생에 대한 대처 매뉴얼을 직원들이 숙지하고 있는가	Y	N
6	재해나 테러 발생에 대한 대처 매뉴얼을 지역 공무원이 숙지하고 있는가	Y	N
7	예비 발전기, 통풍 시스템 등의 활용방안이 준비되어 있는가	Y	N
8	무전기, 무선전화 등의 시스템이 가능한가	Y	N
9	의심스러운 행동을 적발하기 위한 직원이 배치되어 있는가	Y	N
10	체육시설 입장하기 전에 관객의 소지품 검사가 이루어지는가	Y	N
11	안전요원의 몸수색에 대한 교육이 이루어지는가	Y	N
12	사고 및 안전 관련 기록을 보유하고 관리하고 있는가	Y	N

출처 : GIL FRIED & ASSOCIATES, LLC, Bringing risk management into the 21st century. [Online]. Availavle: http://www.gilfried.com, 2004

2. 도면의 종류

1) 기본도면

건축물을 나타내는 기본도면은 배치도, 평면도, 바닥평면도, 입면도, 천정도, 단면도, 투시도, 전개도, 조명계획도 등이 해당된다.

2) 실시도면

건축을 위한 실시도면에는 단면도, 상세도, 창호도, 가구 상세도, 조명상세도 등이 있다.

3) 기타

그 밖에 건축물을 나타내는 도면에는 목차, 재료 마감도, 집기 상세도, 전기배선도, 설계도, 출입구 상세도, 계단 상세도, 기타 상세도 등의 도면이 있다.

3. 도면에 따른 상세 내용

1) 배치도

체육시설의 건축물 배치도는 주요 건물의 면적과 위치뿐만 아니라 경기장이나 좌석의 위치와 배치 등을 상세하게 나타내는 도면이다. 그림Ⅳ-3은 체육시설 배치도의 예를 보여주고 있다.

2) 대지 종·횡 단면도

대지 종·횡 단면도는 전체 건물 및 대지와의 연관 형태를 가로, 세로 절취 방향으로 단면을 보여줌으로써 건물 높이 제한에 따른 저축 여부, 주변 대지와의 연결 상태, 각 지점의 레벨 등을 표현하는 도면에 해당된다. 그림Ⅳ-4는 대치 종·횡 단면도의 예이다.

3) 평면도

평면도는 건물 등의 구조적 배치를 수평으로 절단하여 보여 주는 도면이다. 건물의 평면도는 건물의 각 층을 일정한 높이의 수평면에서 절단한 면을 수평으로 투시한 도면을 일컫는다.

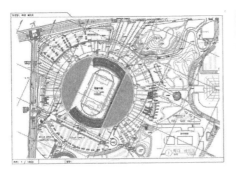

그림Ⅳ-4 체육시설 배치도

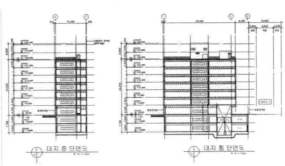

그림Ⅳ-5 대지 종·횡 단면도

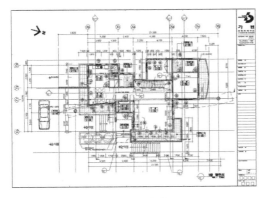

그림Ⅳ-6 평면도

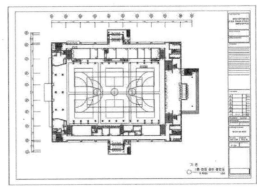

그림Ⅳ-7 바닥 평면도

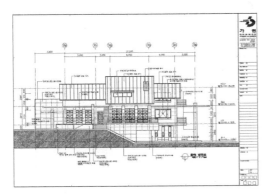

그림Ⅳ-8 입면도

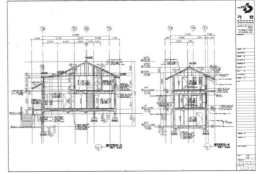

그림Ⅳ-9 단면도

평면도에는 출입구, 창 등의 위치와 각 층의 배치 등이 나타나며, 실내의 가구나 기계 등의 평면적 크기나 위치 등을 표시하기도 한다. 평면도의 축척은 보통 1/50, 1/100, 1/200 등이 있으며, 축척이 1/50 이상의 평면도에는 개구부, 기둥, 벽 등이 정확하게 표시된다. 그림Ⅳ-5는 평면도의 예이다.

4) 바닥 평면도

바닥 평면도는 건물 등의 바닥 구조를 나타낸 도면으로, 건물을 수평 방향으로 절단하여 바로 위에서 내려다 본 것과 같은 그림이다. 그림Ⅳ-6은 바닥 평면도의 예이다.

5) 입면도

입면도란 건축물의 형태를 수직면에서 투영한 도면을 말한다. 즉, 건물을 정면에서 본 그대로를 투영한 도면으로, 정면을 나타낸 정면도와 뒷면을 나타낸 배면도, 옆면을 나타낸 측면도 등이 있다. 그림Ⅳ-7은 입면도를 나타낸 것이다.

6) 단면도

단면도는 건물을 가상으로 절단하고 그 단면을 투영해 내부의 상세도를 보여 주는 도면이다. 그림Ⅳ-9는 단면도의 예이다.

Ⅵ. 공간 관리하기

체육시설에서는 유휴공간이나 가변공간, 확장공간 등을 활용하여 유용한 공간을 확보할 수 있다. 유휴공간은 가변 벽체를 사용하여 공간을 활용할 수 있으며 확장공간을 확보하여 시설의 효율적 활용을 도모할 수 있다.

1. 유휴공간

1) 유휴공간의 정의

유휴공간이란 사전적 의미는 '쓰지 않고 놀림'을 의미하는 유휴와 '빈 곳, 빈자리, 어떤 일이 일어나지 않는 자리'를 의미하는 공간의 합성어이다. 현재 본연의 역할을 제대로 수행하고 있지 못한 모든 공간에 대한 포괄적 의미를 갖는다.

2) 유휴공간의 원인

유휴공간은 여러 가지 원인에 의해 형성된다. 일반적인 의미를 가지는 유휴공간은 스포츠 시설물을 처음 설계할 당시부터 사용 의미가 부여되지 않은 공간이거나 사용자에 의해 그 사용 의미가 사라진 공간의 경우 등에 원인이 있다.

대부분의 경우, 사용자들이 그 목적에 맞게 이용하지 않게 된 공간들도 유휴공간이 되지만 설계자가 설계할 당시 의도치 않은 공간이 형성되어 유휴공간이 되기도 한다. 또 설계자가 설계할 당시의 원인으로 이용을 목적으로 하지 않은 공간이 생기기도 하며, 사용자들이 적절히 이용하지 않아 유효공간이 빈 공간으로 방치되거나 짐을 적재해 두는 공간으로 변모되는 경우도 있다.

3) 유휴공간의 활용 의의

방치된 유휴공간은 제대로 관리되지 않으면 미관을 해치는 원인이 될 뿐만 아니라 위생상의 문제를 야기할 수도 있다. 그리고 유휴공간에서 발생되는 쓰레기 처리 및 환경 정비 등을 위해 부득이한 비용이 발생할 수밖에 없다.

따라서 유휴공간의 관리를 위해 감당해야 할 비용이 커짐에 따라 유휴공간을 활용하여 환경을 개선시키는 방법에 대한 검토가 이루어지고 있는데, 보다 적극적이고 근본적인 해결 방안이 꾸준히 제시되어야 한다.

2. 가변공간

1) 가변공간의 정의

가변성이란 형태의 손상 없이 변화시킬 수 있는 능력을 말한다. 그리고 건축물에서의 가변공간이란 형태의 손상 없이 재조정이나 변경, 보수가 가능한 공간을 말한다. 따라서 가변공간에서는 이용자의 이용 패턴에 따라 공간을 변화시킬 수 있다. 또 사용자의 개성을 나타낼 수 있는 공간이며 구성을 자유롭게 꾸밀 수 있는 공간이기도 하다. 즉, 보수나 변경, 재조정 등이 가능한 공간을 일컫는다.

2) 가변공간 사용방법

스포츠 시설에서의 가변공간 사용은 시설이용자의 인원수나 사용 목적에 따른 분류에 있어서 가변공간을 활용하여 공간의 활용성을 높이는 데 있다. 가변공간을 재단하기 위하여 파티션이나 각종 문 등을 활용할 수 있다.

(1) 무버블 파티션

무버블 파티션은 천장에 레일을 달고 파티션 상부 쪽에 롤러를 설치하여 이동시키는 방법이다. 공간의 연결과 분리는 맨 끝에 있는 파티션의 작동부를 이용하여 바닥과의 고정지지물을 들어 올리거나 내려서 이동하거나 고정시켜 사용한다.

(2) 슬라이딩 파티션

슬라이딩 파티션은 슬라이딩 도어의 형태와 비슷하다. 슬라이딩 파티션은 상부의 레일을 천장에 고정하여 사용하는 것이 특징이다. 공간 사이의 칸막이 역할을 하다가 열었을 때에 프레임이 없어 공간 간의 자연스러운 연결을 할 수 있다는 장점이 있다.

(3) 미서기 문

미서기 문을 활용하는 방법은 각 개별실의 칸막이벽을 미서기 문으로 설치한 뒤, 필요시에 미서기 문을 문틀에서 분리하여 별도로 보관하는 것이다. 다만, 미서기 문은 이동과 수납이 불편하고 잦은 사용 시 고장이 나기 쉬우며, 문으로 공간을 구획함에 따라 문틀이 공간의 완전한 연결을 방해하게 된다는 단점이 있다.

(4) 접이문

접이문은 각 개별실의 칸막이벽에 프레임을 설치하고 접이문을 설치하여 공간을 연결하는 형태이다. 접이문은 문의 폭이 넓을 경우에 문이 처지게 되고 넓은 공간의 연결에는

그림Ⅳ-10 파티션 활용(사례)

그림Ⅳ-11 가변공간 활용(사례)

적합하지 않다는 단점이 있다. 또 문을 열어 두었을 때 접이문이 공간을 차지하게 되므로 공간의 손실을 가져온다는 특징을 갖는다.

(5) 고정형 파티션

고정형 파티션은 미서기 문과 유사한 형태이지만 문이 아닌 파티션으로 칸막이벽을 구성하는 형태이다. 고정형 파티션은 파티션의 단면부를 물리게 계획하여 청각적·시각적 분리의 정도를 높일 수 있지만 이동과 수납이 불편하며 잦은 사용 시 고장이 나기 쉽다는 단점이 있다.

3. 확장공간

확장공간이란 어떤 추가적인 건축이나 임대 없이 사업을 확장할 수 있는, 현재 사용 가능한 인접한 공간을 의미한다. 규모가 작은 사업은 5~7%의 확장공간이 요구되고 규모가 큰 사업은 2~3%의 확장공간이 요구된다. 확장공간에 새로운 행사나 프로그램이 계획되기 위해서는 유사 사례와 향후 확장공간의 효율성 등 다양한 요소가 고려된 공간의 계획 수립이 요구된다.

4. 확장공간 활용 위한 공간 확보

확장공간을 활용하기 위해서는 먼저 확장공간으로 활용할 공간을 파악해야 한다. 그림 Ⅳ-12는 유휴공간을 파악하여 공간을 확장한 예를 보여 주고 있다. 그림에 나타난 바와 같이 먼저 창고 공간을 활용할 수 있는지를 파악하고 물품, 집기, 비품실의 공간도 파악한다. 그 외에 공간을 활용할 수 있는 곳이 있는지를 파악한다. 다음으로 파악된 공간 중 활용할 공간을 선정하고 선정된 공간을 확보하고 유용한 공간으로 활용한다.

그림Ⅳ-12 공간 확장(예)

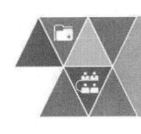

V 체육시설 환경관리

제1장 환경관리[16]

I. 수선 정비계획 수립

수선계획은 체육시설물의 각 부분별로 수선에 대한 점검 조사 또는 수리에 대한 내용을 시간의 순서에 따라 정리하여 나타낸 것이다. 수리 및 보수 기간에 따라 연간, 중기, 장기, 특별 등으로 분류된다.

1. 장기수선계획

장기수선이란 체육시설물의 계획 또는 수선주기가 장기적으로 기록된 것을 의미한다. 장기수선계획은 상대적으로 전문적인 기술지식을 필요로 하며 건물의 관리지침을 수립할 때 참고자료로 유용하게 사용된다.

2. 특별수선계획

특별수선은 갑작스러운 상황 변화 또는 사고 발생으로 인해 계획에 없었던 보수를 시행했음을 뜻한다. 따라서 공사 규모가 대규모일 가능성이 높고 일반적인 수선계획과 달리 자금계획, 공사 방법, 기간, 발주 형태 등을 고려해야 한다.

---

16) 환경관리는 국가직무능력표준(2018), 12. 이용숙박여행오락스포츠, 04. 스포츠, 체육시설물 환경관리 스포츠시설물 운용관리 31~69면의 내용을 통해서 편집된 자료임.

표 V-1 장기수선계획표

공사종별	수선금액 (원)	수선 방법	수선주기 (연)	수선율 (%)	연간 추정 수선공사비(원)
건물 외부	571,593,700	부분·전면수리	5~30	10~100	34,506,247
건물 내부	62,471,350	부분·전면수리	5~30	5~100	6,941,241
전기, 소방 및 승강기설비	2,237,578,435	교체	5~30	10~100	149,171,856
급수, 위생, 가스 및 환기설비	420,300,000	교체	5~20	10~100	46,700,000
난방 및 급탕설비	4,947,000	부분·전면수리	5~20	5~100	549,667
옥외 부대시설	994,524,690	부분·전면수리	3~20	5~100	66,301,246
합계	4,291,415,175				304,170,257

3. 체육시설 운영 현황 파악

체육시설 운영에 대한 현황을 파악함으로써 시설에 필요한 근본적인 부분에 대한 검토와 분석, 그리고 개선해야 할 요소에 대한 가이드라인을 제공받을 수 있다. 그리고 체육시설 운영 현황에 대한 분석은 시설의 잠재적인 문제점을 부각시키고 그 문제점을 해결하기 위한 수행 방안을 제시해 준다. 체육시설 운영 현황을 파악하기 위해서는 다음과 같은 절차에 따라 진행한다.

(1) 시설 운영진에 따른 감사 우선순위 설정

(2) 운영 현황 파악(감사) 일정 구성

(3) 운영 현황 파악에 대한 목적, 자료 수집방법, 범위 설정의 타당성 제시

(4) 운영 현황 파악(감사)팀 구성

(5) 운영 현황 파악을 위한 세부적인 요인 정의 및 업무의 세부사항 결정

(6) 운영 현황에 대해 실질적인 조사 및 실제적 감사 실시

(7) 운영 현황 파악 후 보고서 작성

(8) 보고서를 바탕으로 재검토 과정을 거친 후 향후 개선계획 협의

II. 체육시설물 환경관리 요인

1. 대기관리

대기오염으로 인한 국민 건강이나 환경에 관한 위해를 예방하고, 나아가 대기환경을 적정하고 지속 가능하게 관리·보전하여 모든 국민이 건강하고 쾌적한 환경에서 생활할 수 있도록 하기 위해 대기환경보전법이 시행되고 있다. 대기환경보존법에서는 대기오염물질을 배출할 가능성이 있는 사업장에 대해 표V-2에 나타난 바와 같이 사업시행 전 과정에 걸쳐 대기배출시설을 설치하고 신고나 허가를 받도록 규정하고 있다.

2. 수질관리

수질관리란 정수 처리를 할 때 각 단계마다 수질을 측정하여 기준에 적합하도록 관리하는 것을 의미한다. 우리나라에서는 '수질 및 수생태계 보존에 관한 법률'과 하수도법, 지하수법 등을 통해 수질에 대해 엄격하게 규제·관리하고 있다. 표V-3은 수질오염과 관련하여 법적으로 규정된 인허가 목록이다.

3. 폐기물관리

우리나라는 폐기물을 적정하게 처리하여 자연환경 및 생활환경을 청결히 하고 재활용함으로써 환경 보전과 국민생활의 질적 향상에 이바지하기 위해 폐기물관리법을 시행하고 있다. 여기서 폐기물은 생활폐기물과 사업장폐기물로 구분되는데, 사업장폐기물은 법령에 의해 배출시설을 설치·운영하는 사업장이나 그 밖에 대통령령으로 정하는 사업장에서 발생하는 폐기물을 말한다.

폐기물의 처리란 폐기물의 수집, 운반, 보관, 재활용, 처분 등을 의미한다. 여기서 폐기물의 처분은 폐기물의 소각, 중화, 파쇄, 고형화 등의 중간처분, 그리고 매립하거나 해역으로 배출하는 등의 최종처분을 가리킨다. 재활용이란 폐기물을 재사용, 재생하거나 재사용 또는 재생할 수 있게 하는 것, 그리고 폐기물로부터 에너지를 회수 또는 회수 가능한 상태로 만들거나 폐기물을 연료로 사용하는 활동을 말한다.

표 V-2 대기오염에 관한 인허가 목록

	명칭	시기	제출처	근거
대기질	비산먼지발생 사업신고서	사업시행 전 (건설공사 착공 전)	시·도지사	대기환경보전법(제43조)
	대기배출시설설치 허가 또는 신고	설치 전	시·군·구청 환경보호과	대기환경보전법(제23조)
	대기배출시설 가동개시신고	설치완료 후	시·도지사	대기환경보전법(제30조)
	대기배출시설 운영기록부	대기배출시설 운영시	현장	대기환경보전법(제31조)
	자가측정결과 기록 보존	가동 시	현장	대기환경보전법(제39조)

표 V-3 수질오염에 관한 인허가 목록

	명칭	시기	제출처	근거	비고
수질	폐수배출시설설치 허가 또는 신고	사업 시행 전	시·군·구청	수질 및 수생태계보전에 관한 법률(제33조)	7년 이하 징역 또는 5천만 원 이하 벌금
	폐수배출시설 가동개시신고	가동 개시 전	시·도지사	수질 및 수생태계보전에 관한 법률(제37조)	1년 이하 징역 또는 1천만 원 이하 벌금
	오수정화시설 설치신고	설치 전	시·군·구청	하수도법(제34조)	
	오수정화시설 준공검사 신청	설치 완료 후	시·군·구청	하수도법(제37조)	
	지하수개발이용 허가 신청	사업 시행 전	시장 군수	지하수법(제7~8조)	3년 이하 징역 또는 2천만 원 이하 벌금
	폐수배출시설 운영일지	가동 시	현장	수질 및 수생태계보전에 관한 법률(제33조)	
	비점오염원 설치 신고	사업 승인 후 30일 이내	관할 환경청	수질 및 수생태계보전에 관한 법률(제53조)	

폐기물 처리시설로는 폐기물의 중간처분시설, 최종처분시설 및 재활용시설 등이 있다. 그리고 폐기물 감량화시설은 생산 공정에서 발생하는 폐기물의 양을 줄이고 사업장 내

재활용을 통해 폐기물 배출을 최소화하는 시설이다. 이 역시 중간처분시설, 최종처분시설 및 재활용시설과 함께 대통령령으로 정하고 있다. 표Ⅴ-4는 폐기물 처리에 관한 인허가 목록을 나타낸 것이다.

표Ⅴ-4 폐기물 처리에 관한 인허가 목록

	명칭	시기	제출처	근거	비고
폐기물	사업장폐기물 배출자신고	사업 개시일 또는 폐기물 배출일 1개월 전	시·군·구청	폐기물관리법(제17조)	2년 이하 징역 또는 1천만 원 이하 벌금
	건설폐기물처리 계획서	착공일까지	시·군·구청	건설폐기물재활용촉진에 관한 법률(제17조)	1천만 원 이하 과태료
	건설폐기물 간이인계서	인계시	운반자	건설폐기물재활용촉진에 관한 법률(제18조)	3년 이하 징역 또는 2천만 원 이하 벌금
	폐기물처리시설 설치신고, 건설폐기물 처리시설 승인신청서	설치 전	시·도지사	폐기물관리법(제29조) 건설폐기물재활용촉진에 관한 법률((제27조)	1천만 원 이하 과태료
	폐기물처리시설 사용개시신고, 건설폐기물처리시설 사용개시신고	사용 개시 10일전	시·도지사	폐기물관리법(제29조) 건설폐기물재활용촉진에 관한 법률(제28조)	1천만 원 이하 과태료
	건설폐기물처리시설 운영관리대장	운영 중	운영자	건설폐기물재활용촉진에 관한 법률(제32조)	1천만 원 이하 과태료
	순환골재생산판매대장	운영 중	운영자	건설폐기물재활용촉진에 관한 법률(제32조)	1천만 원 이하 과태료
	폐기물처리시설 사용종료신고	사용종료일 또는 폐쇄예정일 1개월전	운영자	폐기물관리법(제50조)	1천만 원 이하 과태료
	건설폐기물배출 및 처리실적보고서	배출종료일 15일 이내, 연속인 경우 익년 1월말	시·군·구청	건설폐기물재활용촉진에 관한 법률(제34조)	1천만 원 이하 과태료
	건설폐기물 재활용 실적보고서	준공검사 전	승인권자	건설폐기물재활용촉진에 관한 법률(제40조)	1천만 원 이하 과태료
	사업장폐기물 관리대장, 건설폐기물 관리대장	폐기물 배출자신고 후	현장	폐기물관리법(제36조) 건설폐기물재활용촉진에 관한 법률(제32조)	1천만 원 이하 과태료

4. 소음 및 진동관리

공장이나 건설 현장, 도로, 철도 등에서 발생하는 소음 및 진동으로부터 피해를 방지하고 소음 및 진동을 적정하게 관리·규제함으로써 모든 국민이 조용하고 평온한 환경에서 생활할 수 있도록 제정된 법률이 '소음·진동규제법'(후에 소음·진동관리법으로 명칭 변경)이다. 이 법에서 소음이란 기계, 기구, 시설, 그 밖의 물체의 사용으로 발생하는 강한 소리를 말하며, 진동이란 기계, 기구, 시설, 그 밖의 물체의 사용으로 발생하는 강한 흔들림을 말한다고 규정하고 있다. 그리고 소음·진동 배출시설은 소음·진동을 발생시키는 사업장의 기계, 기구, 시설, 그 밖의 물체로서 환경부령으로 정한 것이고, 소음·진동 배출시설로부터 배출되는 소음·진동을 없애거나 줄이는 시설을 소음·진동 방지시설이라고 정의하고 있다. 또 방음시설은 소음·진동 배출시설이 아닌 물체로부터 발생하는 소음을 없애거나 줄이는 시설을 말하며, 진동을 없애거나 줄이는 시설을 방진시설이라고 한다(동법 제2조). 표 V-5는 동법에서 규정하고 있는 인허가 목록들을 정리한 것이다.

표 V-5 소음·진동 발생에 관한 인허가 목록

	명칭	시기	제출처	근거	비고
소음·진동	특정공사 사전신고	공사 시행 전	시·군·구청	소음·진동관리법 (제22조)	100만 원 이하 과태료
	소음·진동 배출시 설치신고	설치 전	시·군·구청	소음·진동관리법 시행령(제2조)	6개월 이하 징역 또는 200만 원 이하 벌금
	소음·진동배출 시설 가동개시신고	가동 개시 전	시·군·구청	소음·진동관리법 (제3조)	

5. 체육시설물과 환경을 위한 노력

1) 쓰레기 처리

체육시설에서는 이용자들에 의해 엄청난 양의 쓰레기가 발생하고 이 쓰레기는 통상적으로 외부 업체에 의해 처리되는 과정을 거치게 된다. 시설 자체에서 쓰레기 관리인을 고용하지만 이들이 하는 일은 감시 및 외부 업체에 쓰레기를 인계하는 역할에만 국한되는 경우가 많다. 쓰레기 처리는 환경적인 부분에서도 중요하지만 체육시설을 운영하는 비용과도 직결되기 때문에 그 처리공정에서 충분히 심사숙고되어야 한다. 재활용이 가능한 쓰레기에 대해 분리수거 문화를 확립하고, 이용객들의 편의를 위해 악취가 나는 쓰레기는 당일 처리되어야 한다. 또 정부 및 지방자치단체와의 협력을 통해 쓰레기를 효율적이고 효과적으로 처리할 수 있는 방안을 검토해야 한다.

2) 유해물 차단

쓰레기 처리와 함께 고려되어야 할 것이 유해물 차단이다. 유해물에 대한 관리가 미흡하다면 시설을 이용하는 선수나 관람객의 건강을 해칠 수 있고 시설물을 운영하는 조직의 이미지를 나쁘게 만들 수 있기 때문이다. 따라서 설치류, 해충 등의 시설 내 진출을 막기 위해 노력해야 한다.

3) 환경친화적 건물

환경친화적 건물이란 시설 디자인, 설계, 자재 사용에서 환경적인 요소를 고려하여 건물에서 발생하는 에너지 효율성을 극대화하는 것을 말한다. 이를 통해 환경 훼손을 막고 유지 및 보수비용 또한 절감시키는 효과를 거둘 수 있다. 다음의 사례들은 환경친화적 건물로 변화시킬 수 있는 대안들이다.

(1) 옥상의 잔디 및 화단

건물 옥상에 잔디 및 화단을 조성하는 것은 전 세계적으로 활성화되고 있는 환경친화적 건물의 대표적인 사례이다. 옥상에 잔디 및 화단을 설치하면 건물의 단열효과를 높여주고 사람들의 휴식처로 사용될 수도 있다.

(2) 중수도 용수

한번 사용된 물 또는 빗물을 재순환하여 청소, 화장실, 공업용수로 재사용하는 수돗물을 중수라고 하며 이를 처리 및 급수시키는 시설이 중수도이다. 우리나라의 경우, 2000년부터 스키장, 골프장 등의 체육시설에서 중수도시설의 의무화를 발표한 바 있다.

(3) 범죄방지용 건축

범죄방지용 건축(Crime Prerention Through Environmental Design, CPTED)은 최초에 밀폐된 시설 내에서 발생하는 범죄를 방지하기 위해 계획되었다. 건물 내부를 훤히 들여다볼 수 있는 창을 내어 범죄자들이 범죄를 저지르거나 건물 내부에 숨는 것을 막기 위해

그림 V-1 환경친화적 건물(옥상 잔디를 활용한 경기장)　　그림 V-2 환경친화적 건물(범죄방지용 건축)

서였다. 이러한 건물은 채광효과 또한 뛰어나 에너지 소비량을 크게 줄일 수 있어 오늘날 체육시설을 비롯한 공공시설에서 쉽게 찾아 볼 수 있다.

4) 청결 유지 방안

체육시설물의 청결 유지를 위해 다음과 같은 방안을 예로 제시할 수 있다.

○ 체육시설물에서 일일, 일주일, 한 달에 발생하는 쓰레기양에 대한 통계치를 작성한다.

○ 쓰레기 관리자와 미팅을 갖고 쓰레기 분리수거에 대한 임무와 중요성을 숙지시킨다.

○ 쓰레기 처리업체와 함께 쓰레기 처리 절차 및 쓰레기 축소 방안에 대해 토의한다.

○ 정부 및 지방자치단체와 쓰레기 처리 방안에 대해 토의한다.

○ 유해물 차단을 위한 방안을 세운다.

○ 해충을 막기 위한 계획을 세우고 시행한다.

○ 설치류를 비롯한 야생동물의 침입을 막기 위한 외벽 보수계획을 세우고 시행한다.

○ 해충방제 서비스업체와의 계약 체결을 고려한다.

5) 환경친화적 체육시설 실례

독일 SC프라이부르크 축구클럽의 홈경기장인 슈발츠발트 슈타디온(Schwarzwald-Stadion)은 1995년 세계 최초로 축구경기장에 태양광 패널을 설치하고 태양열로 온수를 공급하는 친환경적인 경기장이다. 이 경기장은 축구팬 148명이 100만 마르크(700만 원 정도)를 투자해서 경기장의 3면에 태양광 패널을 설치했다. 여기서 생산되는 전력은 1999년 7만kW, 2002년 9만kW, 2018년 21만kW의 수준으로 필요 전력의 절반에 해당된다. 이렇게 생산한 전력은 선수들이 항상 연습할 수 있도록 잔디를 유지하는데 사용한다. 잔디 유지를 위한 난방장치 설치와 운영에 주로 쓰이는 모터온도조절기는 전기회사인 바데노바에 위탁하여 관리하고 있다.

프라이부르크SC 구장 외부   경기장 입구 발전량 표시

그림 V-3 독일 SC프라이부르크 축구경기장

제2장 위생관리[17]

I. 위생관리의 개념

체육시설의 위생관리란 각종 질병의 매개체가 되는 해충 등의 박멸, 전염병 예방을 위한 방역 작업, 위생기구 관리, 오물 처리설비관리 등이 해당된다.

주거와 근무 환경이 향상됨에 따라 적당한 온도 유지, 풍요로운 식생활로 인한 음식 잔반 등은 바퀴벌레, 파리, 모기, 개미와 같은 해충과 쥐의 번식에 도움을 주어 국민 보건에 위협을 주게 된다. 따라서 이러한 해충과 쥐를 박멸하는 방역 작업을 실시하고 오염원을 제거해야 한다. 방역의 경우에는 전문 방역업체에 의뢰한다.

위생기구는 화장실 욕실, 주방 등과 같이 급수, 급탕, 배수를 필요로 하는 장소에 설치하는 기구를 말하며, 급수관과 배수관 사이에 한 번 사용한 물 또는 오폐물 등을 받아 배수관으로 배출시킨다. 오물처리설비는 오수와 분뇨와 같은 오물을 처리하는 설비를 말한다. 오수란 사람의 생활이나 작업에 사용할 수 없는 물로서 수세식 변소, 목욕탕, 주방에서 배출된다. 분뇨란 사람이나 동물, 축산물의 액체성 또는 고체성의 오염물질을 말한다.

II. 방역 대상과 작업

방역의 대상으로는 쥐, 바퀴벌레, 파리, 모기, 개미가 대표적이다. 먼저 쥐는 건물, 가구,

---

17) 위생관리는 국가직무능력표준(2018), 12. 이용숙박여행오락스포츠, 04. 스포츠, 유원시설 시설관리 65~70면의 내용을 통해서 재구성 및 편집된 자료임.

의류 등에 피해를 주고 전염병을 매개한다. 매월 평균 2~3회 쥐의 침입을 방지하고 시공 부분의 이상 유무를 확인하여 지속적인 봉쇄 조치를 취해야 한다. 필요시에는 구서제를 사용하여 방역을 실시한다. 그리고 바퀴벌레는 어두운 곳에 숨어 악취를 풍기고 음식물을 먹어 치우며 전염병을 매개한다. 바퀴벌레의 번식 장소와 서식 장소를 조사하여 약품을 살포하여 방역을 실시한다. 또한 파리는 번식력이 강하고 모기는 물을 좋아하여 방화수나 욕실에 서식한다. 서식 장소와 전 구역에 약품을 살포하고 3주 후에 지하수탱크, 하수구, 주방 등의 파리, 모기 발생원에 약품을 살포한다. 끝으로 개미는 건물의 바닥이나 연결부위에 굴을 뚫어 건물을 훼손하고 사람의 피부를 공격하기도 한다. 개미 구제방법은 토양혼합방법과 침입방지방법이 있다.

1. 살충제 작업

살충제는 해충의 종류나 생태, 장소, 기대효과와 지속성, 살포 면적 등 목적에 따라 살포, 분무, 미스트, 연무 등으로 사용방법이 다르다. 또한 살충제는 유효성분에 따라 유기인제, 유기염소제, 필레슬로이드계로 나누며 유제(油劑), 유제(乳劑), 훈연제, 증산제가 있다.

2. 위생기구 관리

위생기구는 화장실, 욕실, 주방 등과 같이 급수, 급탕, 배수를 필요로 하는 장소에 설치하는 기구를 말하며, 급수관과 배수관 사이에 한 번 사용한 물 또는 오폐물 등을 받아 배수관으로 배출시키는 역할을 한다. 주로 도기를 사용한다.

위생설비의 조건으로는 내구성, 내식성, 내흡성이 크고 제작이 용이하며 설치가 간편해야 한다. 또한 외관이 깨끗하고 위생적이며 청소가 용이하여야 한다.

3. 오물처리설비

오수와 분뇨 등을 침전, 분해하는 정화시설을 오물처리시설이라 한다. 오물처리설비 관리는 오수, 분뇨의 방기로 수질을 오염되는 것을 막기 위한 합리적이고 위생적인 처리시설을 관리하는 행위를 말한다. 오물처리 방식으로는 합류배수 방식과 분류배수 방식이 있다. 합류배수 방식은 분뇨와 생활오수를 함께 처리하는 방법으로 오수 정화시설을 채택하는 방식이다. 반면에 분류배수 방식은 오수는 공공하수관으로 처리하고 분뇨만 처리하는 방식으로 분뇨정화조의 처리 방식을 말한다.

4. 체육시설의 해충 방역 작업

체육시설 내에 서식하는 해충을 방역하기 위해서는 먼저 해충 발생지를 찾아낸다. 다음으로 해충이 발생하는 지역에 살충 작업을 실시한다. 살충 방법은 살포와 분무, 미스트, 연무 등의 방법이 있다.

표 Ⅴ-6 살충 방법

살충 방법	내용
살포	일반적으로 엷은 유제를 쓰레기 투입구 등에 뿌려서 사용
분무	분무기로 유제를 표면이 젖을 정도로 분무시키는 방법
미스트	미스트기로 액체를 분무와 연무의 중간입자의 크기로 만들어 살포
연무	연무기를 이용하여 입경 5~50밀리 콘의 미립자로 만들어 연기처럼 살포

5. 체육시설의 위생기구 관리

1) 배수설비와 위생기구 점검

체육시설 내의 배수설비와 위생기구는 배수로의 막힘과 같은 하자가 발생할 수 있으므로 수시로 점검하고 불량인 경우에 조치해야 한다.

2) 배수설비 하자 및 불량

체육시설 내의 배수설비의 하자는 옥외의 오염된 오수나 악취가 역류하여 옥내로 침투하는 결과를 낳게 한다. 이때 트랩의 작동 여부나 통기관의 상태 여부 등을 확인한다. 배수설비의 고장 상태와 조치 요령은 표 Ⅴ-7과 같으므로 숙지한 후, 해당 부위가 고장이 나면 조치한다.

표V-7 배수설비의 고장 상태와 조치

고장 상태	원인	대책
양변기 배수 불량	○ 딱딱한 종이를 흘린 경우 ○ 대량의 종이를 흘린 경우 ○ 기타 이물질을 흘린 경우 ○ 유수가 부족한 경우	○ 철사, 수압, 공기압 등으로 뚫는다 ○ 로탱크 내 볼탭봉을 조정한다
소변기 배수 불량	○ 껌, 담배꽁초, 휴지 등에 의한 막힘 ○ 소변 찌꺼기	○ 수압, 공기압 등으로 뚫는다 ○ 약품의 유입, 분해
주방 배수 불량	○ 스푼, 나이프 등의 기물 유입 ○ 음식물 찌꺼기 ○ 유지분의 부착, 잡물의 침적	○ 배관수를 떼어 청소 ○ 약품 사용 ○ 유지 침적물의 제거
배수본관의 배수 불량	○ 고형물의 유입 ○ 유지류와 세제 거품으로 막힘	청소구 개방 후 제거
옥수 배수 불량	종이류, 담배꽁초, 먼지, 이물질로 우수 드레인관 막힘	옥상 바닥 우수 드레인관 청소

표V-8 위생기구의 고장 상태와 조치

고장 상태	원인	대책
로탱크 내 누수	볼탭봉 고장	볼탭봉 조절
세면기 누수	배수구, 금속구 트랩, 배수관 각부의 접속불량	배수구, 금속구, 도기와의 조임 조절, 접속너트부 패킹 교환
배수 불량	트랩이 막힘	슬라이드 이음부의 캠너트를 풀어 트랩을 떼고 이물질 제거
양변기 조절밸브 누수	○ 조절 밸브 조임 불량 ○ 로탱크-싱글 밸브간 연결관 접속 불량	조임관 떼어 내어 연결이 수직 상태가 되도록 조치
악취	트랩의 수봉 파괴	이물 제거
누수	○ 패킹 누르개의 누설 ○ 수전의 부착 나사부 누설 ○ 수전엘보의 균열	○ 패킹 교환 ○ 수전을 다시 끼움 ○ 엘보의 교환

6. 위생기구 하자 및 불량

체육시설 내의 위생기구에서 하자 또는 불량이 발생되는 경우 표V-8에 나타난 바와 같이 고장 상태 및 원인을 파악하고 조치한다.

7. 체육시설의 오물처리시설 사용

체육시설 내의 오물처리는 우선 현재 설치된 오물처리시설에 의해 오수를 처리한다. 시설 내에서 발생하는 각종 오수가 인근 하천이나 토양으로 방기되지 않고 오수관을 통해 처리되도록 한다. 오물처리시설은 합류배수 방식과 분류배수 방식이 있어 시설물에 설치되어 있다. 설치된 오물처리시설에 따라 처리 방법은 표V-9에 나타난 바와 같으며 각각 장단점이 있으므로 적절한 방법을 선택한다.

다음으로 분뇨처리를 위해 정화조를 관리한다. 체육시설은 관광객 이용시설업에 준하므로 분뇨처리를 위해 정화조 관리를 6개월마다 1회씩 실시해야 한다. 다음은 정화조 관리 방법에 대한 것이다.

표V-9 오물처리시설의 처리방법별 장단점

처리 방법	장점	단점
임호프 탱크	◦소요 면적이 적다 ◦운전이 필요 없다 ◦동력비가 들지 않는다 ◦별다른 기계 설비가 필요 없다	◦작은 용량에만 적합하다 ◦처리 효율이 낮다
장시간 폭기법	◦발생 슬러지 양이 적다 ◦부하 변동에 강하다 ◦운전·관리가 용이하다	◦폭기조 용적이 적다 ◦처리 수질이 임호프 탱크보다 나쁘다 ◦폭기량이 많다
포준 활성 오니법	◦유기물질 제거 능력이 크다 ◦처리 수질이 양호하다 ◦슬러지의 침강성이 좋다 ◦설계·운전 자료가 많다 ◦기술적 신뢰성이 높다	◦운전·관리의 기술이 필요하다 ◦발생 슬러지량이 비교적 많다
접촉안정법	◦발생 슬러지량이 적다 ◦대량 처리가 가능하다 ◦부하 변동에 강하다 ◦운전·관리가 용이하다	◦자동제어장치가 필요하다 ◦국내 시공 실적이 거의 없다
살수여상법	◦발생 슬러지량이 적다 ◦저BOD의 배수에 알맞다 ◦운전·관리가 비교적 용이하다	◦처리 효율이 낮다 ◦처리수의 탁도가 높다 ◦기온이 낮은 지역은 처리효율이 낮다

○정화조의 관리 상태, 오수의 적정 수거 여부 및 방류수의 상태를 점검한다.

○처리 용량에 따라 방류수의 수질을 자가 측정하거나 전문회사에 의뢰하여 측정하고 보관한다.

○단독 정화조의 경우, 6월에 1회 이상 내부 청소를 실시한다.

○배출되는 방류수를 염소로 소독한다.

○악취가 발생되지 않도록 조치하고 해충이 발생, 번식되지 않도록 방역한다.

제3장 청소관리[18]

Ⅰ. 청소의 개념

청소는 주택단지, 사무단지, 공장단지, 공원단지 등 사람이 생활하고 작업하는 장소의 위생적인 환경을 확보하기 위해 청소계획에 의하여 일상적으로 행하는 행위를 말한다. 사람들이 생활하고 있는 장소에는 매일 여러 가지 일로 더럽혀지고 쓰레기가 생긴다. 이것을 그대로 놔두면 생활하기 힘든 환경으로 변하게 된다. 모든 구조물은 사용하지 않아도 시간의 흐름에 따라 먼지가 쌓이고 창의 유리가 흐려지고 바닥은 사람의 신발에 묻어 온 흙과 모래가 쌓이고 휴지와 쓰레기가 생긴다. 이러한 쓰레기를 제거하고 쾌적한 환경을 갖추기 위해 청소가 필요하다. 청소는 생활환경을 청결하게 유지하고 정리·정돈하여 위생환경을 조성하며 건축물의 노화를 예방하는데 목적이 있다. 또한 강설 시 빙판, 제설 작업 등을 통해 안전사고를 예방할 수 있다.

Ⅱ. 먼지 제거

먼지는 공기 중의 먼지가 떨어져 쌓이거나 빗물 등 자연적 원인에 의해 건물의 각 구성부분에 부착하여 오염되기도 하며 인간의 보행이나 배설물, 음식물, 분비물 등 인간 생활로 인해 생기는 인위적 원인으로 오염되기도 한다.

---

18) 청소관리는 국가직무능력표준(2018), 12. 이용숙박여행오락스포츠, 04. 스포츠, 유원시설 시설관리 71~77면의 내용을 통해서 재구성 및 편집된 자료임.

먼지는 건물 전체 또는 부분적으로 미관을 손상시킬 뿐만 아니라 외관 재질에 영향을 주어 녹이 슬고 가스가 발생하는 등의 변화를 초래한다. 또 유리, 전등 등의 채광 및 조명을 저해하기도 하며 정밀기기의 기능에 해를 끼치기도 한다. 먼지 속에는 유해물질과 유해세균이 포함되어 접촉한 사람에게 비위생적인 해를 주기도 한다.

따라서 건물이나 시설 내에서 발생되는 먼지가 실내 공기를 오염시키는 경우, 팬(fan) 등의 제진기구를 사용하여 먼지를 빨아들임으로서 인체에 유해하지 않도록 한다. 또 실내의 먼지나 분진을 그대로 실외로 방산시킬 경우, 주변이 오염되므로 닥트 등의 제진설비를 통해 먼지를 집진하고 이를 제거 방출함으로써 대기의 오염을 방지하도록 해야 한다.

III. 오물 수거

오물은 사람이 생활하는 근거지인 주택에서 발생되는 폐기물을 의미한다. 담배꽁초, 휴지와 같은 일상적 쓰레기와 폐냉장고, 폐가구, 폐자동차 같은 부피가 큰 폐기물도 있다. 요즈음은 쓰레기 처리시설의 부족으로 국가적으로 환경관리 차원에서 쓰레기 분리수거, 쓰레기 규격봉투제, 쓰레기 종량제 등의 정책이 시행되고 있다.

대규모 단지의 오물 수거 작업은 관할 시나 오물 수거 전문업체에 의해 시행되므로 담당자는 관련 기관의 수거 작업에 적극 협조해야 한다.

실외체육시설의 대표적인 오물은 식당 이용자들에 의한 냅킨, 음식물 포장지, 1회용품 등과 입장객들에게서 나오는 각종 쓰레기가 있으며 상품점의 포장지, 박스, 봉투 등이 있다. 사람들이 많이 밀집되는 장소와 시간에 오물이 많이 발생하므로 식사시간 이후의 식당과 이벤트 후의 공연장, 퍼레이드 동선, 폐장 시간대의 주차장에 관심을 가지고 청소 활동에 임해야 한다. 오물 수거방법으로는 청소원을 직접 고용하여 청소 활동을 하는 경우가 있고 청소 용역업체를 통해 청소와 오물 수거를 한다.

1. 청소관리 방안의 수립

실외체육시설의 미화 부문은 크게 실내건물의 청소와 옥외 지역 청소, 화장실 청소, 주차장 청소로 나눌 수 있다. 실내건물은 필요시 왁스 작업을 실시한다.

실외체육시설은 경영방침에 따라 청소 부문을 외주에 용역을 줘서 관리하기도 하고 직접 직원을 고용하여 작업할 수도 있다. 건물 복도의 미화 작업은 평소에는 단순한 청소 작업으로 관리할 수 있고 정기적인 왁스 작업으로 청결을 유지할 수 있으므로 특별히 센터 관리자가 숙지할 필요는 없다. 그러나 화장실과 주차장 청소의 관리 매뉴얼은 숙지하여 관리할 필요가 있다.

2. 부문별 환경개선 작업

1) 화장실의 청소관리 실시

실외체육시설이 아무리 화려하고 즐거운 경험을 제공하더라도 만약 화장실이 불결하거나 악취가 난다면 장점이 반감될 뿐 아니라 좋지 못한 인상마저 남기게 된다. 따라서 화장실을 보는 시각도 이제는 단순한 기능에서 벗어나 보다 정리된 실외체육시설의 작은 공간으로서 발전시켜야 한다.

2) 화장실 내부와 위생기구 청소

화장실은 청소 도구로서 염산, 나프탈렌, 기타 일반 화학약품을 사용한 청결 위주의 관리를 실시한다. 특히 특수약품을 사용하여 볼트와 이음쇠 및 대변기 시트를 포함, 대·소변기의 외부 표면, 상부 및 하부를 철저히 청소하여 윤이 나도록 정갈히 청소한다.

청소 후에는 살균제를 변기 표면에 살포하여 박테리아 및 병원균의 오염과 서식을 억제하도록 하며 대·소변기 및 싱크의 표면을 왁스와 같은 코팅을 함으로써 오물의 재천착을 방지하여 위생 상태를 유지케 한다.

3) 화장실의 악취 제거

화장실 바닥에 떨어진 소변 등 오물은 자주 닦아줌으로써 악취의 극히 일부는 제거할 수 있다. 그러나 통상 악취 원인의 90% 이상이 되는 대·소변기 자체에서 형성되는 스케일과 거기에 서식하는 박테리아 및 바이러스 등 각종 병원균의 제거 없이는 근본적 해결이 불가능하다. 따라서 화장실 악취 발생의 근원을 개선하기 위하여 변기 등에 대한 관리가 필요하다.

변기의 표면은 매끈하게 보이지만 현미경으로 보면 미세한 홈이 파여져 있다. 이런 미세한 홈에 대소변이 천착되며 이를 철저히 제거하지 않을 경우, 박테리아, 바이러스 등의 미생물이 서식하여 각종 전염병을 옮기거나 오물과 함께 악취의 근원이 된다. 이런 현상은 대·소변기의 내부 외에 대·소변기 하부, 뒷면 파이프 이음쇠, 내부의 구석지고 눈에 보이지 않는 곳과 바닥에도 발생한다.

이러한 문제를 해결하기 위해서는 악취의 근원을 완전히 제거하고 화장실을 위생처리함으로써 화장실의 이미지를 일신시킬뿐더러 안심하고 쾌적하게 사용할 수 있도록 적절한 약품 처리를 하고 섬세한 수작업을 실시해야 한다. 필요하다면 전문 미화용역업체에 의뢰한다.

4) 주차장 및 옥외시설의 청소관리 실시

실내주차장의 경우, 시멘트 바닥에 녹색의 에폭시 도장을 한 곳이 대부분이며 경우에 따라서는 일반 시멘트 바닥이나 화강암 바닥으로 되어 있는 곳도 있다. 건물 외부의 경우에는 대부분이 화강암으로 구성되어 있으며 간혹 타일을 깔거나 일반 시멘트 바닥인 경우도 있다. 물론 실외체육시설마다 다르다.

주차장 바닥의 경우에는 타이어 자국과 차량에서 흘러나온 오일류가 오염의 주종을 이루며, 특성상 맹물이나 일반 세제로는 완전히 제거되지 않는다. 세척을 위해 강한 세정제를 무절제하게 사용할 경우, 화강암 바닥이라면 후유증이 덜하지만 에폭시 바닥이라면 탈색, 변색 등의 부작용이 나타날 수 있다.

건물 외곽의 경우, 대부분의 곳에서 일반 쓰레기(휴지, 낙엽 등)를 치우는 것 이외에는 별다른 관리를 하지 않으나 실내를 오염시키고 바닥을 훼손(특히 모래 등의 유입에 의한 훼손)시키는 주 오염 중의 하나인 관계로 올바른 관리가 필요하며 또한 미관상(건물 입구)의 관점에서도 일정 수준의 관리가 요망된다.

5) 쓰레기통 설치 및 수거

실외체육시설의 쓰레기통은 미관상 실외체육시설의 분위기와 어울리는 쓰레기통을 제작하여 사용한다. 청소 담당은 수시로 쓰레기통의 쓰레기양을 확인하고 넘치지 않도록 쓰레기를 수거하여 대형 쓰레기장에 버린다. 쓰레기는 쓰레기를 수거하는 환경업체와 계약하여 처리하는 것이 바람직하며 가능한 분리수거를 한다.

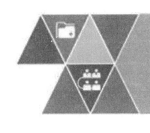

Ⅵ 체육시설 안전관리 매뉴얼

제1장 체육시설관리자용 안전관리 표준매뉴얼[19]

Ⅰ. 매뉴얼 개요

1. 매뉴얼의 개발 목적

그림Ⅵ-1 체육시설안전

이 책에서 언급하는 체육시설관리자용 안전관리 표준매뉴얼은 시설의 안전성을 높이고 사고 발생을 미연에 방지하는데 도움이 되도록 체육시설 소유자 및 관리자가 체육시설을 분야별로 안전 상태를 점검하게끔 지원하기 위해 개발되었다.

따라서 이 표준매뉴얼에서는 체육시설에서 일어날 수 있는 비상상황에 신속하게 대처함으로써 사고 발생 시 생명과 재산의 피해를 최소화할 수 있도록 비상시 행동요령을 제공하고 있다. 체육시설 소유자 및 관리자는 평소 비상 대처요령을 숙지하고 훈련하면 비상상황이 발생할 때에 보다 신속하고 정확한 대처가 가능할 것이다.

---

19) 체육시설 안전관리 매뉴얼은 문화체육관광부(2016). 체육시설관리자용 안전관리 표준매뉴얼, 한국스포츠정책과학원에서 발간한 자료를 편집해서 수록한 자료임.

2. 매뉴얼의 주요 구성

이 매뉴얼은 체육시설법에 의해 규정된 설치기준(부록 6)을 준수하여 건축된 시설을 대상으로 한다. 따라서 설치기준 준수 여부 등의 항목은 제외하고 운영상의 안전 및 작동 상태에 중점을 두고 있다.

크게 보아, 물리적 시설의 안전점검사항, 운영상 안전점검사항, 비상시 조치사항 등 3개 부문으로 구성되어 있다.

3. 매뉴얼의 특징과 장점

이 매뉴얼은 체육시설의 소유자 및 관리자가 안전점검 업무를 손쉽게 실시할 수 있도록 간단한 점검표 형태로 개발되었으며 체육시설의 규모와 형태에 따라 필요한 항목을 선택하여 활용하기에 용이하다.

이 매뉴얼에서는 체육시설을 운영하면서 일상적으로 점검해야 할 화재대비 안전점검표와 시설에서의 행사 개최 시에 점검해야 할 안전점검표를 계약 시의 점검 항목, 공통점검 항목, 행사 전, 행사 중, 행사 후의 점검 항목 등으로 구분하고 있다. 또한 체육시설 소유자 및 관리자가 화재, 지진, 테러 등의 비상상황에 신속히 대처할 수 있도록 초동대처, 신고전파, 대피 유도, 응급처치 및 방송문안 등 비상시 조치사항을 제공하고 있다. 아울러 소규모 시설을 위한 간단 체크리스트와 손쉽게 활용할 수 있는 안전시설 표지판 서식 등을 부록으로 하여 활용의 편의성을 높였다.

4. 기대효과

이 매뉴얼을 활용하여 체육시설을 점검하면 관리자가 필요에 따라 발췌하여 활용이 가능하므로 효율적인 점검을 실시할 수 있다. 또한 매뉴얼의 직관적인 점검표를 통해 손쉽고 일상적인 점검이 가능하다. 특히 비상 발생 시의 조치사항 등을 숙지하면 사고 발생 시에 신속한 대처가 가능하며 피해를 최소화할 수 있다. 마지막으로 체육시설의 안전 위험요인을 조기에 발견하고 예방조치를 할 수 있으므로 사고 및 재난을 미연에 예방할 수 있다는 기대효과를 갖는다.

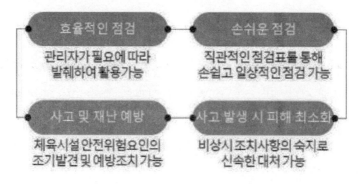

그림Ⅵ-2 매뉴얼 활용 기대효과

Ⅱ. 활용 방법

체육시설 소유자 및 관리자는 이 매뉴얼을 활용하여 안전관리 필요사항에 따라 시설 및 운영상 안전점검을 실시한 뒤, 그 결과가 양호한 경우에는 상태를 유지하지만 불량한 경우라면 개선계획을 수립·시행하고 필요하다면 전문가에게 의뢰하여 추가로 점검 및 조치를 취해야 한다.

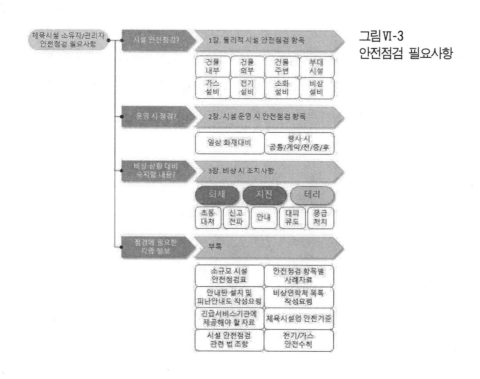

그림Ⅵ-3
안전점검 필요사항

제2장 체육시설 안전관리 매뉴얼의 작성 방법

I. 안전관리 매뉴얼 작성 지침

체육시설 안전관리 매뉴얼을 작성하는데 있어 다음과 같은 사항들이 검토되고 확인되어야 하며 이를 토대로 매뉴얼이 작성되어야 한다.

○안전관리 유형별로 안전관리 주관기관에 작성 책임
○주관기관이 먼저 표준매뉴얼을 작성하고 이를 토대로 유관기관이 실무매뉴얼 작성
○주관기관은 작성 시 유관기관과 반드시 협의
○주관기관은 위기별로 발생할 수 있는 다양한 형태의 상황을 도출
○조치사항 및 절차는 현실적이고 실제적으로 상세히 작성
○작성 과정 중 조정이 필요한 사항은 문화체육관광부에서 조정
○문서의 동질성 유지를 위해 서식 통일

매뉴얼 작성시 참고사항

- 누구라도 바로 실행할 수 있을 것 : 보편성
- 읽어서 금방 이해할 수 있을 것 : 평이성
- Must와 Must not을 명확하게 나타낼 것 : 판단 기준
- 「그렇고말고」라도 생각되는 노하우를 포함시킬 것 : 납득성
- 구체적인 사례연구를 넣을 것 : 실체감
- 간결한 표현, 보기 쉬운 레이아웃으로 편집할 것 : 친근감

그림Ⅵ-4 매뉴얼 작성 참고사항

표Ⅵ-1 체육시설 안전관리 매뉴얼 개요

구분	체육시설 재난안전관리 표준매뉴얼	체육시설 사고위기관리 표준매뉴얼
개발 근거	○당초 과업지시서 범위 ○법적 근거 : 기본계획에 반드시 포함되어야 할 사항으로 체육시설의 설치·이용에 관한 법률과 동 시행령 제2조의 2 (체육시설 안전관리에 관한 기본계획) ○체육시설 안전관리 ○표준매뉴얼의 개발에 관한 사항	○문화체육관광부 추가 요청사항 ○법적 근거: 재난 및 안전관리기본법 제34조의 5(재난분야 위기관리 매뉴얼 작성·운용) ① 재난관리책임기관의 장은 재난을 효율적으로 관리하기 위하여 재난유형에 따라 위기관리 매뉴얼을 작성·운용하여야 한다
매뉴얼 이용자	공공 및 민간 체육시설 관리자	○문화체육관광부, 체육시설 소유자 및 관리자 ○지방자치단체 및 유관기관

Ⅱ. 체육시설 안전관리 매뉴얼의 연구 범위와 개요

체육시설 안전관리 매뉴얼의 개발에서, 체육시설 재난안전관리 표준매뉴얼의 경우에는 체육시설법 시행령 제2조의 2와 체육시설 안전관리에 관한 기본계획을 법적 근거로 하며, 체육시설 사고위기관리 표준매뉴얼은 '재난 및 안전관리기본법' 제34조의 5와 재난분야 위기관리 매뉴얼 작성, 운영을 개발 근거로 한다. 또한 이 매뉴얼은 공공 및 민간체육시설 관리자와 문화체육관광부 관련 공무원, 체육시설 소유자 및 관리자, 자방자치단체 및 유관기관 관련자들을 위해 개발되었다.

Ⅲ. 체육시설 안전관리 매뉴얼의 특징

체육시설 안전점검 매뉴얼은 건축물 시설점검뿐만 아니라 체육활동영역 내 시설물 결함으로 발생되는 안전점검사항을 포함한다.

표Ⅵ-2 체육시설 안전관리 매뉴얼 특징

물리적 시설 점검 항목		운영상 점검 항목		비상시 행동요령
실내 체육 시설	건물 내부(체육공간구조, 재질, 운동기구, 바닥, 조명, 환풍, 수질, 빙질, 관중석 등)	일상 점검사항	화재 대비	화재 발생시 조치요령
	건물 외부			
	건물 주변			
실외 체육 시설	체육공간 구조, 재질, 운동기구, 바닥, 조명, 수질, 빙질, 관중석 등			
	운동시설 주변부			
부대시설		행사 진행시 안전점검 항목	공통	피난 유도요령
			행사 직전	심폐 소생요령
소방설비			행사 중	화학물질 노출 처치요령
			행사 후	테러 관련 행동요령
비상설비				행사전 비상 대비 안내요령
				긴급상황 발생시 안내요령
가스설비				방송문안
				안내판 설치요령
전기설비				비상연락처 목록

Ⅳ. 매뉴얼의 작성 방향

1. 매뉴얼 개념의 재정립 및 현장 작동을 위한 대응 절차

매뉴얼은 개념상 '구체적 대응 활동'을 의미하지만, 현행 매뉴얼은 작성 기관의 임무와 책임을 규정한 비상운영계획(EOP)[20]의 성격이므로 매뉴얼 작동에 필요한 표준행동절차(SOP)[21]가 부재하다. 따라서 매뉴얼 작동을 위해 재난 유형별로 주요 단계에서 지휘부・대응부서가 판단하고 조치할 행동절차를 마련하고 현행 매뉴얼은 평상시 임무 숙지를 위한 비상운영계획으로 활용하는 것이 바람직하다.

---

20) EOP(Emergency Operation Plan) : 해당 기관의 재난 대응활동에 필요한 원칙과 기준을 정하고 이에 따른 조직・인력구성 및 운영방향을 규정한 비상운영계획.

21) SOP(Standard Operating Procedure) : 해당 기관이 재난대응 업무를 처리하기 위해 필요한 사항과 절차를 문서화한 표준행동절차.

2. 관리 방법

기관의 표준행동절차는 기관 지휘부, 대응부서의 행동절차규정을 위해 기존 매뉴얼에서 핵심 기능을 추출하고 취약 부분을 보완한 표준행동절차이며, 개인의 표준행동절차는 재난대응요원들이 소관 임무 수행에 필요한 절차 및 정보를 수록하고 상시 휴대가 가능하도록 한 개인별 행동수칙이다. 이 매뉴얼 작동의 핵심 요소는 기관 지휘부나 대응 부서의 임무를 언제, 어떻게 수행할지 등을 명시한 절차서인 기관 대응수칙과 개인의 임무를 언제 어떻게 수행할지를 명시한 절차서인 개인 행동수칙으로 구성되어 있다.

그림Ⅵ-5 매뉴얼 작동 핵심요소

3. 현행 매뉴얼의 활용성 제고

기존 매뉴얼은 복잡한 용어와 서술식 구성 등으로 인해 재난 현장에서 사용자들이 개인 행동수칙으로 즉시 적용하기가 어렵다. 따라서 사용자가 현장에서 즉시 작동이 가능하도록 행동지침을 개정했으며 절차나 프로세스 등 행동에 필요한 대응 절차를 이해하기 쉽게 작성하여 사용자 친화형으로 개편했다.

4. 관계기관 협업기능 강화

기존의 매뉴얼은 관계기관이 재난에 대응하기 위해 협업해야 하는 필수기능, 즉 교통대책, 긴급통신 지원, 환경정비 등에 대한 내용이 미흡했다. 반면에 이 매뉴얼에서는 필수

협업기능을 강화하여 소관 업무를 통해 다른 기관을 지원할 수 있도록 시간대별, 상황별로 입체적·체계적 협업기능 및 프로세스를 구축했다.

5. 매뉴얼 작성 방법의 개선

현행 매뉴얼은 매뉴얼 작성기준(안)에 따라 담당자가 기존 자료를 취합해서 작성하므로 업무 미숙지 및 매뉴얼 미작동의 원인이 되고 있다. 따라서 이 매뉴얼에서는 토의 및 합동 작업을 통해 작성하도록 했다. 즉, 유형별, 기관별로 전문가 및 실무자들이 합동 작업을 거쳐 상호 토의에 기반을 둔 대응 절차를 작성했다.

제3장 체육시설관리자용 안전관리 표준매뉴얼

I. 체육시설 안전점검 대상

체육시설 안전관리 매뉴얼에서 안전점검의 대상은 체육시설 내의 모든 건축물과 그 주변의 옹벽, 석축, 경사지, 배수로 및 담장 등의 부대시설, 그리고 전기, 가스, 기계, 소방 및 비상설비 등의 기타 분야가 대상이다.

II. 체육시설 안전점검요령

육안 조사를 위주로 하여 안전에 위협이 될 수 있는 이상 현상이 발생했는지 여부를 조사한다. 또한 체육시설 내 모든 건축물의 내·외부 및 주변 시설에 대해서도 이상 현상이 있는지를 조사한다. 안전점점 시에는 체육시설 안전점검표를 이용하여 점검을 실시하고 이상 현상이 발생된 내용을 기입해야 한다. 그리고 점검 결과, 안전에 위협이 될 수 있는 이상 항목들에 대한 조치계획을 수립하고 그 계획에 따라 시행해야 한다.

III. 체육시설 안전점검표(예시)

체육시설 안전점검에서는 다음에 제시하는 안전점검표를 기준으로 실시하되, 시설의 실정과 맞지 않을 경우에는 관련 항목만 선택하는 등 재구성하여 사용할 수 있다. 다만 건물 전체를 사용하지 않는 소규모 체육시설의 경우에는 소규모체육시설용 안전점검표를 활용하여 점검한다. 운동 종목별 특정안전시설 기준과 관련해서는 부록 6을 참조하면 된다. 표VI-3, 표VI-4, 표VI-5, 표VI-6은 체육시설에 대한 안전점검표의 예이다.

Ⅳ. 체육시설 소방·비상설비 점검

체육시설 안전점검 시 소방·비상설비 등의 점검사항은 소화기, 대피유도등, 유도표지 등의 점검이 포함된다.

1. 소화기 점검사항

소화기는 각 층마다(보행거리와 무관) 설치해야 하며, 소형소화기는 보행거리 20m 이내가 되도록 설치해야 한다. 소화기 외에도 바닥 면적이 33㎡ 이상으로 구획된 각 거실(아파트의 경우에는 각 세대)에도 소화기를 설치하도록 하고 있다.

축압식 소화기의 경우, 지시압력계의 지침이 7.0~9.8kg/㎠이 되는지를 확인해야 하며, 만약 충전압력이 부족할 경우에는 재구매하여 설치해야 한다.

가압식 소화기의 점검 순서는 다음과 같다. 먼저 소화기의 캡(뚜껑)을 열어서 위로 뽑아 올리면 가스도입관, 방출관, 가압가스용기가 모두 달려 올라오는데, 이때 가스용기를 두드려 보고 그 소리로 소화기의 정상 여부를 판단한다. 가압용 가스용기 내의 가스가 액화탄산가스인 경우에는 가스용기를 가볍게 두드릴 때, 정상인 경우라면 병속에 물을 넣고 두드리는 소리가 나고, 둔탁한 소리가 나면 봉판이 정상이더라도 용기 속의 가스가 누설된 상태이므로 교체해야 한다. 질소가스인 경우에는 가압용 가스용기를 스패너로 분리하여 봉판이 파괴침에 의해 손상되었는지를 확인한다.

소화기의 안전핀도 점검해야 한다. 소화기 손잡이 부분에 설치된 안전핀의 봉인 여부를 확인해야 한다. 봉인이 풀렸을 때에는 일단 사용되었을 가능성을 의심한다. 또 소화기 외부에 표기되어 있는 소화기의 총중량과 실제의 소화기 중량을 측정하여 비교한다.

소속		점검자		점검일자	

구분		점검 항목	양호	불량	개선조치계획 (비고)
건물 내부	기둥	손상 균열			
		콘크리트 탈락			
		철근 노출			
	벽	손상 균열			
		누수, 백태			
		돌출 안전 상태			
		벽면 부착물(액자, 책장 등) 안전 상태(지진 대비)			
	보	손상 균열			
		콘크리트 탈락			
		철근 노출			
	천정	누수, 백태			
		마감재 탈락, 노후화			
		텍스, 몰탈, 전등 등 안전 상태			
	바닥	손상 균열			
		하중에 의한 기울기 및 바닥판 변형			
		돌출 안전 상태			
	창호	창호(문짝, 문틀)의 탈락 위험성			
		창호 유리의 안전 상태			
		창호 부착물(방범창, 방충망 등)			
	경기무대 (링)상부	조명 등의 안전 상태			
	경기무대 (링)하부	무대 구조물의 안전 상태			
	화장실	내부 경량 칸막이의 안전 상태			
		내벽 타일 탈락 등 안전 상태			
		위생기구(변기, 세면대 등) 안전 상태			
	계단	바닥, 벽의 돌출 등 안전 상태			
		주계단 균열 상태			
		미끄럼 방지턱, 낙하방지 그물 등			
	난간	난간의 흔들림			

표 VI-4 체육시설물 안전점검표(건물 외부)

소속		점검자		점검일자	

구분		점검 항목	양호	불량	개선조치계획 (비고)
건물 외부	옥상·지붕	옥상 방수, 마감 등 안전 상태			
		옥상 물탱크, 물건 적치 등 과하중 상태			
		지붕 안전 상태			
	슬래브	손상 균열			
		콘크리트 탈락			
		철근 노출			
	외벽	각종 균열			
		누수, 백태			
		기울기 발생			
	정문	정문 안전 상태			
건물 주변	절개지	절개지(切開地)의 안전시설 설치 등			
	낙석위험지역	낙석 위험지역 방지망 등 안전시설 설치 여부			
	노후 축대	보수, 보강, 기타 조치 상태 등			
	옹벽	수직, 수평, 경사 균열 발생 상태			
		균열 부분 누수, 백태			
		옹벽 배면 토사 침하 현상			
		옹벽 및 석축 기울어짐, 배부름 현상			
		기타 붕괴 위험성			
	비탈면	경사면 부분 균열 발생			
		경사면 부분 지하수 유출			
		토사 유실 위험성			
		수목의 기울어짐			
		토사면 배수시설 상태			
	담장	붕괴 위험성			
		담장 주변 토사 적치			
	시설 내 통행로	차량통행로 시설 안전 상태			
		보행자통행로 시설 안전 상태			

표 VI-5 체육시설물 안전점검표(부대시설 및 가스·전기설비)

소속		점검자		점검일자	

구분		점검 항목	양호	불량	개선조치계획 (비고)
부대시설	승강기	승강기, 엘리베이터 안전검사필증 부착 여부			
		비상시 승강기의 비상운전 작동 상태 여부			
	에스컬레이터	에스컬레이터 안전검사 여부			
		에스컬레이터 정상 작동 여부			
	기계식 주차시설	기계식 주차시설, 주차타워 안전 상태			
	물탱크	옥상 물탱크, 물건 적치 등 과하중			
		물탱크 및 정화조 뚜껑의 안전 상태			
	조명탑	조명탑의 안전 상태			
		환기시설 정상 작동 여부			
	기타 부대시설	시설의 연결, 변형 상태			
		부대시설의 파손 상태 여부			
		위험물질의 존재 여부			
가스설비	가스차단기	정상 작동 여부			
		가스 주배관에 견고히 부착되어 있는지 여부			
	가스누설 경보기	주방 또는 난방시설 설치된 장소에 설치 여부			
		정상 작동 여부			
	가스검지기	공기보다 가벼운 연료(LNG) 사용시, 가스검지기의 하단은 천장면으로부터 0.3m 이내에 설치되어 있는지의 여부			
		공기보다 무거운 연료(LPG) 사용시, 가스검지기의 상단은 바닥면으로부터 0.3m 이내의 위치에 설치되어 있는지의 여부			
	수신기	조작하기 쉬운 위치에 설치 여부			
	가스밸브	노후 상태, 누출 점검			
	배관	매설 및 고정 상태			
	가스관	부식 및 손상 여부			
		가스관 주변 인화물질 유무(콘센트, 멀티탭 등 불꽃이 튈 수 있는 전기용품 포함)			

구분		점검 항목	양호	불량	개선조치계획 (비고)
	호스	LP가스 취급시 호스는 3m 이내로 제한 확인			
	안전표어	가스 사용시 주의사항 등 부착 여부			
전기설비	누전차단기	누전차단기의 정상 작동 여부			
	전기배선	전선배선 불량 및 문어발식 콘센트 사용 여부			
	전기기구접지	전기기구 접지 및 피뢰침 설치 적정 여부			
	전기실	전기실 등 누유, 누전 및 보호시설 적정 여부			

표Ⅵ-6 체육시설물 안전점검표(소방비상설비)

소속		점검자		점검일자	

구분		점검 항목	양호	불량	개선조치계획 (비고)
소방설비	화재경보기	정상 작동 여부			
	스프링클러	정상 작동 여부			
	소화기	설치된 장소의 통행 또는 피난에의 장애 여부			
		사용하기 쉬운 위치에 설치 여부			
		구획된 실마다 설치 여부			
		보행거리의 규정치 이하 여부(소형 20m, 대형 30m마다 1대)			
		지시압력치의 적정 여부			
		소화약제의 동결·변질 여부			
		안전핀 봉인의 탈락 여부			
	옥내소화전	정상 작동 여부			
		소화전 앞 장애물 및 물건 적체 여부			
	방화셔터	정상 작동 여부			
비상설비	비상구	정상 작동 여부			
		비상구 앞 장애물 및 물건 적체 여부			
		비상구가 열려 있는지 여부(비상사태 발생 시 잠겨 있으면 피해가 커짐)			
	비상구 유도등	정상 작동 여부			
		장애가 되는 등화·광고게시물 여부			

구분	점검 항목		양호	불량	개선조치계획 (비고)
비상설비	대피 통로	정상 이용 가능 여부			
		장애물 또는 물건 적체 여부			
	대피 유도등	파손, 변형, 탈락 상태			
		정상 작동 여부			
		장애가 되는 등화·광고게시물 여부			
	피난 대피도	파손, 변형, 탈락 상태			
	완강기	설치된 위치의 안전 상태			
		정상 작동 여부			
	시각경보기	정상 작동 여부			
	휴대용 비상조명등	정상 작동 여부			
		배터리 교체 필요 여부			
		소방대상물의 각 거실과 지상에 이르는 복도, 계단, 통로의 설치 확인			
	자가발전설비	정상 작동 여부			
	방송설비	정상 작동 여부			
	안전표지판	파손, 변형, 탈락 상태			

이밖에 소화기 점검 시에 주의할 사항은 축압식 소화기의 경우, 내부에 압력이 가압되어 있는 상태이므로 아무런 조치 없이 소화기 뚜껑을 열어서는 안 된다. 가압식은 한번이라도 사용하면 누름레버를 놓아도 약재가 방출하므로 과잉 방출로 인한 피해를 막으려면 방사 중 소화기를 거꾸로 뒤집어서 가스만 방출시킨다.

가압식 소화기는 사이폰관(약제 흡입관)에 밸브를 통한 습기 침투로 인한 약제의 고(體)화를 방지하기 위해 호일이나 은박지 등으로 밀봉했으나 밀봉 처리가 제대로 이루어지지 않아 약제가 굳는 경우가 있으므로 약제의 고화 상태를 확인해야 한다. 축압식 소화기는 누름 레버를 놓으면 밸브가 막히므로 한 번 사용 후 지시압력계의 지침이 녹색 부분에 있고 중량을 측정하여 큰 차이가 나지 않는다면 재사용이 가능하지만, 밸브와 밸브 캡 사이에 미세한 분말이 끼어서 압력이 소실되는 경우가 있으므로 주의해야 한다.

소화기의 안전점검은 소화기마다 점검기록카드를 비치하여 효율적인 관리를 할 수 있도록 해야 한다. 소화기는 반영구적으로 사용할 수 있으나 8년 이상 사용했다면 압력이 정상이어도 교체를 권장한다.

2. 대피 유도등, 대피 표지, 비상조명등 점검사항

　대피 유도등은 피난구로부터 30m의 거리에 설치해야 하며, 통로 유도등은 벽체에 설치할 경우에 수직 하방으로부터 0.5m 떨어진 지점에 설치하며 바닥에 매립할 경우에는 직상부의 1m 높이에 설치해야 한다. 그리고 객석 유도등은 통로 바닥의 중심선에 매립해야 한다. 어느 유도등이든 멀리서도 잘 보이도록 기준 조도를 맞추어야 한다. 표Ⅵ-7은 각 유도등의 조도를 나타낸 것이다.

표Ⅵ-7 유도등 조도

구분		측정 위치	조도
피난구 유도등		피난구로부터 30m 거리	쉽게 식별(문자색채)
통로 유도등	벽체에 설치	수직 하방으로부터 0.5m 떨어진 지점	1lx 이상
	바닥 매립	직상부 1m 높이	1lx 이상
객석 유도등		통로 바닥의 중심선	0.2lx 이상

　대피 유도등 중 피난구 유도등은 녹색 바탕에 비상문, 비상계단, 계단 등의 문자를 백색으로 표시해야 한다. 통로 유도등의 경우에는 백색 바탕에 비상문, 비상계단 등의 문자를 녹색으로 표시한다.

표Ⅵ-8 유도등 표시면과 표시사항

구분	표시면	표시사항
피난구 유도등	녹색 바탕에 백색 문자	비상문, 비상계단, 계단
통로 유도등	백색 바탕에 녹색 문자	비상문, 비상계단

　대피 유도표지는 계단에 설치하는 것을 제외하고는 각층마다 복도 및 통로의 각 부분으로부터 하나의 유도표지까지의 보행거리가 15m 이하가 되는 곳과 구부러진 모퉁이의 벽에 설치해야 한다. 피난구 유도표지는 출입구 상단에 설치하고 통로 유도표지는 바닥으로부터 높이 1m 이하의 위치에 설치해야 한다. 또한 유도표지 주위에는 이와 유사한 등화, 광고물, 게시물 등을 설치해서는 안 된다. 그리고 유도표지는 부착판 등을 사용하여

쉽게 떨어지지 않도록 설치한다.

축광 방식의 유도표지는 외광 또는 조명장치에 의해 상시 조명이 제공되거나 비상조명등에 의한 조명이 제공되도록 설치해야 하는데, 비상조명등은 각 부분의 바닥에서 1럭스 이상의 조도를 유지하도록 해야 하며 유효 작동시간은 20분 이상이어야 한다.

Ⅴ. 체육시설 화재대비 안전점검표

체육시설물에서의 화재를 예방하기 위해서는 이와 관련된 점검사항 및 조치사항 등을 기재한 화재대비 안전점검표를 작성해야 한다.

화재대비 안전점검표는 체육시설물에서의 화재로 인한 재난을 예방할 수 있게 하며, 사전에 화재에 대비하여 준비사항을 철저히 확인하게 함으로써 화재로 인한 피해를 최소화하도록 하는 것이다.

표Ⅵ-9 체육시설 화재대비 안전점검표

소속			점검자		점검일자	

구분		점검 항목	양호	불량	개선조치계획 (비고)
일상점검사항	화재대비	피난 영상물의 정상 상영 여부(수시 상영 시)			
		방화문 앞 물건 적체 상태			
		방화셔터 하부에 가구·집기류 등 적체 상태			
		비상구, 피난로 관리 상태			
		비상구, 소화기, 소화전 등의 안내판 위치			
		소방차 진입로 관리 상태			
		가스용기 주변 가연성물질 방치 여부			
		지하실 환기 및 관리 상태 확인			
	비상대비	비상시 출동한 긴급서비스기관(경찰, 소방 등)에 제공해야 할 자료 준비 여부(부록 5 참조)			

화재대비 안전점검표를 작성할 때에는 점검 장소, 점검 내용, 점검 결과, 조치사항 등으로 구분하여 각 항목에 정확한 내용이 기재되어야 한다. 점검 내용은 각 체육시설물의 특성과 화재예방수칙에 적합하도록 구체적인 내용이 기록되어야 하며, 이에 대한 점검 결과 및 조치사항을 명확하게 기록해야 한다. 또한 해당 점검을 진행한 담당자를 기재하도록 하여 점검 내용에 대한 책임 소재를 명확히 해야 한다. 표VI-9는 체육시설 화재대비 안전점검표에 기재되어야 할 내용이다.

VI. 체육시설의 행사 안전점검표

현재 체육행사 개최에서의 안전관리에 대한 법적 근거가 명확하지 않아 대부분의 국내 체육행사에서는 별다른 대책 없이 이루어지고 있다. 그러나 행사가 진행되는 각 지방자치단체의 장은 행사의 특성이나 규모, 위험성 등을 판단하여 안전관리계획을 수립하고 추진할 수 있도록 하고 있다.

이와는 별개로 각 체육시설에서의 행사 주최자는 행사의 원활한 진행과 행사 참여자의 안전을 확보하기 위한 예방과 조치를 마련해야 한다. 표VI-10은 체육행사를 개최할 때, 행사의 안전을 위한 '사전, 행사 중, 행사 후' 등의 점검사항을 나타낸 것이다. 행사 주최자 및 관리자는 행사와 관련된 안전점검사항을 점검표로 작성하여 확인해야 한다.

VII. 비상시 조치사항

1. 비상상황 및 핵심 대처사항

체육시설에서 발생할 수 있는 비상상황은 화재, 지진, 테러 등에 의한 재난상황이다. 따라서 체육시설의 관리책임자는 이러한 비상상황에 즉각 대처하기 위한 위기상황 매뉴얼을 마련해야 하며, 평소 이에 따른 점검과 훈련 등으로 사전에 비상상황에 대한 대비가 이루어져야 한다.

표Ⅵ-10 체육시설 행사 안전점검표

소속		점검자		점검일자	

구분		점검 항목	양호	불량	개선조치계획 (비고)
행사안전점검항목	계약	행사 대관계약 시, 행사 안전에 대한 역할과 책임을 명시했는가			
	공통	안전관리요원을 취약 장소에 배치했는가			
		비상구, 대피경로, 소방장비, 경보장치 등 안전시설 설치 상태를 점검, 확인했는가			
		행사장 내 관객의 이동 통로를 확보했는가			
		무대 주위에 안전공간을 확보했는가			
		안전관리요원과 직원은 화재, 정전 등 비상시 행동요령을 숙지하고 있는가			
		안전관리요원과 직원에게 초기 화재진화, 구급 치료에 대한 교육을 실시했는가			
		수용인원 규모에 맞는 비상시 대피처를 확보했는가			
		수용인원과 체육시설 구조, 대피 소요시간에 맞는 대피경로를 확보했는가			
		대피경로상에 장애물은 없는가			
		대피경로상에 잠겨 있는 출입문은 없는가			
		대피경로를 알리는 안내판이 쉽게 보이는 곳에 설치되어 있는가			
		비상시 경기, 행사 중지 및 재시작 시기와 그 판단 및 결정권자가 정해져 있는가			
		유사시를 대비하여 응급차량이 대기하고 있는가(최단거리 위치 여부 확인)			
	행사 직전	안전관리요원이 배치되었는가			
		구조물이 손상, 붕괴, 변형으로부터 안전한가			
		출구, 비상구, 각 구역 게이트들과 관중석 연결로 게이트 등이 잘 작동하는가(전기문 등 원활한 작동)			
		모든 입구와 출구 경로, 비상구가 장애물 없이 깨끗하고 이동시 위험이 없으며 바닥이 미끄럽지 않은가			

구분		점검 항목	양호	불량	개선조치계획 (비고)
행사안전점검항목	행사 직전	가연성 쓰레기가 쌓여 있지 않은가			
		가연성 쓰레기 모아두는 쓰레기통은 안전한가			
		소방장비가 지정된 위치에 사용이 용이하게 비치되어 있는가			
		일반 관중의 출입이 금지된 장소가 적절하게 봉쇄되어 있는가			
		경기장에 던지는 무기로 사용될 만한 물건들은 없는가			
		방향표지판이 지정된 자리에 있는가			
		안내표지판과 부속품이 안전한가, 또 적절하게 위치해 있는가			
		경기, 행사에 필요한 임시장비들이 안전하게 설치되었는가			
		대규모 이용객 통제를 위한 대기칸막이 등이 설치되어 있는가			
	행사 중	안전관리요원이 제자리에 있는가			
		행사장 이동통로가 확보되었는가			
		경기장 주위 안전공간이 확보되었는가			
		선수 대기실 및 이동 동선이 관리되고 있는가			
		쓰레기가 쌓여 있지 않은가, 안전한 수거용기로 처리되었는가			
		물건들이 이동경로, 출입구 혹은 피난 경로에 쌓여있지 않은가			
		모든 통로와 출구, 비상 시 대피경로가 장애물 없이 깨끗한가			
	행사 후	관중의 퇴장이 끝날 때까지 안전관리요원이 제자리에 배치되었는가			
		선수들의 이동 통로가 확보되었는가			
		관중이 안전하게 퇴장, 해산하였는가			
		경기장의 손상 혹은 변형의 흔적이 있는가			
		가연성 쓰레기가 안전한 수거용기로 깨끗하게 처리되었는가(제거 혹은 보관)			
		우려되는 문제들이 다음 행사 전에 개선조치를 취할 수 있도록 기록되고 정리되었는가			

2. 비상상황의 대처사항

1) 화재 발생 시 대처사항

(1) 초동대처

소규모 화재는 소방대를 기다리는 동안, 소화기나 소화전 등 자체 소화시설을 사용하여 진화를 시도하는 것이 바람직하다. 대규모 화재나 확산되고 있는 화재를 진화하려고 자신이나 주변 사람들을 위험에 빠뜨려서는 안 된다.

불이 붙은 면적이 0.2㎡ 이상인 화재, 사람에게 피해를 주거나 가연성 화학물로 확산될 가능성이 있는 화재, 소화기 한두 대로 진화가 어려운 화재는 건물 내 모든 사람들에게 상황을 알리고 신속히 대피한다. 대피할 때에는 화재의 확산을 최대한 지연시키기 위해 출입문을 닫는 것이 좋다. 단, 잠그지 않는다.

(2) 화재신고

119에 화재 발생을 신고하고 화재경보기를 작동시킨 다음에 상황을 전파한다. 신고할 때에는 "여기는 ○○구 ○○로 ○번 건물, ○○체육관에서 불이 났습니다"와 같이 정확하고 침착하게 화재 위치를 알린다. 가능하면 무엇이 타고 있는지, 그리고 사람이 있는지를 알려준다.

(3) 안내

화재가 발생한 경우, 안내방송 및 전광판 자막을 이용하여 시설이용자에게 즉시 알리고 안전관리요원을 배치하여 안내한다. 대피 행동요령, 사고 상황, 이동경로, 대피처 도착 후 행동요령과 같이 핵심 내용에 대해서는 반복적으로 안내하여 대피하는 사람들에게 안내방송이 계속될 것이라는 것을 알게 해야 한다.

그림Ⅵ-6 비상상황 유형 및 대처사항

또 상황이 변할 때마다 사람들에게 알리도록 한다. 변동사항이 없더라도 안내방송을 계속 내보내서 사람들이 개별적으로 문의하는 일이 없도록 한다.

비상방송을 실시할 때는 평소보다 침착하게 방송하여 이용자가 당황하지 않도록 주의한다. 방송 순서는 '화재층-위층-아래층'의 순으로 하여 혼잡하지 않도록 한다. 그림Ⅵ-8은 화재 발생 시 방송문안의 예시이다.

이용객 여러분께 알려드립니다.
화재경보장치가 작동되어 절차에 따라 대피를 시작하겠습니다.
이동시에 비닐봉지나 젖은 물수건 등으로 입과 코를 막고
가까운 안전관리요원의 지시에 따라 건물 밖으로 천천히 대피해 주십시오.
여러분들의 협조를 부탁드립니다.

그림Ⅵ-7 화재 발생 시 방송문안(예시)

출처 : 행정안전부, 재난대비 국민행동요령

(4) 대피 유도

대피 유도 시에는 이용자가 당황하지 않도록 침착하게 행동하면서 대피의 필요성을 알린다. 층별로 대피가 가능한 위치(옥상, 피난구역, 피난계단 등)를 알려 혼잡이 일어나지 않도록 한다. 또한 이용자가 일시에 출구로 집중되지 않도록 침착한 상황 설명과 대피 안내를 필요하다. 대피에 필요한 물품(물수건 등)이나 휴대품을 소지하도록 홍보하며 모든 구성원의 대피를 확인할 수 있도록 그룹을 형성하여 이동하게 한다.

2) 지진 발생 시 대처사항

(1) 초동대처

지진 발생 시 크게 흔들리는 시간은 길어야 1~2분이므로 이 시간동안 테이블 등의 밑으로 들어가 몸을 피하고 테이블이 없을 때는 방석 등으로 머리를 보호한다. 다음으로 문을 열어서 출구를 확보하고 가스, 전기 등을 차단한다. 지진이나 화재가 발생할 때는 승강기를 사용하지 말아야 하고, 승강기를 타고 있을 때는 모든 버튼을 눌러 신속하게 내린 후 대피한다. 만일 갇혔을 때는 인터폰으로 구조를 요청한다. 화재가 났을 때에는 침착하

고 빠르게 불을 꺼야 한다. 불을 조기에 진화할 수 있는 기회는 세 번으로 크게 흔들리기 전, 큰 흔들림이 멈춘 직후, 발화된 직후 화재의 규모가 작을 때 등이다.

(2) 지진 피해신고

119에 지진으로 인한 피해 발생을 신고하고 상황을 전파한다. 지진으로 인한 화재의 경우에는 119에 정확하고 침착하게 "여기는 ○○구 ○○로 ○번 건물, ○○체육관에서 불이 났습니다"와 같이 화재 위치를 알린다. 이때 가능하면 무엇이 타고 있는지, 사람이 있는지를 알려주면 좋다.

(3) 안내

지진이 발생한 경우, 안내방송 및 전광판 자막을 이용하고 안전관리요원을 배치하여 안내한다. 지진은 순식간에 일어나므로 지진이 멈춘 후 안내방송을 실시한다. 안내방송을 실시할 때는 평소보다 침착하게 방송하여 이용자가 당황하지 않도록 주의한다. 대피 행동요령, 사고 상황, 이동경로, 대피처 도착 후의 행동요령과 같이 핵심 내용에 대해서는 반복적으로 안내함으로써 대피하는 사람들에게 안내방송이 계속될 것이라는 것을 알게 해야 한다. 상황이 변할 때마다 알리도록 한다. 변동사항이 없더라도 안내방송을 계속 내보내서 사람들이 개별적으로 문의하는 일이 없도록 한다. 그림Ⅵ-9은 지진 발생 시의 방송문안의 예시이다.

이용객 여러분께 알려드립니다. 방금 지진이 발생하였습니다.
침착하게 제자리에 앉아 계시고 긴급히 도움이 필요하신 분은
안전관리요원에게 알려주십시오
안전관리요원의 지시에 따라 건물을 빠져나가도록 하겠습니다.
깨진 유리나 떨어진 전선 등 기타 불안정한 물체나 잔해에 유의해 주십시오
감사합니다.

그림Ⅵ-8 지진 발생 시 방송문안(예시)

출처 : 행정안전부, 재난대비 국민행동요령

(4) 대피 유도

지진 발생 시에는 유리창이나 간판 등이 떨어져 위험하므로 서둘러서 밖으로 뛰어나가지 않도록 안내한다. 대피 유도 시에는 이용자가 당황하지 않도록 침착하게 대피 필요성

을 알린다. 큰 진동이 멈춘 후, 공터나 공원 등 넓은 공간으로 대피하도록 유도한다. 또한 블록담, 자동판매기 등 고정되지 않은 물건 등은 넘어질 우려가 있으므로 가까이 가지 않도록 주의한다. 층별로 대피가 가능한 위치(옥상, 피난구역, 피난계단 등)를 알려 혼잡이 일어나지 않도록 한다. 또 시설 이용자가 일시에 출구로 집중되지 않도록 침착한 상황 설명과 대피 안내를 실시한다. 대피에 필요한 물품(물수건 등)이나 휴대품을 소지토록 알리며 모든 구성원의 대피를 확인할 수 있도록 그룹을 형성하여 이동하도록 한다.

3) 테러 관련 대처 사항

(1) 초동대처

① 폭파, 살해 협박전화

전화를 끊지 말고 전화를 건 사람이 계속 말하도록 유도하고 시간을 끌면서 녹음(가능한 경우)한다. 전화를 건 사람이 무의식중에 제공하는 단서에 유의하며(성별, 연령, 발음, 억양 등) 의도나 협박 동기 및 기타 언급 사항을 그대로 기록하고 통화가 끝나는 즉시 지휘 보고 및 관계기관에 신고한다.

② 폭발물, 화생방테러 의심물품 발견

폭발물이나 위험물로 의심되는 물건을 발견할 경우, 즉시 관계기관과 방재실에 신고하고 전문가가 도착하기 전까지 통제구역을 설정하여 접근금지 조처를 취한다. 화생방테러 의심물질의 경우에는 옷 또는 신문지 등으로 조심스럽게 덮어두고 확산 방지를 위해 에어컨, 환기시설 등을 정지시킨다.

③ 폭탄테러 발생

폭탄테러가 발생할 경우에는 신체 보호를 위해 즉시 바닥에 엎드려 양팔과 팔꿈치를 옆구리에 붙이고 손으로 귀와 머리를 감싸도록 안내한다. 2차 폭발에 대비하여 일어나지 말고 이동할 필요가 있을 때에는 엎드린 자세로 이동하도록 유도한다.

④ 화생방테러 발생

화생방테러가 발생할 경우에는 겉옷이나 손수건 등을 사용하여 코와 입을 막고 실외로 신속히 대피하도록 하고, 야외일 경우라면 고층건물이나 고지대로 유도한다. 오염된 지역에서는 식수나 음식물을 먹지 말고 오염된 물체를 맨손으로 만지지 않도록 주의, 조치한다. 방독면이나 산소호흡기 등 구급장비는 안전요원들이 우선 착용하여 대피를 유도하면서 이용객들에게도 배포한다.

⑤ 인질 납치 발생

체육시설 내 이용객이 인질로 납치당했을 경우에는 유관기관의 협상이 시작될 때까지 침착하게 납치범들의 요구사항에 순응한다.

(2) 신고전파

신고처는 국번 없이 111(국가정보원), 112(경찰), 119(소방) 중 해당된다고 판단되는 하나를 선택하여 신고한다. 인터넷으로 신고할 경우에는 국정원 홈페이지(www.nis.go.kr)에서 좌측 상단의 '111신고센터 테러'아이콘을 사용하여 신고한다.

신고 내용은 신고자 이름, 소속, 현재 위치, 테러 협박 등 의심스러운 내용과 이유를 6하원칙(언제, 누가, 어디서, 무엇을, 어떻게, 왜)에 따라 신고한다. 현장 위치를 설명할 때에는 주변에서 쉽게 찾을 수 있고 특징 있는 도로나 건물명 및 층수 등을 설명한다. 거동 수상자를 신고할 때에는 그 사람의 옷차림, 외견상 특이점, 행동상의 수상한 점을 정리해서 신고하고 물품이나 차량을 신고할 경우에는 크기나 색깔, 재질, 차량번호와 차종 등을 상세히 설명한다.

신고할 때 유의해야 할 점은 가급적 현장을 이탈하지 말고 대상자 또는 내용물이 의심스러운 물품, 차량 등을 감시하면서 신고를 한다. 거동 수상자를 신고할 때에는 그 사람이 눈치를 채지 않도록 신고하되 간헐적으로 대상자의 동태를 파악하고 의심스러운 물품이나 차량을 발견한 시에는 현장 상황에 따라 대상과 일정거리를 유지하고 가급적 벽이나 기둥 등 엄폐물 뒤에 몸을 숨긴 채 휴대전화를 이용한다. 백색가루 등 생화학테러 의심물질인 경우에는 물수건 등으로 코와 입을 막고 시설물 내 일반인을 우선 대피시킨 후 신고한다.

(3) 안내

테러가 발생한 경우, 안내방송 및 전광판 자막을 이용하고 안전관리요원을 배치하여 안내한다. 테러의 성격에 따라 안내방송의 실시 여부를 신중하게 판단한다. 특히 인질 납치 등의 발생 시, 안내방송이 납치범들을 자극할 우려가 있다. 안내방송을 실시할 때는 평소보다 침착하게 방송하여 이용자가 당황하지 않도록 주의해야 한다. 대피 행동요령, 사고 상황, 이동경로, 대피처 도착 후 행동요령과 같이 핵심 내용에 대해서는 반복적으로 안내하여 대피하는 사람들에게 안내방송이 계속될 것이라는 것을 알게 해야 한다. 또한 상황이 변할 때마다 사람들에게 알리도록 한다. 변동사항이 없더라도 안내방송을 계속 내보내서 사람들이 개별적으로 문의하는 일이 없도록 한다. 그림Ⅵ-10, 그림Ⅵ-11은 폭탄테러와 화생방테러가 발생했을 때의 방송문안의 예이다.

이용객 여러분께 알려드립니다. 체육시설 내 폭탄테러가 발생하였습니다.
신체 보호를 위해 즉시 바닥에 엎드려 양팔과 팔꿈치를 옆구리에 붙이고
손으로 귀와 머리를 감싸 주십시오.
2차 폭발에 대비해, 미리 일어나지 마시고 잠시 기다려주시기 바랍니다.
안전관리요원의 지시에 따라 건물을 빠져나가도록 하겠습니다.
깨진 유리나 떨어진 전선 등 기타 불안정한 물체나 잔해에 유의해 주십시오. 감사합니다.

그림 Ⅵ-9 폭탄테러 시 방송문안(예시)

이용객 여러분께 알려드립니다.
체육시설 내 화생방테러가 발생하였습니다.
겉옷이나 손수건 등을 사용하여 코와 입을 막고
안전관리요원의 지시에 따라
신속히 실외로 대피하여 주시기 바랍니다.
감사합니다.

그림 Ⅵ-10 화생방테러 시 방송문안(예시)

(4) 대피 유도

대피 유도 시에는 이용자가 당황하지 않도록 침착하게 행동하면서 대피 필요성을 알린
다. 또 층별로 대피가 가능한 위치(옥상, 피난구역, 피난계단 등)를 알려 혼잡이 일어나지 않
도록 한다. 그리고 이용자가 일시에 출구로 집중되지 않도록 침착한 상황 설명과 대피 안
내를 실시하며, 대피에 필요한 물품(물수건 등)이나 휴대품을 소지토록 홍보한다. 이밖에
이동 시에는 모든 구성원의 대피를 확인할 수 있도록 그룹을 형성하도록 한다.

3. 신고전파 요령

사고가 발생하면 초동대응자 혹은 목격자는 긴급서비스기관(소방, 경찰, 병원 등)에 신고

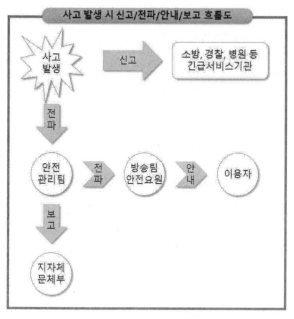

그림Ⅵ-11 신고전파요령

하는 한편, 체육시설 안전관리팀에 전파해야 한다. 안전관리팀(안전관리자)은 장내 방송팀과 안전요원에 전파하여 이용자에게 상황을 알리고 대피하거나 안정을 취할 수 있도록 유도해야 한다. 그리고 안전관리팀(안전관리자)은 상황을 취합하여 지방자치단체 및 문화체육관광부 등 소관 부처 관계자에게 보고해야 한다. 이를 위해 사전에 비상연락처 목록을 생성하여 관리해야 한다(부록 4. 비상연락처 목록작성요령 참조).

4. 행사 전 비상대비 안내요령

행사 시작 전에 관객에게 안전 관련 안내방송을 하도록 한다. 안내방송에서는 출구 위치 및 안전관리요원 위치, 비상시 대피요령과 같은 정보를 제공한다. 그림Ⅵ-13은 행사 전 방송문안의 예이다.

> 경기(행사) 시작 전 이용객 여러분께 알려드립니다.
> 현재 이용객 여러분께서 위치하고 계신 곳의 출구는 동측, 서측, 남측에 있습니다.
> 긴급한 상황 발생 시, 노란색 조끼를 입은 안전관리요원에게
> 도움을 요청해 주시기 바랍니다.
> 화재 등 사고 발생 시, 침착하게 안전관리요원의 지시에 따라주시기 바랍니다.
> 감사합니다.

그림Ⅵ-12 행사 전 방송문안(예시)

5. 대피 유도요령

1) 자력 대피가 곤란한 이용자의 대피 지원

대피 유도 시, 관리자는 우선적으로 중증환자부터 안전구역으로 대피시킨다. 휠체어 사용자는 직접 이동시키거나 보조인의 도움을 통해 안전구역으로 옮기며 장애인용 대피기구(구조대, 승강식 피난기)를 통해 신속하게 대피층으로 이동시킨다.

2) 대피 후 행동요령

지정된 대피 장소에 집결한 후에는 인원을 파악한다. 인원 파악 후, 대피하지 못한 인원이 있으면 소방대원이나 구조대원에게 대피하지 못한 이용자에 대한 신상정보(가능한 경우)를 제공한다. 또 대피자가 안정을 찾을 수 있도록 편안히 쉴 수 있는 공간을 제공하며 가까운 이용자들끼리 이야기하여 안정감을 찾도록 배려한다.

3) 대피 위한 사전준비

대피를 위해 사전에 층별로 안전구역을 설정하여 비상시에 당황하지 않도록 훈련한다. 야간에 대피 유도 인력이 부족함에 대비하여 인근의 대피 협력자를 사전에 지정하고 훈련을 가져 임무를 확인할 수 있도록 한다.

시설 거주인과 직원들의 안전을 위해 각 시설에서는 야간근무 및 휴일근무에 있어 위급상황에 대비한 당직사령 및 당직근무자를 적정하게 배치하여 운영해야 한다. 또 인근지역의 의용소방대원과 대장의 연락처를 사전에 확인하여 긴급 시에 도움을 요청할 수 있도록 한다.

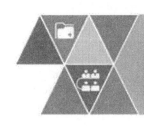

Ⅶ 체육시설 적합성 인증평가

제1장 체육시설 및 설비 적합성 인증평가

Ⅰ. 체육시설 및 설비 적합성 인증평가의 개념

1. 체육시설·설비의 표준화 개념

일반적으로 표준화(standardization)는 일상적이고 반복적으로 일어나거나 일어날 수 있는 문제를 주어진 여건 하에서 최선의 상태로 해결하기 위한 일련의 활동이라고 정의할 수 있다. 이러한 활동에 필요한 합리적 기준이 바로 표준(standards)의 의미하며, 표준은 합의에 의해 작성되고 인정된 기관에 의해 승인되어야 한다. 또한 표준의 기준은 공통적이고 반복적인 사용을 위해 제공되는 규칙, 가이드 또는 특성을 제공하는 문서로 정의하여야 하며, 과학기술 및 경험에 대한 총괄적인 사항들에 근거해야 한다. 이러한 표준화는 공동체 이익의 최적화 촉진을 목적으로 하는 것을 원칙으로 한다.

이와 같은 표준화의 정의에 따라 체육시설에서의 표준화는 체육활동에 적합한 시설과 설비로서 갖추어야 할 전반적인 성능을 표준화된 시험 방법을 통해 수치적으로 평가하는 것이라는 개념으로 정리할 수 있다.

2. 적합성 인증 기본용어의 정의

적합성 인증평가는 시험, 측정, 검사, 인증, 교정, 적합성 평가, 인정 등으로 구분할 수 있다.

시험은 가장 보편적인 적합성 평가활동으로 시험 절차에 따라 제품, 공정 또는 서비스 등 적합성 평가의 대상이 되는 것 가운데 하나 이상의 특성을 결정(측정하는 기술적 작업)하는 것을 의미한다.

측정이란 어떤 양에 대해 합리적으로 여겨지는 하나 또는 그 이상의 값을 실험적으로 얻는 과정이다.

검사는 제품 설계, 제품, 프로세스 또는 설치에 대한 조사(examination)를 실시하고 특정 요구사항에 대한 적합성을 결정하거나 전문적 판단에 근거하여 일반 요구사항에 대한 적합성을 결정하는 것이다.

인증이란 제3자(인증기관)가 절차에 따라 조직의 제품, 프로세스 또는 서비스가 기술된 요건에 적합하다는 것을 서면으로 보장하는 것을 의미한다.

교정은 명시된 조건 하에서 첫 번째 단계로 측정표준에 의해 제공된 양의 값(측정불확도 포함)과 대응되는 지시값(연계된 측정불확도 포함) 사이의 관계를 확립하고, 두 번째 단계로 지시값에서 측정 결과를 얻는 관계를 확립하기 위해 첫 번째 단계의 정보를 이용하는 작업을 의미한다.

적합성 평가는 제품, 프로세스, 시스템, 사람 또는 기관과 관련되어 규정된 요구사항이 충족됨을 실증적으로 평가하는 것이다. 적합성 평가에는 시험, 검사 및 인증과 더불어 적합성 평가기관에 대한 인정(accreditation)이 포함된다.

인정은 권한을 가진 인정기구가 절차에 따라 조직(예 : 시험기관) 또는 사람이 특정 업무를 수행할 수 있는 능력이 있음을 공식적으로 인정(recognition)해 주는 절차를 의미한다.

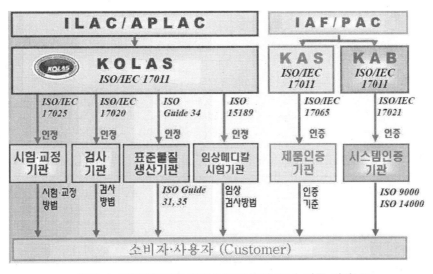

그림Ⅶ-1 인증규격국제표준화기구(ISO)의 국내 인증 절차(예)

II. 적합성 평가제도

1. 적합성 평가제도의 의미

1995년 우루과이라운드 다자간무역협상에서는 무역 상대국 간에 상이한 무역 기술장벽을 채택하고 적용함으로써 상품 및 서비스의 자유로운 이동을 저해하는 무역에 있어서의 제반 장애요소를 제거하기 위해 세계무역기구 무역기술장벽(WTO/TBT)협정을 체결했다. 이는 세계무역기구의 협정 체결 후 무역 상대국 간에는 기술규정 및 표준에 따른 적합성 평가에 의해 합리적 거래가 가능하게 되었다는 것을 의미한다.

세계무역기구 무역기술장벽협정은 표준(standards), 기술규정(technical regulations), 적합성 평가(conformity assessment)에 관한 협정이다. 이는 표준, 기술규정을 국제표준에 일치화하며 적합성 평가절차를 국제표준가이드와 일치시킴으로써 국제상호인정(MRA)을 확대시키고자 하는 노력에서 비롯되었다. 국제상호인정은 적합성 평가를 1회 실시하면 국경을 초월하여 전 세계 어디서나 그 결과를 인정받을 수 있다.

그림VII-2 WTO/TBT협정

2. 적합성 평가제도체계

적합성 평가는 성능, 서비스, 품질, 시스템 등이 법이나 규정, 표준 등에 부합하다는 것을 증명하기 위해 실시하는 것이다.

적합성 평가는 인정, 지정, 인증의 체계를 갖는다. 인정이란 국제표준(ISO/IEC 17011)에 의해 적합성 평가기관(CABs)의 능력을 평가하여 인정하는 임의적 행위로서, 한국인정기구 (KOLAS)의 인정 등이 해당된다. 지정이란 법에 의해 규정되는 시험검사기관의 능력을 평가하여 승인하는 강제적 행위로서 전기용품안전관리법 등과 같은 것이 해당된다. 그리고 인증이란 능력을 공식적으로 검증(인정, 지정 등) 받은 기관에 의해 제품, 성능, 서비스, 품질, 시스템 등이 법과 규정, 표준 등에 부합한다는 것을 인증 받는 행위를 말한다. 인증의 범위는 시험, 검사, 교정, 시스템인증(ISO 9000, 14001 등) 등이 있다.

그림Ⅶ-3 표준 · 인정 · 인증체계

3. 한국인정기구 개요 및 사례

한국인정기구(Korea Laboratory Accreditation Scheme, KOLAS)는 국가표준기본법 제23조와 제14조에 근거하여 1992년 출범된 기관으로 한국의 적합성 평가의 총괄을 담당하는 기구이다. 따라서 시험, 검사, 교정기관의 인정 및 관련 활동은 물론 인정기구의 운영 및 대외 국제업무를 담당한다. 이를 통해 적합성 평가의 신뢰성을 제고하며 관련 서비스의 국내외 통용을 촉진하고 국가와 국민의 이익을 증진하고 있다.

한국인정기구의 인정 분야는 역학, 화학, 전기 등 11개 대분류와 127개 중분류의 시험을 실시하고 있다. 즉, 길이 및 관련 양, 질량 및 관련 양 등 9개의 대분류, 41개의 중분류에 대한 교정, 산업용 설비 및 기계, 공산품 및 소비제품 등 10개의 대분류와 29개의 중분류에 대한 검사, 그리고 화학 조성, 물리적 특성 등 3개의 대분류와 31개의 중분류에 대한 표준물질은 물론, 2010년부터 의학 분야의 시범인증을 실시하고 있다. 그림VII-4는 한국인정기구의 인정 사례를 나타낸 것이다.

사례 : 국내 시험기관 KOLAS 인정으로 휴대폰 인증비용 절감

그동안 국내 휴대폰 생산업체는 GSM휴대폰을 유럽으로 수출하기 위해서는 영국의 BABT, 독일의 TUV PS 등의 인증기관으로부터 제품인증을 받아야만 수출이 가능하였으나 KOLAS 인정을 통하여 국내 시험성적서로도 별도의 심사절차 없이 제품인증을 받아 수출이 가능해짐.
국내 휴대폰 시험분야의 KOLAS 인정을 획득하여 휴대폰의 국내시험이 가능하게 됨에 따라 현재의 시험능력으로 연간 약 138억 원의 해외 시험비용을 절감하게 되었으며, 향후 2010년까지 시험시설 및 인력의 확충을 통하여 연간 약 700억 원(약 7천만불)의 해외 시험비용이 절감하게 될 것으로 기대됨.
국내 시험시장 점유율 : 현재('05) 30% 향후('10) 60% 확대

그림VII-4 한국인정기구(KOLAS)의 인정 사례

III. SI단위 및 설비 측정소급성

1. SI단위의 표준

사회생활의 질서 유지와 물물교환을 위해서는 양의 가치를 판단할 수 있는 절대적인 기준이 필요하다. 더욱이 근래에 들어와 국가 간 교역이 활발해짐에 따라 거래의 기준이 되는, 국제적으로 통일된 측정단위체계가 요구되고 있다. 최근에는 과학 및 기술의 발달에 따라 미세단위까지 정확히 현시할 수 있는 측정단위체계를 확립할 필요성이 대두되고

있다. 특히 WTO체제 하에서 TBT 극복을 위한 적합성 평가제도가 확산되고 있는 추세임을 감안할 때, 국제적으로 통일된 측정단위인 SI단위를 사용할 수밖에 없는 환경이 조성되고 있다.

현재 세계 대부분의 국가들은 국제도량형총회(CGPM)가 채택한 단위계(SI, International System of Units), 즉 국제적 양의 체계, 단위의 명칭, 기호, 일련의 접두어와 명칭 및 기호, 그리고 그들의 사용 규칙에 바탕을 둔 단위계를 사용하고 있다.

SI의 채택은 산업, 상업, 과학, 교육 등 모든 분야에서 사용하고 있는 측정단위를 국제적으로 통일된 치수체계로 확립함으로써 국가측정표준의 측정소급성을 확보하고 국가측정표준의 선진화 및 정밀측정능력을 제고할 뿐만 아니라 거래단위로부터 오는 혼란을 방지하고 상업, 무역 활동에의 신뢰성을 제공할 수 있다. 또한 시험이나 측정 결과에 대한 국제적·국내적인 신뢰성을 확보할 수 있고 무역 기술장벽을 해소할 수 있는 기반을 구축할 수 있다. 우리나라에서는 1999년 국가표준기본법을 제정하여 국제단위인 SI단위만을 사용하도록 규정하고 있다.

표VII-1 국제 공용 단위계

양	길이	기호
길이	미터	m
질량	킬로그램	kg
시간	초	s
전류	암페어	A
열역학적온도	켈빈	K
물질량	몰	mol
광도	칸델라	cd

2. 측정소급성의 개념

시험(test)이란 특정한 제품이나 공정, 서비스를 대상으로 하나 또는 그 이상의 특성을 규정된 절차에 따라 측정하는 기술적 작업이라고 할 수 있다. 따라서 시험 결과에 대한 신뢰성과 정확성의 보장은 매우 중요한 요소가 된다.

소급성(traceability)은 1960년대 초, 미국이 소련에 뒤떨어진 인공위성 기술을 따라잡기 위해 여러 가지 노력을 기울일 때 생겨난 용어로서 '미국 표준연구기관의 교정의 소급성 (traceability of calibration to NIST)'이라는 말에서 유래되었다. 소급성의 의미는 연구개발 이나 시험검사 현장 등에서 측정한 결과가 명시된 불확정 정도의 범위 내에서 국가측정 표준 또는 국제측정표준에 일치되도록 연속적으로 비교하는 교정체계를 의미한다.

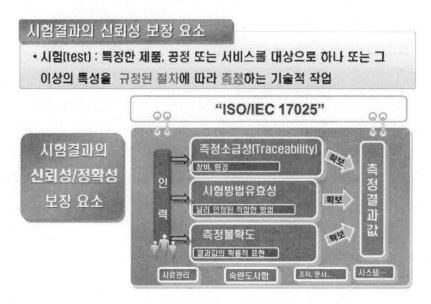

그림Ⅶ-5 시험 결과의 신뢰성 보장요소

공정한 거래를 위해서는 측정 결과의 동등성이 전제되어야 한다. 즉, 시험이나 검사 결과에 대한 신뢰가 보장되어야 하며, 이를 위해서는 국제적으로 약속된 기준에 의해 소급성이 확보되어야 한다. '측정결과의 소급성 유지를 위한 지침(KOLAS-G-020)'에서는 소급성을 측정의 결과 또는 표준의 값이, 모든 비교의 단계에서 명시된 불확도를 갖는 끊어지지 않는 비교의 사슬을 통해, 보통 국가표준 또는 국제표준인 정해진 기준에 관련시켜질 수 있는 특성이라고 규정하고 있다.

공인시험기관은 그 기관의 인정 범위와 관련된 주요 기기의 교정 및 그 기기에 의해 산출된 측정 결과가 SI단위로 소급되어지는 것을 입증해야 한다. 그러한 소급이 기술적으로 가능하지 않거나 타당하지 않을 경우에는 시험기관, 고객 및 모든 관련 단체가 승인하고 명확히 제시된 합의표준(consensus standard) 및 특정 방법을 사용하는데 동의할 수 있도록 하고 있다.

공인교정기관은 인정 범위와 관련된 교정 및 장비를 위해 적절한 국가측정표준기관이나 측정불확도와 함께 소급성, 측정 능력 및 자격 등을 입증할 수 있는 교정기관으로부터 소급을 얻어야 한다.

그림Ⅶ-6 측정소급성의 체계

3. 측정, 교정, 시험, 검사의 개념

국가표준기본법 제3조 9항에 따르면, 측정(Measurement)은 산업사회의 모든 분야에서 어떠한 양의 값을 결정하기 위해 행하는 일련의 작업을 말한다.

동법 제3조 16항에는 교정(Calibration)의 의미를, 특정 조건에서 측정기기, 표준물질, 척도 또는 측정체계 등에 의해 결정된 값을 표준에 의해 결정된 값 사이의 관계로 확정하는 일련의 작업이라고 규정하고 있다. 또 '측정결과의 소급성 유지를 위한 지침(KOLAS-G-20, 2012)'에서는 교정을 측정기기나 측정시스템이 지시하는 양의 값 또는 물적 척도나 표준물질이 표시하는 값과 표준에 의해서 현시된 값에 대응하는 값 사이의 관계를 지정된 조건하에서 확립하는 일련의 작업이라고 정의하고 있다.

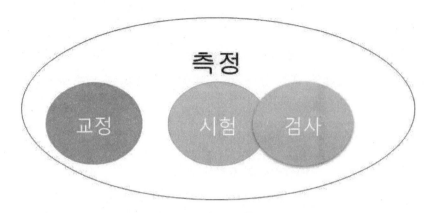

그림VII-7 측정과 교정·시험·검사

　다시 말해 교정이란 측정과 관련하여 국가측정표준과의 소급성을 유지하는 것으로, 각 측정기들을 측정의 기준이 되는 것과 비교하여 기준값과의 차이를 결정하는 것이라고 할 수 있다. 시험(Testing)의 정의는 '측정결과의 소급성 유지를 위한 지침'에서 해당 제품, 물질, 장비, 유기체, 물리적 현상, 공정 또는 서비스의 하나 또는 여러 특성이나 성능을 정해진 절차에 따라 결정하기 위한 일련의 기술적 조작이라고 정의를 내리고 있다.

　검사는 'KS Q 17020 해설서(KOLAS-G-010, 2012)'에 따르면, 검사는 제품 설계, 제품, 서비스, 공정 또는 시설에 대해 조사하고 전문적인 판단에 근거하여 이들의 특정 요건이나 일반 요건에 대한 적합성을 판정하는 것이라고 정의를 내리고 있다.

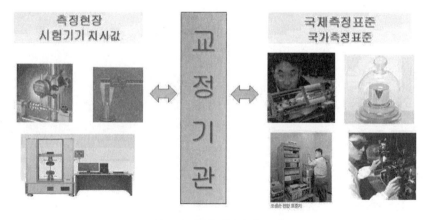

그림VII-8 측정기준기의 교정

현재 각 측정의 기준이 되는 기준기들은 국가측정표준대표기관(KRISS)에서 보유하고 있으며, 국가교정기관에서 보유하고 있는 교정용 표준기를 한국표준과학연구원에서 교정하여 실험실이나 현장에 보유하고 있는 측정기를 교정하고 있다.

교정이란 제조 공정에서 제품의 균질성과 성능을 보장하고 시험과 검사에서 산출하는 측정결과의 신뢰성을 보장하기 위해 필요한 과정이다. 그리고 측정기는 사용횟수, 사용환경, 내구연한 등 여러 요인으로 인해 최고 성능에서 벗어나 측정값이 일치하지 않으며, 이러한 불일치한 정도는 교정을 통해서 확인 또는 조정해야 한다. 교정은 그림VII-8에서와 같이 정밀·정확도가 더 높은 교정용 표준기와 산업체가 사용하는 측정기를 비교하여 이루어진다. 교정을 해야만 사용하는 측정기의 정밀·정확도가 유지될 수 있다.

제2장 체육시설 및 설비 인증평가

Ⅰ. 축구경기장 구장평가 실례

구장평가란 축구경기에 적합한 구장으로 갖추어야 할 전반적인 성능을 표준화된 시험 방법을 통해 수치적으로 평가하는 것이다. 구장의 품질 비교평가는 현장시험(field test)을 통해 실시된다. 현장시험은 충격흡수성, 수직방향변형, 에너지회복률, 회전저항, 미끄럼저항, 피부 및 표면마찰 등이 평가되며 공(ball)의 수직공반발, 공구름, 외관검사, 경사공반발 등의 검사가 실시된다.

1. 충격흡수성 시험

충격흡수성 시험은 일정 하중의 무게 추를 (55.00±0.25)mm에서 떨어뜨려 구장의 바닥에 가해지는 충격에 대한 흡수율을 평가하는 것이다. 측정평가의 기준은 축구장의 경우 일반적으로 국제축구연맹(FIFA)의 규정에 따른다.

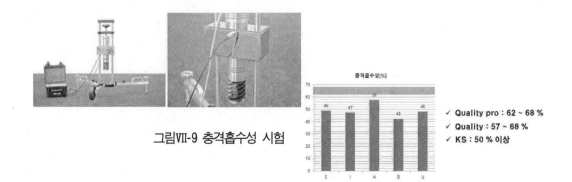

그림Ⅶ-9 충격흡수성 시험

✓ Quality pro : 62 ~ 68 %
✓ Quality : 57 ~ 68 %
✓ KS : 50 % 이상

2. 수직방향변형 시험

수직방향변형 시험은 일정 하중의 무게 추를 (55.00±0.25)mm에서 떨어뜨려 구장 바닥에 가해지는 충격에 대한 표면의 처짐을 평가하는 것이다. 측정평가의 기준은 국제축구연맹에서 정해진 규정에 따른다.

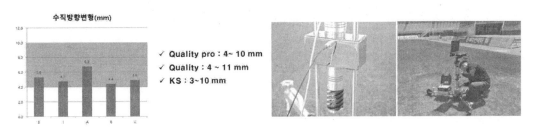

그림Ⅶ-10 수직방향변형 시험

3. 에너지회복률 시험

에너지회복률 시험은 일정 하중의 무게 추를 (55.00±0.25)mm에서 떨어뜨려 구장 바닥에 충격 전과 후에 가해지는 낙하 하중의 에너지의 값을 비교하여 측정한다. 측정평가의 기준은 축구장의 경우 일반적으로 국제축구연맹의 규정에 따른다.

4. 회전저항 시험

회전저항 시험은 충격을 위한 부속의 무게가 (46±2)kg인 장비를 (60±5)mm의 높이에서 떨어뜨려 무게 추에 달린 스터드를 구장 바닥에 압입시킨 후 회전토크계를 이용하여

그림Ⅶ-11 회전저항 시험

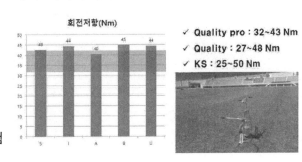

회전저항값을 측정하는 것이다. 측정평가의 기준은 축구장의 경우 일반적으로 국제축구연맹의 규정에 따른다.

5. 수직공반발 시험

수직공반발 시험은 2m 높이에서 자유낙하한 일정 압력의 공이 구장 바닥의 표면과 충돌한 후 튀어 오르는 높이를 산출하는 것이다. 측정평가의 기준은 축구장의 경우 일반적으로 국제축구연맹의 규정에 따른다.

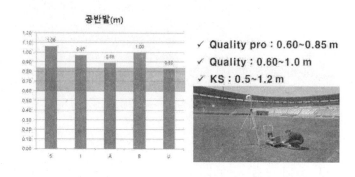

그림Ⅶ-12 수직공반발 시험

6. 공구름 시험

공구름 시험은 경기장 표면으로부터 1m 높이에 위치한 거치대 위의 지점으로부터 굴려진 일정 속도의 공이 구장의 표면을 가로질러 정지 시까지 굴러간 거리를 측정하는 것이다. 측정평가의 기준은 축구장의 경우 일반적으로 국제축구연맹의 규정에 따른다.

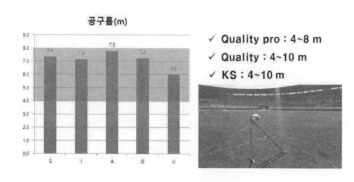

그림Ⅶ-13 공구름 시험

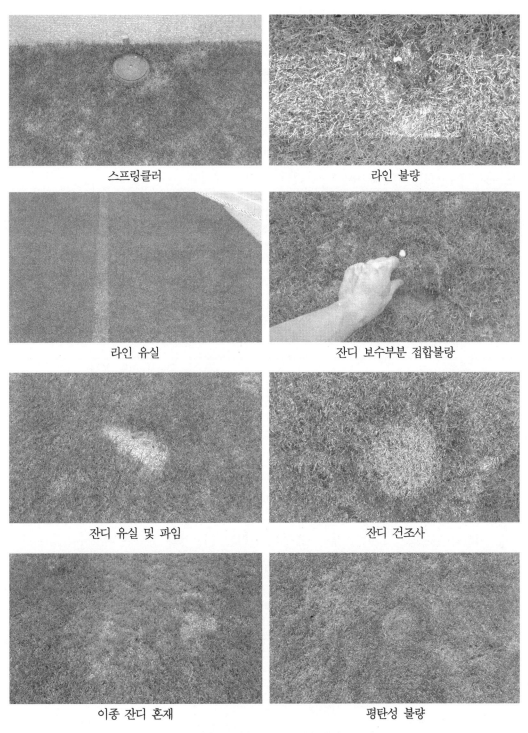

스프링쿨러   라인 불량

라인 유실   잔디 보수부분 접합불량

잔디 유실 및 파임   잔디 건조사

이종 잔디 혼재   평탄성 불량

그림Ⅶ-14 현장조사 지적사항

7. 외관검사

구장의 외관검사는 표VII-2에 나타난 항목들을 중심으로 경기장의 결합이나 특징 등에 대해 세밀하게 관찰하고 지적한다.

표VII-2는 국제축구연맹의 품질프로그램(Quality Programme)에서 도입한 외관검사 항목들이다. 그 밖의 구장의 외관검사는 잔디 상태 등 현장의 실태를 종합적으로 관찰하고 지적한다. 그림VII-14는 현장조사의 지적사항을 나타낸 예이다.

표VII-2 축구장 외관검사항목

외관 관련 항목	평탄성 관련 항목
골포스트	굴곡
코너 깃발	잔디 유실 및 파짐
라인 마킹	라인 마킹위치 평탄성
안전 및 접근성	스프링클러
배수	잔디 보수부분 접합 불량
전반적 외형	

II. 체육시설 안전점검 장비

체육시설의 안전점검 장비는 체육건축물과 관련된 안전점검 장비를 비롯하여 각 종목별 특성에 맞는 각종 장비들이 있다. 표VII-3부터 표VII-7의 내용은 체육시설과 관련된 각종 안전점검 장비를 소개한 것들이다.

표VII-3 체육시설 건축물 관련 검사장비

조사항목	조사구분	장비명		비고
내구성	콘크리트	균열진행측정기 (FCV-30)		○콘크리트의 균열폭 측정

조사항목	조사구분	장비명		비고
내구성	콘크리트	콘크리트 건전성측정기 (CTS-02)		o 콘크리트 표면의 열화, 박리 측정 및 강도 추정
		초음파 두께측정기 (LU-600B)		o 초음파를 이용하여 동 및 비 철금속의 두께 측정 o 탱크, 선박, 보일러 등의 보수 점검 또는 두께 측정에 이용
안정성		테스트해머 (Silver Schmidt Hammer ST-N, L type)		o 콘크리트의 표면 반발 경도를 측정하여 콘크리트 강도 측정

표Ⅶ-4 체육시설 설비 관련 검사장비

조사항목	조사구분	장비명		비고
설비	관로	누수탐사기 (AQUAPHON A100)		o 전기 음향 누수 탐지
	전기	접지저항계 (KEW-4200)		o 접지저항 측정
		열류계 (HFM-201)		o 전자, 정밀: 조명장치, 에어컨, 냉장고 등 각종 발열전기장치 의 QC 및 연구개발
	강재	체결력측정기 (Torque Wrench) DTC-EXL SERIES		o 볼트 토크 측정
환경	대기	유독가스측정기 (Mini MAX-X4)		o 산소농도 측정

표VII-5 체육시설 인조잔디구장 관련 검사장비

조사항목	조사구분	장비명		비고
안전성	인조잔디 바닥	DELTEC		○ 충격 흡수, 수직방향변형율 측정 장비
		Floor Test 50		○ 인조잔디 규사나 충진재의 배토량을 측정 또는 포설 두께를 측정
		XRF분석기 (광물성분 분석기)		○ 유행물질 감지 및 분석

표VII-6 체육시설 수영장 관련 검사장비

조사항목	조사구분	장비명		비고
환경	수질	SINSCHE T-CP 수영장 휴대용 다항목 수질 측정기		○ 수영장 잔류 염소, PH, 색도, 이산화염소, 탁도를 측정
	수압	수압계 Primelog +(전자식자기기록 수압계)		○ 상수관로 수압 측정 ○ 유속 측정
	대기	유독가스측정기 Mini MAX-XT		○ 산소 결핍, 유독성가스, 폭발성가스 측정
설비	관로	누수탐사기 (청음식) HG-10AⅡ		○ 누수 소음을 통해 누수 여부 판단

조사항목	조사구분	장비명		비고
	철근	철근부식도측정기(자연전위법) Canin+with Rod		○자연전위차방식으로 콘크리트의 피복 두께에 관계없이 구조물 내부의 철근부식도를 측정하는 방식

표VII-7 체육시설 스키장 관련 검사장비

조사항목	조사구분	장비명		비고
안전	후송 장비	분리형 들것		○부상자의 상태, 슬로프의 경사도, 설면의 상태 등에 따라 상황에 맞는 후송 장비
		전신 척추고정판		
		접이식		
	강재	경도측정기 Equostat 3		○금속 경도 측정
	안전장비	안전매트		
		안전지지대		
		안전망		
	계측	레이저 측정기 PD-42		○거리, 높이 및 경사 측정

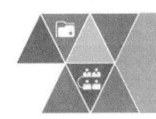

부록 I

부록 I-1 소규모 체육시설을 위한 안전점검표

점검자			점검일자	

구분		점검 항목	양호	불량	개선조치계획 (비고)
건물 내부	기둥	손상 균열, 콘크리트 탈락, 철근 노출 등			
	벽	손상 균열, 누수, 백태, 돌출 등 안전 상태			
		벽면 부착물(액자, 책장 등) 안전 상태(지진 대비)			
	보	손상 균열, 콘크리트 탈락, 철근 노출 등			
	천정	누수, 백태			
		마감재 탈락, 노후화			
		텍스, 몰탈, 전등 등 안전 상태			
	바닥	손상 균열			
		하중에 의한 기울기 및 바닥판 변형 상태			
		돌출 안전 상태			
	창호	창호(문짝, 문틀)의 탈락 위험성			
		창호 유리의 안전 상태			
		창호 부착물(방범창, 방충망) 안전 상태			
		창호 유리의 안전 상태			
	화장실	내부 경량 칸막이의 안전 상태			
		내벽 타일 탈락 등 안전 상태			
		위생기구(변기, 세면대 등) 안전 상태			
	계단	바닥, 벽의 돌출 등 안전 상태			
		주계단 균열 상태			
		계단 부착물(미끄럼 방지턱 등) 안전 상태			
	난간	난간의 흔들림			
소방 설비	화재경보기	정상 작동 여부			
	스프링클러	정상 작동 여부			
	소화기	적정 보유 여부			
		정상 작동 여부			
비상 설비	비상구	정상 작동 여부			
	비상구 유도등	파손, 변형, 탈락 상태			
		정상 작동 여부			
	피난대피도	파손, 변형, 탈락 상태			
	휴대용 비상조명등	정상 작동 여부			
		배터리 교체 필요 여부			
가스 설비	가스차단기	정상 작동 여부			
	경보기	정상 작동 여부			
	가스밸브	노후 상태, 누출 점검			
	배관	매설 및 고정 상태			
	가스관	부식 및 손상 여부			
	안전표어	가스 사용 시 주의사항 등 부착 여부			
전기 설비	누전차단기	누전차단기의 정상 작동 여부			
	전기배선	전선배선불량 및 문어발식 콘센트 사용 여부			

＊체육시설 내 운동기구가 설치되어 있을 경우, 안전한 상태로 유지・관리해야 함.

부록Ⅰ-2 안전점검 항목별 사례 자료

종류	불량한 사례 1	불량한 사례 2	양호한 상태
벽			
보			
창호			
슬래브			
옹벽			

종류	불량한 사례 1	불량한 사례 2	양호한 상태
비상 통로			
소화전			
비상구			

부록 I-3 안내판 설치 및 피난 안내도 작성 요령

1. 안내판 설치 요령

○ 안내판이 쉽게 눈에 띄고 쉽게 이해할 수 있도록 설치의 위치와 크기를 결정한다.

○ 비상구, 대피경로, 소화기 위치, 응급처치시설, 입구, 주차장, 소방차 진입로 등을 표시한다.

○ 위치 안내 및 방향이 명확하게 표시되어 비상시 관람객 움직임의 흐름을 원활히 할 수 있도록 해야 한다.

○ 현장 상황을 알리는 상황판을 비치하여 경기(행사) 예상 소요시간 및 협조사항을 알려주고 관중의 질서 유지를 유도한다.

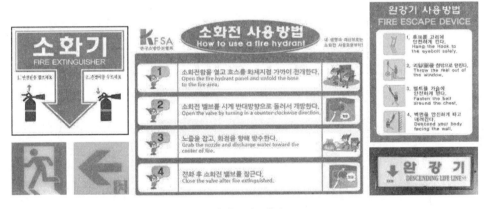

안내표지 예시

2. 피난 안내도 작성 요령

○ 시설의 층별 평면도를 그리고 그 위에 피난 방향을 표시한다.

○ 소화기, 옥내소화전, 경보장치, 발신기 등이 있는 위치를 표시한다.

○ 안내도 위치에서 피난 계단까지의 방향을 화살표로 표시한다.

○ 막다른 통로나 복도의 위치를 표시하고 유도등 위치를 표시한다.
○ 피난 안내도는 실 입구나 계단 근처에 부착하여 둔다.

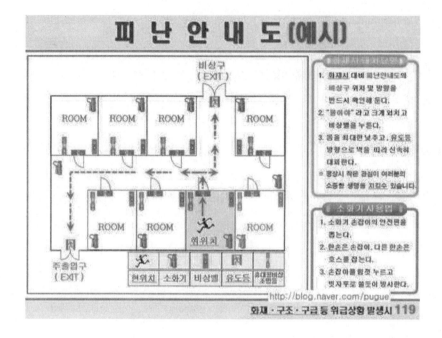

부록 I -4 비상연락처 목록 작성요령

○ 비상연락처 목록을 작성하여 시설 내 주요 위치에 눈에 잘 띄게 비치하고 주기적으로 갱신한다.

○ 비상연락처 목록에는 다음 사항을 포함한다.
 - 응급전화 : 소방서, 경찰, 병원(가능한 여러 개의 전화번호를 기록한다)
 - 시설지원기관 : 전기, 가스, 교통 등
 - 주요부서 : 방송실, 조명실, 전기실, 기계실 등
 - 책임자 : 시설장, 시설관리 책임자 등(사무실, 집, 휴대전화 모두 기록한다)
 - 보고 대상 : 지자체, 문체부 등 소관 부처

○ 비상연락처 목록 예시

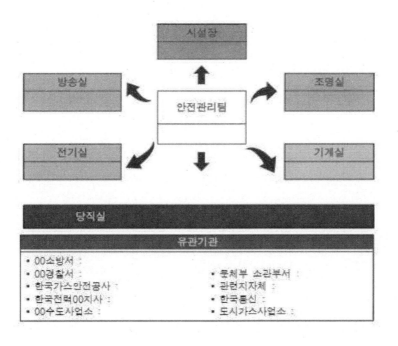

부록 I-5 출동한 긴급서비스기관에 제공해야 할 자료(예시)

○ 체육시설 소유자 및 관리자가 경찰, 소방 등 긴급서비스기관의 출동이 필요한 비상상황이 발생했을 때를 대비하여 단시간 내에 건물의 구조와 수용인원, 잔류 인원, 화재 발생 우려가 있는 설비 현황 등을 파악할 수 있도록 자료를 준비하고 제공하는 것은 신속한 대처를 통한 피해 최소화에 도움이 된다.

1. 건축물 일반현황

가. 기본현황

업소명			소재지			전화	주)
							야)
건물구조	본관 : ○○○○구조			대지면적 ㎡	연면적 ㎡	건축면적	㎡
	승강기 ○개소, 피난계단수 ○개소, 비상구 ○○개소						
화재보험 가입	가입 연월일		회사명		가입 대상물		계약 금액
관계인	종별\구분	성명	연령	직업	주소		주민등록번호
	소유자						
	관리자						
	점유자						
소방안전 관리자	성명		신고 연월일	연령	학력	자격증 종류	직책

나. 동별·층별 현황

동/층\명칭	건물용도 및 명칭	구조	내장물	층수	바닥면적(㎡)	연면적(㎡)	수용인원
합계							
층별							

2. 건축물 도면

3. 화재 발생의 우려가 있는 설비의 현황

설비명	설치 장소	설치 수량	사용기간	비고
보일러				
온풍기				
가스레인지				
가연성가스 (도시가스)				
기타 설비 (변압기)				

부록 I -6 체육시설업 안전 기준

1. 체육시설업의 시설 기준

종목	안전시설 기준
공통 기준	○체육시설(무도학원업과 무도장업은 제외한다) 내의 조도는 산업표준화법에 따른 조도 기준에 맞아야 한다. ○부상자 및 환자의 구호를 위한 응급실 및 구급약품을 갖추어야 한다. 다만, 신고 체육시설업(수영장업은 제외한다)과 골프장업에는 응급실을 갖추지 아니할 수 있다. ○적정한 환기시설을 갖추어야 한다.
골프장업	해당 내용 없음
스키장업	○슬로프 내 이용자가 안전사고를 당할 위험이 있는 곳에는 안전망과 안전매트를 함께 설치하거나 안전망과 안전매트 중 어느 하나를 설치하여야 한다. 이 경우 안전망은 그 높이가 지면에서 1.8m 이상, 설면으로부터 1.5m 이상이어야 하고, 스키장 이용자에게 상해를 일으키지 않도록 설계하도록 하되, 최하부는 지면의 눈과 접촉하여야 하며, 안전매트는 충돌 시 충격을 완화할 수 있는 제품을 사용하되, 그 두께가 50㎜ 이상이어야 한다. ○구급차와 긴급 구조에 사용할 수 있는 설상차를 각각 1대 이상 갖추어야 한다. ○정전 시, 이용자의 안전관리에 필요한 전력공급장치를 갖추어야 한다. 안전모의 대여를 요청할 때 대여할 수 있는 충분한 수량을 갖추어야 한다.
요트장업	○긴급해난구조용 선박 1척 이상 및 요트장을 조망할 수 있는 감시탑을 갖추어야 한다. ○요트 내에는 승선 인원수에 적정한 구명대를 갖추어야 한다.
조정장업 카누장업	조정장(카누장)의 수용능력에 적정한 구명대 및 1척 이상의 구조용 선박(모터보트)과 조정장(카누장) 전체를 조망할 수 있는 감시탑을 갖추어야 한다.
빙상장업	○빙판 외곽에 높이 1m 이상의 울타리를 견고하게 설치하여야 한다. ○유해 냉각매체를 사용하지 않는 제빙시설을 설치하여야 한다.
2륜자동차 경주장업	○트랙의 양편에는 폭 3m 이상의 안전지대를 설치하여야 한다. ○경주장 전체를 조망할 수 있는 통제소를 설치하여야 한다.
	○출발지점을 제외한 트랙의 직선 부분은 트랙의 좌우 흰색선 바깥쪽으로 3m 이상, 5m 이하의 안전지대를 두어야 하며, 트랙의 곡선 부분은 다음의 공식

자동차경주장업	4륜자동차 경주장업	에 따른 폭의 안전지대를 두어야 한다. 다만, 안전지대의 바닥에 깊이 25cm 이상으로 자갈을 까는 경우 안전지대의 폭은 트랙의 직선 부분은 2m 이상, 곡선부분은 아래의 공식에 따라 산출된 폭의 2분의 1 이상으로 할 수 있다. 안전지대의 폭(미터)=(속도)2/300 ※ 속도의 단위는 시간당 킬로미터임 ○ 트랙 양편의 안전지대 바깥쪽 경계선에는 경주 중인 차량이 트랙을 이탈하는 경우, 안전지대 바깥쪽으로 벗어나지 아니하고 정지할 수 있는 정도의 수직보호벽(높이 69cm 이상이어야 한다)을 가드레일(2단 이상)이나 콘크리트벽으로 설치하여야 한다. ○ 관람객과 다른 시설물 등을 경주 중인 차량의 사고로부터 보호하고 경주장 외부로부터 무단접근을 방지하기 위하여 수직보호벽 바깥쪽에 3m 내외의 간격을 두고 높이 1.8m 이상의 견고한 철망·울타리 등을 설치하여야 한다. ○ 경주의 안전한 진행에 필요한 종합통제소, 검차장, 표지판 및 신호기 등을 갖추어야 한다. ○ 감시탑은 트랙의 전체를 조망할 수 있고 경주 중인 차량이 잘 보이는 곳으로서 트랙의 여러 곳에 설치하되, 감시탑 간의 간격은 직선거리 500m 이하여야 하고 감시탑 간에는 육안으로 연락할 수 있어야 한다. ○ 견인차, 구급차, 소화기 탑재차 및 트랙의 이상 유무를 확인할 수 있는 통제차를 각 1대 이상 배치하여야 한다. ○ 긴급사고 발생 시 견인차, 구급차, 소화기 탑재차 등이 트랙에 쉽게 접근할 수 있도록 비상도로를 설치하여야 한다.
승마장업		해당 내용 없음
종합체육시설업		해당 내용 없음
수영장업		이용자의 안전을 위하여 수영조 전체를 조망할 수 있는 감시탑을 설치하여야 한다. 다만, 호텔 등 일정 범위의 이용자에게만 제공되는 수영장은 감시탑을 설치하지 아니할 수 있다.
체육도장업		해당 내용 없음
골프연습장업		연습 중 타구에 의하여 안전사고가 발생하지 않도록 그물, 보호망 등을 설치하여야 한다. 다만, 실외골프연습장으로서 위치 및 지형상 안전사고의 위험이 없는 경우에는 그러하지 아니하다.
체력단련장업		해당 내용 없음
당구장업		해당 내용 없음
썰매장업		슬로프의 가장자리에는 안전망과 안전매트를 설치하여야 한다.
무도학원업 무도장업		해당 내용 없음

출처 : 체육시설의 설치·이용에 관한 법률 시행규칙 별표 4

2. 체육지도자 배치 기준

체육시설업 종류	규모	배치인원
골프장업	골프코스 18홀 이상 36홀 이하	1명 이상
	골프코스 36홀 초과	2명 이상
스키장업	슬로프 10면 이하	1명 이상
	슬로프 10면 초과	2명 이상
요트장업	요트 20척 이하	1명 이상
	요트 20척 초과	2명 이상
조정장업	조정 20척 이하	1명 이상
	조정 20척 초과	2명 이상
카누장업	카누 20척 이하	1명 이상
	카누 20척 초과	2명 이상
빙상장업	빙판 면적 1,500㎡ 이상 3,000㎡ 이하	1명 이상
	빙판 면적 3,000㎡ 초과	2명 이상
승마장업	말 20마리 이하	1명 이상
	말 20마리 초과	2명 이상
수영장업	수영조 바닥 면적이 400㎡ 이하인 실내수영장	1명 이상
	수영조 바닥 면적이 400㎡를 초과하는 실내수영장	2명 이상
체육도장업	운동 전용면적 300㎡ 이하	1명 이상
	운동 전용면적 300㎡ 초과	2명 이상
골프연습장업	20타석 이상 50타석 이하	1명 이상
	50타석 초과	2명 이상
체력단련장업	운동 전용면적 300㎡ 이하	1명 이상
	운동 전용면적 300㎡ 초과	2명 이상

비고 :

1. 체육시설업자가 해당 종목의 체육지도자 자격을 가지고 직접 지도하는 경우에는 그 체육시설 업자에 해당하는 인원의 체육지도자를 배치하지 아니할 수 있다.
2. 종합체육시설업의 경우에는 구성하고 있는 각각의 체육시설업의 해당 기준에 따라 체육지도 자를 배치하여야 한다.

출처 : 체육시설의 설치·이용에 관한 법률 시행규칙 별표 5

3. 안전·위생 기준

종목	안전·위생 기준
공통 기준	○체육시설 내에서는 이용자가 항상 이용질서를 유지하게 하여야 한다. ○이용자의 체육활동에 제공되거나 이용자의 안전을 위한 각종 시설, 설비, 장비, 기구 등은 안전하게 정상적으로 이용될 수 있는 상태를 유지하도록 하여야 하며, 재난 및 안전관리기본법 제3조 제1호에 따른 재난으로 인한 피해가 발생하지 아니하도록 노력하여야 한다. ○재난 및 안전관리기본법 제3조 제1호에 따른 재난으로 인하여 이용자의 안전을 해칠 우려가 있다고 판단될 때에는 그 체육시설의 이용을 제한하여야 한다. ○체육시설업의 해당 종목의 특성을 고려하여 음주 등으로 정상적인 이용이 곤란하다고 판단될 때에는 음주자 등의 이용을 제한하여야 한다. ○체육시설의 정원을 초과하여 이용하게 하여서는 아니 된다. ○화재 발생에 대비하여 소화기를 설치하고 이용자가 쉽게 알아볼 수 있는 곳에 피난 안내도를 부착하거나 피난 방법에 대하여 고지하여야 한다. ○체육시설업자는 체육시설 내에서 사망사고가 발생한 경우에는 해당 체육시설업을 등록 또는 신고한 지방자치단체의 장에게 즉시 보고하여야 한다.
골프장업	코스관리요원(골프장에서 잔디 및 수목의 식재, 재배, 병해충 방제와 체육활동을 위한 풀베기작업과 농약의 안전한 사용·보관 및 오염 방지 등에 관한 업무에 종사하는 자를 말한다)을 18홀 이하인 골프장에는 1명 이상, 18홀을 초과하는 골프장에는 2명 이상을 배치하여야 한다.
스키장업	○스키지도요원(스키장에서 이용자에게 스키에 관한 지식과 스키를 타는 방법, 기술 및 안전 등에 관하여 교습하는 업무에 종사하는 사람을 말한다) 및 스키구조요원(스키장에서 슬로프를 순찰하여 안전사고 예방과 사고발생 시 인명구조 및 후송 등의 업무에 종사하는 사람으로서 법 제34조에 따른 스키장협회에서 실시하는 정기안전교육을 받은 사람을 말한다)을 배치하되, 스키지도요원은 슬로프 면적 5만㎡당 1명 이상, 스키구조요원은 운영 중인 슬로프별로 2명 이상(슬로프 길이가 1.5㎞ 이상인 슬로프는 3명 이상)을 각각 배치하여야 한다. ○각 리프트의 승차장에는 2명 이상의 승차보조요원을, 하차장에는 1명 이상의 하차보조요원을 배치하여야 한다. ○의료법에 따른 간호사 또는 응급의료에 관한 법률에 따른 응급구조사(이하 '응급구조사'라 한다)를 1명 이상 배치하여야 한다. ○스키장 시설 이용에 관한 안전수칙을 이용자가 쉽게 알아볼 수 있도록 셋 이상의 장소에 게시하여야 한다. ○이용자가 안전모를 착용하도록 지도하여야 하며, 이용자가 안전모의 대여를 요청할 때 대여할 수 있는 충분한 수량을 갖추어야 한다.
	○이용자가 항상 구명대를 착용하고 이용하게 하여야 한다.

요트장업 조정장업 카누장업	○구조용 선박에는 수상안전요원을, 감시탑에는 감시요원을 각 1명 이상 배치하여야 한다. 이 경우 수상안전요원은 대한적십자사에서 실시하는 수상인명구조활동에 관한 정하여진 과정을 마친 자, 해군이나 해경에 복무한자로서 수상인명구조에 경험이 있는 자 또는 그에 상당하는 자격이 있는 자이어야 한다. ○요트장업의 경우에는 특별자치도지사·시장·군수 또는 구청장이 요트장의 지형 여건 등을 고려하여 안전수칙을 정한 경우에는 이를 지켜야 한다.
자동차 경주장업	○경주참가차량이나 일반주행차량 등 트랙을 이용하는 차량에 대하여는 사전에 점검을 한 후 경주나 일반주행에 참가하도록 하여야 한다. ○경주참가자나 일반주행자 등 트랙이용자에 대하여는 사전에 주행능력을 평가하여 부적격자는 트랙의 이용을 제한하여야 한다. ○경주진행 및 안전 등에 관한 규칙을 자체적으로 제정하여 경주참가자나 일반주행자 등 트랙이용자에게 사전에 교육을 하여야 한다. ○경주의 안전한 진행에 필요한 통제소요원, 감시탑요원 및 진행요원 등 각종 요원은 각각 해당 분야의 지식과 기술을 보유한 자로서 시설의 규모에 따라 적절하게 배치하여야 한다. ○관람자에게 사전에 안전에 관한 안내방송을 하여야 한다. ○경주기간 중에는 의료법에 따른 의사 및 간호사 또는 응급구조사 각 1명 이상을, 그 외의 운영 기간 중에는 간호사 또는 응급구조사 1명 이상을 배치하여야 한다. ○이용자가 안전모, 목보호대, 불연(不然) 의복, 장갑 등 안전장구를 착용하도록 지도하여야 하며, 이용자가 이들의 대여를 요청할 때 대여할 수 있는 충분한 수량을 갖추어야 한다.
승마장업	○이용자가 항상 승마용 신발을 착용하고 승마를 하도록 하여야 한다. ○장애물 통과에 관한 승마를 하는 자는 헬멧을 착용하도록 하여야 한다. ○말이 놀라서 낙마사고가 발생하지 않도록 마장 주변에서 고성방가를 하거나 자동차 경적을 사용하는 것 등을 금지하게 하여야 한다.
종합체육시설업	종합체육시설업을 구성하고 있는 해당 체육시설업의 안전·위생 기준에 따른다.
수영장업	○수영조, 주변 공간 및 부대시설 등의 규모를 고려하여 안전과 위생에 지장이 없다고 인정하는 범위에서 특별자치도지사·시장·군수 또는 구청장이 정하는 입장자의 정원을 초과하여 입장시켜서는 아니 된다. ○수영조에서 동시에 수영할 수 있는 인원은 도약대의 높이, 수심, 수영조의 면적 및 수상안전시설의 구비 정도 등을 고려하여 특별자치도지사·시장·군수 또는 구청장이 정하는 인원을 초과하지 아니하도록 하고, 도약대의 전면 돌출부의 최단 부분에서 반지름 3m 이내의 수면에서는 5명 이상이 동시에 수영하도록 하여서는 아니 된다. ○개장 중인 실외수영장에는 의료법에 따른 간호사 또는 간호조무사 및 의료

	유사업자에 관한 규칙에 따른 간호조무사 1명 이상을 배치하여야 한다. ○ 수영조의 욕수는 1일 3회 이상 여과기를 통과하도록 하여야 한다. ○ 욕수의 조절, 침전물의 유무 및 사고의 유무를 확인하기 위하여 1시간마다 수영조 안의 수영자를 밖으로 나오도록 하고 수영조를 점검하여야 한다. ○ 수영조의 욕수는 다음의 수질기준을 유지하여야 하며, 욕수의 수질검사방법은 '먹는물 수질기준 및 검사 등에 관한 규칙'에 따른 수질검사방법에 따른다.(해수를 이용하는 수영장의 욕수 수질기준은 환경정책기본법 시행령 제2조 및 별표 1 제3호 라목의 Ⅱ등급 기준을 적용한다) ① 유리잔류염소는 0.4mg/l부터 1.0mg/l까지의 범위 내이어야 한다. ② 수소이온농도는 5.8부터 8.6까지 되도록 하여야 한다. ③ 탁도는 1.5 NTU 이하이어야 한다. ④ 과망간산칼륨의 소비량은 12mg/l 이하로 하여야 한다. ⑤ 대장균군은 10ml들이 시험대상 욕수 5개 중 양성이 2개 이하이어야 한다. ⑥ 비소는 0.05mg/l 이하이고 수은은 0.007mg/l 이하이며 알루미늄은 0.5mg/l 이하이어야 한다. ○ 수영조 주위의 적당한 곳에 수영장의 정원, 욕수의 순환횟수, 잔류염소량, 수소이온농도 및 수영자의 준수사항을 게시하여야 한다. ○ 수영조 안에 미끄럼틀을 설치하는 경우, 관리요원을 배치하여 그 이용 상태를 항상 점검하게 하여야 한다. ○ 감시탑에는 수상안전요원(대한적십자사, 법 제34조에 따른 수영장협회 또는 수상레저안전법 시행령 제37조 제1항에 따라 해양경찰청장이 지정하는 교육기관에서 수상안전에 관한 교육을 마친 후 수상안전에 관한 자격증을 취득한 사람을 말한다)을 2명 이상 배치하여야 한다.
썰매장업	○ 출발지점과 도착지점에 각 1명 이상의 안전요원을 배치하여야 한다. ○ 슬로프 내에 장애물이 없도록 하여야 하며 슬로프 내의 바닥면을 평탄하게 유지·관리하여야 한다. ○ 눈썰매장인 경우에는 슬로프의 가장자리(안전매트 안쪽)를 모두 폭 1m 이상, 높이 50㎝ 이상의 눈을 쌓거나 공기매트 등 보호시설을 설치하여야 한다. ○ 슬로프의 바닥면이 잔디나 그 밖의 인공재료인 경우에는 바닥면의 물리적·화학적 특성에 따라 이용자의 안전에 필요한 조치를 하여야 한다.
무도학원업 무도장업	○ 무도학원업은 3.3㎡당 동시수용인원 1명, 무도장업은 3.3㎡당 동시수용인원 2명을 초과하여 수용하여서는 안 된다. ○ 냉난방시설은 보건위생상 적절한 것이어야 한다.
빙상장업	이용자가 안전모, 보호장갑 등 안전장구를 착용하도록 지도하여야 하며, 이용자가 안전모 등의 대여를 요청할 때 대여할 수 있는 충분한 수량을 갖추어야 한다.

출처 : 체육시설의 설치·이용에 관한 법률 시행규칙 별표 6

부록 I -7 시설 안전점검 관련 법 조항

'시설물의 안전관리에 관한 특별법' 적용대상 건물의 경우: (동법 시행령 별표 1의 2, 안전점검 및 정밀안전진단의 실시시기)

1. 정기점검
   가. A·B·C 등급의 경우 : 반기에 1회 이상
   나. D·E 등급의 경우, 해빙기·우기·동절기 전 각각 1회씩 1년에 3회 이상. 이 경우, 해빙기 전 점검 시기는 2·3월로, 우기 전 점검 시기는 5월·6월로, 동절기 전 점검 시기는 11·12월로 한다.
2. 긴급점검 : 관리주체가 필요하다고 판단한 때 또는 관계 행정기관의 장이 필요하다고 판단하여 관리주체에게 긴급점검을 요청한 때
3. 정밀점검 및 정밀안전진단의 실시 주기

안전등급	정밀점검		정밀안전진단
	건축물	그 외 시설물	
A 등급	4년에 1회 이상	3년에 1회 이상	6년에 1회 이상
B·C 등급	3년에 1회 이상	2년에 1회 이상	5년에 1회 이상
D·E 등급	2년에 1회 이상	1년에 1회 이상	4년에 1회 이상

건축법 시행령 제23조의 2 (정기점검 및 수시점검 실시)

① 법 제35조 제2항에 따라 다음 각 호의 어느 하나에 해당하는 건축물의 소유자나 관리자는 해당 건축물의 사용승인일을 기준으로 10년이 지난 날(사용승인일을 기준으로 10년이 지난 날 이후 정기점검과 같은 항목과 기준으로 제5항에 따른 수시점검을 실시한 경우에는 그 수시점검을 완료한 날을 말하며, 이하 이 조 및 제120조 제6호에서 '기준일'이라 한다)부터 2년마다 한 번 정기점검을 실시하여야 한다.
   1. 다중이용 건축물
   2. '집합건물의 소유 및 관리에 관한 법률'의 적용을 받는 집합건축물로서 연면적의 합계가 3000㎡ 이상인 건축물. 다만, 주택법 제43조에 따른 관리주체 등이 관리하는 공동주택은 제외한다.
   3. '다중이용업소의 안전관리에 관한 특별법' 제2조 제1항 제1호에 따른 다중이용업의 용도로 쓰는 건축물로서 해당 지방자치단체의 건축조례로 정하는 건축물
   4. 준다중이용 건축물 중 특수구조 건축물

소방시설 설치·유지 및 안전관리에 관한 법률 시행규칙 별표 1
(소방시설 등의 자체점검의 구분과 그 대상, 점검자의 자격, 점검 방법, 횟수 및 시기)

1. 소방시설 등에 대한 자체점검은 다음 각 목과 같이 구분한다.
   가. 작동기능점검 : 소방시설 등을 인위적으로 조작하여 정상적으로 작동하는지를 점검하는 것
   나. 종합정밀점검 : 소방시설 등의 작동기능점검을 포함하여 소방시설 등의 설비별 주요 구성
      부품의 구조기준이 법 제9조 제1항에 따라 소방청장이 정하여 고시하는 화재안전기준 및
      건축법 등 관련 법령에서 정하는 기준에 적합한지 여부를 점검하는 것을 말한다.
2. 작동기능점검은 연 1회 이상 실시한다.
3. 종합정밀점검의 점검 횟수는 다음과 같다.
   (1) 연 1회 이상(영 제22조 제1항 제1호에 해당하는 특정소방대상물의 경우에는 반기에 1회 이상) 실시
      한다.
   (2) 위의 (1)에도 불구하고 소방본부장 또는 소방서장은 소방청장이 소방안전관리가 우수하다고
      인정한 특정소방대상물에 대해서는 3년의 범위에서 소방청장이 고시하거나 정한 기간 동안
      종합정밀점검을 면제할 수 있다. 다만, 면제기간 중 화재가 발생한 경우는 제외한다.

승강기시설 안전관리법
(제13조, 제13조의 2, 제17조)

1. 정기검사 : 검사유효기간(2년)이 끝난 이후에 계속해서 사용하려는 경우 주기적으로 실시
2. 수시검사 : 승강기의 용도 등을 변경한 경우 및 승강기에 사고가 발생하여 수리한 경우, 승강
   기 관리주체가 요청하는 경우
3. 정밀안전검사 : 완성·정기·수시검사에서 발견된 결함 원인이 불명확하거나, 중대한 사고가
   발생했거나, 설치 후 15년이 도래한 승강기 등을 대상으로 행정안전부장관이 실시
4. 자체점검 : 승강기 관리주체는 스스로 승강기 운행의 안전에 관한 점검(이하 '자체점검'이라 한
   다)을 월 1회 이상 실시하고 그 점검기록을 작성, 보존하여야 함

부록 I -8 전기안전수칙

1. 시설이용자 안전 지키기

○ 전기 콘센트가 헐거우면 접촉 불량이 되어 합선이나 화재 위험성이 높아진다.

○ 하나의 콘센트에 여러 개의 코드를 꽂아 쓸 때 위험하다.

○ 가전제품을 만질 때 찌릿함을 느끼면 누전되고 있다는 증거이다.

○ 어린이 감전사고 90% 이상이 콘센트에 젓가락을 넣어 생긴다.

○ 위험한 고전압에 접근은 금한다.

○ 물 묻은 손으로 전기를 만지지 않도록 한다.

○ 난방용 콘센트는 적정 용량에 맞게 사용한다.

○ 난방용품은 가급적 같은 시간대에 1개 이상 사용하지 않는다.

○ 전기장판, 히터 등의 난방용품은 사용 후 반드시 전원을 차단한다.

○ 옷장, 이불, 소파 등의 가연성 물질 가까이에서는 난방용품 사용을 금한다.

○ 오랫동안 사용하지 않았던 난방용품은 고장 여부를 확인하고 가동한다.

출처 : 보건복지부, 사회복지시설 안전관리 매뉴얼

물 묻은 손으로 전기 만지면 위험

차단기 정상작동 확인은
전기안전지키기 기본

어린이 콘센트에 젓가락을 꽂는
사고가 1위

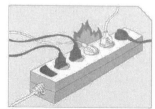
과다한 콘센트 연결은 화재와 직결

방수형 멀티콘센트

커버가 있는 방수형 콘센트

○ 난방용품 구입 시에는 KS 또는 제품 승인을 받은 제품을 구입한다.

○ 난방용품 전선이 무거운 물건에 눌리지 않도록 주의한다.

○ 플러그는 콘센트에 완전히 접속됐는지를 확인한다.

○ 가습기는 될수록 콘센트나 기타 전기제품과 거리를 두어 사용한다.

2. 시설관리자 안전 지키기

○ 전기안전관리 작업시의 마음 자세는 항상 평정을 유지하고 신중하게 작업에 임한다.

○ 전기안전관리 작업을 위하여 안전장구를 착용한다.

○ 더위로 신체에 땀이 났을 때는 감전사고의 우려가 많으므로 특히 주의한다.

○ 작업 장소의 조명, 환기, 소음은 안전상 지장이 없도록 한다.

○ 작업 복장은 간편하고 단정하며 자기 몸에 맞는 것을 착용한다.

○ 전선 작업 시는 반지, 손목시계, 금속밴드 등을 반드시 떼고 작업에 임한다.

○ 개방된 차단기나 개폐기는 작업 중임을 표시하거나 잠금장치를 한다.

○ 전로 개방 시, 고압고무장갑을 착용하며 정전 확인은 사용전압에 맞는 검전기를 사용한다.

○ 고압 및 특별고압의 작업 시는 정전 후 개방된 전원측전로에 단락접지용구를 설치한다.

○ 전기공급 상태에서의 작업을 금하며 부득이한 경우 안전장구를 착용하고 작업할 수 있다.

○ 정전 작업 시는 작업 범위를 명시하여 출입금지구역 및 로프 등을 설치하여 작업 장소에
  타인이 접근하지 않도록 한다.

○ 주상작업이나 사다리를 이용하여 작업 시는 추락의 위험이 없도록 주의한다.

3. 어린이 안전 지키기

○ 전깃줄을 가위로 자르지 않도록 주의 시킨다.

○ 전기제품의 전원 잭이나 건전지를 입에 넣지 않도록 교육한다.

○ 깜빡이는 형광등을 만지지 않도록 교육한다.

○ 전깃줄로 장난치지 않도록 교육한다.

○ 젓가락을 콘센트 구멍에 넣으면 위험함을 교육한다.

○ 전선줄을 잡고 당기지 않도록 교육한다.

○ 콘센트에 물을 뿌리지 않도록 교육한다.

○ 땅에 떨어져 있는 전선을 만지지 않도록 교육한다.

부록 I-9 가스안전수칙

1. 공통 안전수칙

○ 연소가스 주변에는 가연성 물질을 두지 않는다.
○ 가스연소기구는 수시로 청소하여 음식물 찌꺼기에 의해 불꽃 구멍이 막히지 않도록 한다.
○ 가스 누출점검 확인은 비눗물이나 주방세제를 사용하여 호스 주변에 발라 거품이 일어나는지 확인한다.
○ 가스 누설 시 선풍기나 전기제품을 활용하여 제거할 경우, 정전기로 인한 화재 위험성이 있으므로 전기제품은 사용하지 않는다.
○ LPG가스의 호스 연결부는 수시로 확인한다.
○ 이사 때 가스 연결은 반드시 전문가를 불러 연결토록 한다.
○ 가스보일러의 배기통이나 연통구멍 등의 배기 관련 부분은 수시로 확인한다.
○ 휴대용의 경우, 가스 누설 여부를 확인한 후 점화하여야 한다.
○ 휴대용 가스레인지에 큰 그릇을 올려놓고 조리하면 사고의 원인이 된다.
○ 2개 휴대용 가스레인지를 공통 사용하는 경우에 사고 발생률이 높다.

2. 관리자 안전수칙

1) 위험요인에 의한 문제점
○ 사람이 부재 시, 가스기구의 밸브를 차단하지 않으면 위험하다.
○ 실내에 가스용기를 보관하는 행위나 실내에서 부탄가스를 사용한 행위는 위험하다.
○ 가스누설경보기나 차단장치가 작동되지 않거나 설치되지 않았으면 위험하다.
○ 가스시설 주변의 가연물 방치 및 환기가 불량하면 위험하다.
○ 용기와의 연결호스가 너무 길게 늘어져 있으면 위험하다.
○ 가스 보관 장소의 다른 인화물질 및 가연물이 혼재되어 있으면 위험하다.
○ 가스시설 주위에 소화기구를 비치하지 않았거나 주방후드 등 기름때 등을 청소하지 않으면 위험하다.

2) 위험 해결 위한 안전수칙

○ 가스시설 장소에 대한 관리책임자(정·부)를 지정하여 사용을 통제한다.

○ 가스용기는 실외의 지정된 장소에 설치하고 잠금장치 등을 통해 관리자 외의 접근을 통제한다.

○ 시설 내 간이가스용기의 사용은 금지하고 가스누설경보기와 차단기가 설치된 상태에서 가스시설을 사용한다.

○ 가스 사용 전에는 환기하고 점화 유무를 확인하며 주변의 가연물을 제거한다.

○ 휴대용 가스통은 잔여 가스 배출 후 구멍을 뚫어 폐기한다.

○ 가스 누설 여부에 대한 정기점검을 월 1회 실시한다.

○ 호스보다는 배관을 이용하여 설치하고 호스는 가급적 1m 이내의 길이로 사용한다.

○ 가스용기 보관 장소에는 가스용기 외의 다른 인화물질이나 가연물을 보관하지 않는다.

○ 화기 사용 장소 주변에는 소화기구를 비치한다.

○ 주방후드 등의 기름때는 정기적으로 청소를 실시한다.

3. 이용자 안전수칙

1) 이용자 위험요인

○ 가스레인지, 가스보일러와 같은 가스기구를 취급하면 위험하다.

○ 가스밸브는 사용자 이외는 만지지 않도록 조치한다.

○ 휴대용 가스레인지에 사용하는 가스통을 안전하게 관리한다.

○ 가스 누설 상태를 수시로 확인하는 것이 필요하다.

2) 이용자 위험요인 해소방안

○ 가스 누설을 느낄 때, 즉시 관리자에 알린다.

○ 가스기구를 사용한 사람이 사용 후 밸브를 잠그도록 한다.

○ 가스 누출 여부의 확인은 냄새로 확인한다.

4) 가스 저장용기

1) 저장용기 위험요인

○ 저장용기의 설치 장소가 미지정되거나 다른 가연물질과 혼재하여 저장하면 위험하다.

○ 화기 취급 장소 주변에 가스용기를 설치하거나 저장용기를 고정하지 않으면 위험하다.

○ 가스 연결호스의 길이가 너무 길거나 용기를 실내에 보관하면 위험하다.

○ 빗물, 햇빛에 그대로 노출되어 있거나 설치용도 외의 다른 용도로 변환하면 위험하다.

○ 가스 종류에 맞지 않는 가스누설경보기가 설치되면 위험하다.

2) 저장용기 위험요인 해소방안

○ 저장용기는 지정된 장소에 설치하고 철저히 통제한다.

○ '화기엄금' 표지를 설치하고 시건장치로 보안 조치한다.

○ 저장용기 주변의 가연물을 제거하고 저장용기는 흔들리지 않도록 고정한다.

○ 화기 취급 장소에서 이격하여 별도 옥외에 보관한다.

○ 호스는 지양하고 배관으로 설치하는 것이 바람직하다.

○ 불가피한 경우 호스는 3m 이내로 설치한다.

○ 옥외에 설치하지 말고 차광 및 빗물 등의 장애가 없는 곳에 설치한다.

○ 휴대용 가스레인지는 실내에서 사용을 금지시키고 허가자 외에는 임의조작 및 변경을 하지 않도록 한다.

부록 I -10 수영장 안전근무자 지침[22]

안전근무자의 의무와 자질

1. 신뢰할 수 있어야 한다.
   (1) 출근시간 10분 전에는 모든 근무 준비를 끝낸다.
   (2) 임무를 자발적으로 수행하며 헌신적으로 근무를 한다.
   (3) 모든 상황에 대해 빠르고 효율적으로 대처 및 기록을 한다.
2. 분별력이 있어야 한다.
   (1) 수상안전 근무자로서 그 책임을 다한다.
   (2) 모든 규칙을 준수하며 타의 모범이 된다.
3. 예의바르고 일관성이 있어야 한다.
   (1) 고객의 친절 및 서비스를 최우선으로 한다.
   (2) 모든 고객들에게 확고하고 동등한 규칙을 적용하여야 한다.
4. 적극적이어야 한다.
   항상 모든 고객과 직원에게 적극적인 사고와 자세를 취한다.
5. 프로정신이 있어야 한다.
   (1) 유니폼은 근무시간에만 입고 몸차림은 단정하게 한다.
   (2) 구조장비를 항시 곁에 두고 언제든지 사용할 수 있도록 한다.
   (3) 감시탑에 앉아 근무를 하거나 욕조 주위를 순찰할 때는 자세를 바로하고 시선은 책임구역 및 안전사고의 위험이 있는 고객을 주시한다.
   (4) 고객 및 동료와의 대화는 근무 수행에 방해받지 않도록 짧게 한다.
   (5) 음식물 섭취는 근무시간 외 또는 쉬는 시간에 한다.
   (6) 장비를 옮기거나 다룰 떼에는 조심하고 업장 청결에 최선을 다한다.
   (7) 모든 법률, 규칙, 규정, 수칙을 준수한다.

안전근무자의 임무

1. 1차적 임무
   수상안전근무자로서 1차적 임무는 수상활동자, 즉 고객의 안전을 지키고 수상안전근무자 자신을 포함한 인명을 보호하는 것임을 명심한다.
   (1) 수상활동자, 즉 고객의 안전 유지, 위험한 상황이나 행위를 최소화하고 제거함으로써 안전사고 및 부상 예방에 최선을 다한다.

---

22) 탄천종합원동장 운영자의 도움을 얻어 성남시도시개발공사(2017). 탄천종합운동장 운영팀 수영장 지침 자료를 인용하였음.

(2) 규칙과 규정 준수 및 수상활동 이용 고객을 안내한다.

(3) 모든 위급상황을 인지하고 효과적으로 대처한다.

(4) 위급한 상황 시 응급처치 및 심폐소생법을 실시한다.

(5) 도움이나 장비가 더 필요하면 순찰근무자 및 대기 중인 수상안전근무자나 책임담당자에게 신속히 알린다.

2. 2차적 임무

(1) 도움이 필요하거나 잃어버린 사람을 찾도록 도와준다.

(2) 필요한 기록과 보고 및 일지를 일정대로 기재한다.

(3) 기타 임무 수행

① 수영장 시설 및 수온, 수질 점검

② 장비 정리 및 업장 청결 유지

③ 수상안전근무자로서의 훈련과정(응급처치, 심폐소생법, 수상구조법등) 이후 필수반복훈련

위급상황 시 행동에 대한 법적 책임이 있음을 인지하고 다음 사항을 숙지

1. 관리지침

(1) 부상을 예방할 수 있도록 적절히 알리고 경고해야 한다.

(2) 위급한 상황에 처한 사람을 인지해야 한다.

(3) 도움이 필요한 사람을 구조해야 한다.

(4) 수상안전근무자 자신의 훈련 수준에 의거, 응급처치를 한다.

2. 근무태만

만일 수상안전근무자가 위에서 언급한 관리지침을 이행하지 않아서 누군가가 어떠한 형태로 든 부상을 당하면 많은 사람들은 사고 상황을 떠나 수상안전근무자가 아래의 네 가지 사항처 럼 근무에 태만했던 것으로 간주할 것이다.

(1) 책임을 다하지 않는 것.

(2) 훈련 범위를 넘어서 처리하는 것.

(3) 적절치 못한 보호를 하는 것.

(4) 부상을 유발할 수 있는 행동을 통제하거나 정지시키지 못하는 것.

3. 착한 사마리아인의 법

훈련받은 대로 행동하는 한 법적 책임으로부터 수상안전근무자를 보호해 준다.

4. 동의

수상안전근무자는 응급처치를 하기 전에 부상자나 그 가족으로부터 허락을 받는 것이 좋으며, 동의를 받기 어렵거나 확실한 응급처치가 필요한 상황이라면 묵시적으로 동의한 것으로 간주 하고 훈련을 받은 대로 다루어야 한다. 이것은 미성년자의 경우에도 마찬가지다.

5. 처치(치료, 보호) 거부

환자나 부상자가 응급처치에 대해 거부하면 처치가 왜 필요한지 설명해야 하며 거부하는 부 상자의 의사를 존중해 주어야 한다. 또한 어떠한 처치라도 거부한다면 항상 기록을 남겨야 한다.

6. 유기(포기)

일단 응급처치를 시작했으면 응급의료서비스기관(EMS)에 인계하기 전까지 훈련받은 대로 최선을 다해야 하며 방치하거나 응급처치를 그만둔다면 도덕적으로나 법적인 문제를 야기할 수 있다.

7. 기밀 및 기록 유지

부상자를 다루는 동안 비밀스러운 무엇인가를 알게 된다면 그 내용을 발설해서는 안 되며 부상과 사고에 대한 기록을 해야 한다. 이 점은 법적인 문제에 있어 중요한 증거가 될 수 있다.

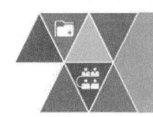

부록 II

부록II-1 경기장 대피계획 템플릿

1. 대피계획 템플릿 지침

○ 글씨가 기울임꼴로 된 텍스트는 경기장과 관련된 정보로 템플릿을 작성해야 한다.
○ 참조라는 표시가 된 텍스트는 대피계획을 작성할 때, 리소스로 활용되어야 할 참고사항이다. 계획 수립을 위해 포함된 예이지만 해당 정보를 기반으로 삭제하거나 변경할 수도 있다.

2. 경기장의 대피계획서

1) 소개

○ (경기장 이름 삽입)의 이벤트는 (상태 이름 삽입)에서 개최되는 최고의 이벤트로 간주된다. 따라서 (경기장 이름 삽입)은 경기장 내에서 관객, 참가자 및 직원을 대피 또는 재배치하거나 경기장 주변의 트래픽을 리디렉션 해야 하는 상황에 대비해야 한다. 위험 평가, 취약성 감소 및 대비 수준을 높이는 것은 잠재적 위협과 결과를 최소화하는데 도움이 될 것이다. 따라서 (경기장 이름 삽입)의 핵심 보안요원은 위험요인에 대한 교육을 잘 받고 적절한 대응을 계획하고 대중에게 알리고 대피계획을 제대로 이행하는 것이 필수적이다. 이 대피계획은 (경기장 이름 삽입) 비상계획의 보충물이다.
○ 이 계획의 템플릿은 경기장 안전과 보안에 관련된 연방기관, 대학 연구기관, 스포츠리그, 컨설턴트 및 전문협회로 구성된 그룹에 의해 개발되었다.

2) 목적

○ 이 대피계획은 대피 또는 이동과 관련하여 (경기장 이름 삽입)에 참석한 모든 사람의 안전을 효과적으로 다루기 위한 지침을 제공한다. 비상계획은 (경기장 이름 삽입)에서 비상사태 또는 중대 사건에 대응하는 절차를 설명하고 대피계획은 비상 또는 중대 사건에 대응하여 대피 또는 이전 절차를 개발하고 구현하는 지침을 제공한다. 이 대피계획은 (이름 삽입), (경기장 보안/안전 책임자의 이름 삽입), (이름 삽입), (군·도시 이름 삽입) ○○ / ○○의 비상관리책임자에 의해 작성되었다. 이 문서는 다음 사항과 함께 조정 및 협력하기 위해 작성되었으며 이들의 동의를 받아 승인되었다.

○ 경찰서장 & 직원 & 경찰서

○ 소방서장 _____ & 스태프 _____ 소방 및 구조

○ 보안관 _____ & 직원 _____ CO, 보안관 사무실

○ 비상관리책임자 _____

○ 응급의료서비스국장 _____

○ 주 고속도로 순찰대장 _____ 주 조사국

○ FBI 특수요원 _____ & 직원

○ 알코올·담배 및 화기국 _____

○ 지역 물질남용협의회

○ 미국연방항공청(Federal Aviation Administration), 항공표준국(Flight Standard Office)

○ 기타 : 추가할 사항이 있거나 다른 사람이 있는 경우에 계속해서 목록에 표시한다.

3) 관련 계획

○ 이 섹션에서는 계획, 정책 및 지침 문서의 개요를 제공한다.

○ (경기장 이름 삽입)에 적용된다. 경기장이 위치한 주 또는 도시에서 계획을 유지 관리할 수 있다.

　(1) (경기장 이름 삽입) 소유주의 보안 및 안전지침 참조 설명서. (경기장 이름 삽입) 소유자의 보안 및 안전지침 참조 설명서.

　(2) (경기장 이름 삽입) 비상행동계획. (경기장 이름 삽입) 비상계획에 대한 간단한 설명을 입력하시오

　(3) (경기장 이름 삽입) 보안 및 안전계획. (경기장 이름 삽입) 보안 및 안전계획에 대한 간단한 설명을 입력하시오

　(4) 기타(적절한 경우)

　- 다른 경기장의 계획 참조

　- 카운티 계획(대량 재해계획 포함) 참조

　- 도시계획 참조

4) 명령구조 / 응답조직

○ 비상계획의 섹션(섹션 번호 삽입)에서 확인된 바와 같이 대피 및 대피활동을 위한 명령구조 / 대응조직은 정상적인 명령구조를 반영해야 한다.

○ 명령구조 / 대응조직을 묘사한 아래 다이어그램은 비상계획에도 포함되어 있다.

(1) 관할권 및 책임

- 대피활동에 영향을 미치는 법률, 법령 및 기관 식별
- 대피활동과 관련된 책임 소재 파악

  [참조] 경기장 대피계획 안내서, 3.1.1 관리

(2) 대피팀 : 역할 및 책임

- 각 기업별로 정의, 핵심인력 지정 및 식별

  [참조] 경기장 대피계획 안내서, 2.1 대피팀

(3) 방향 및 통제 : 역할 및 책임

- 각 기업별로 정의, 핵심인력 지정 및 식별

  [참조] 경기장 대피계획 안내서, 2.2 방향 및 제어를 위한 대피계획 안내서

(4) 지역, 주 및 연방 지원 : 역할 및 책임

- 각 기업별로 정의, 핵심인력 지정 및 식별

  [참조] 경기장 대피계획 안내서, 2.3 현지, 주 및 연방 지원을 위한 대피계획 안내서

(5) 주변 산업 / 사적부문 지원 : 역할 및 책임

- 각 기업별로 정의, 핵심인력 지정 및 식별

  [참조] 경기장 대피계획 안내서, 2.4 주변 산업 / 민간 지원

(6) 지역 교통구조 : 역할 및 책임

- 각 기업별로 정의, 핵심인력 지정 및 식별

  [참조] 경기장 대피계획 안내서, 2.5 지방 교통구조

5) 이벤트 사전계획 고려 사항

○ 이벤트 사전계획 고려 사항은 (경기장 이름 삽입)에서 예정된 이벤트 전에 고려해야 한다. 대피계획서의 이 섹션은 경기장에서 발생할 수 있는 잠재적 위험 / 시나리오의 유형, 경기장의 관객과 참가자의 수 및 구성에 대한 추가 정보를 제공한다.

○ 표 1에는 (경기장 이름 삽입) 예상할 수 있는 잠재적인 위험요소가 표시되어 있고 위험의 유사성과 대피, 대피 장소 또는 재배치가 위험에 대한 적절한 대응인지가 표시되어 있다.

표 1 (경기장 이름 삽입) 위험

위험 / 시나리오		위험 가능성 (높음·중간·낮음)	대피, 수용시설 배치 또는 재배치 결정
날씨	비 번개 토네이도 열 심각 뇌우 / 헤비 비 / 푸딩 높은 바람 허리케인 폭설		
우발적 방출(화학, 생물학, 방사선학)			
폭발물 공격 / 폭탄 위협			
저격 상황			
대량 사태 사건			
시민 혼란			
식품보른 : 우발적인 식중독			
불 : 다중모터홈(Multiple Motorhomes) 트랙, 산불, 구조, 연료			
위험물			
구조 축소			
테러 : 대량살상무기(WMD), 폭발(Explosion) 화학 / 생물학적 사건, 위험한 폭탄			
비행기 충돌			
주인 없는 짐			
의심스러운 짐			
미아 / 아동			
홍수			
기차 / 철도사고(유해물질)			
고속도로 교통(유해물질)			
지진			
가스 파이프라인			
프로판 폭발			
유틸리티 / 정전			
기타			

참조 경기장 대피계획 안내서, 3.1.2 사고평가

6) 방류, 방치 및 후퇴 결정

○ 본 섹션에서는 대피 및 대피 이전 결정과 관련된 (경기장 이름 삽입) 정책 및 절차를 검토한다. 경기장의 관중과 참가자를 보호하기 위한 옵션으로 항상 배치와 대피가 고려되어야 한다. 완전하거나 부분적인 대피 결정과 경로를 확인하고 평가해야 한다. 조직적인 대피와 적절한 계획을 통해서만 부상과 재산 피해를 최소화할 수 있다. 그러나 대부분 상황에서는 대피하지 않는 것이 최선의 행동 방침이라는 사실을 항상 고려해야 한다.

(1) 대피

여기서는 경기장 관중과 참가자를 대피시키는 결정에 대한 정책과 지침을 개략적으로 설명한다. 여기에는 의사결정 지점이 포함되며 모든 인구 범주(위의 이름)의 대피가 어떻게 일어나는지를 파악한다. 시설 정책과 관객의 대피 결정에 대한 추가 정보를 삽입한다. (모든 인구 범주, 모든 위험, 경기장의 모든 영역에서 누가, 언제. 어디, 왜에 대한 사항이다)

참조 경기장의 대피계획 안내서, 3.1.3 대피

(2) 대피 장소

본 섹션에서는 다음과 같은 결정에 대한 정책 및 지침에 대한 개요를 제공하고 대피 장소에서 경기장의 관중과 참가자에 대한 결정 사항이 포함되어 있으며 모든 위험요소(위의 표 1)에 대한 재배치 장소에 대한 권장 사항이 표 1에 나와 있다.

- *대피 장소 결정에 관한 시설 정책 및 추가 정보를 삽입한다(모든 인구 범주, 모든 위험요소, 경기장의 모든 영역에 대해 '육하원칙'에 의해 작성).*

참조 경기장 대피계획 안내서, 3.1.4 대피소

(3) 대피

여기서는 경기장의 관중과 참가자를 재배치하는 결정에 대한 정책과 지침을 간략히 설명한다. 의사결정 지점이 포함되며 (표 1에서 식별된) 모든 위험에 대한 인구 범주의 위치를 파악한다.

- *시설 정책과 관객과 참가자의 재배치 결정에 대한 추가 정보를 삽입한다(모든 인구 범주, 모든 위험, 경기장의 모든 영역에서 누가, 언제, 어디, 왜에 대해 '누구, 어디, 왜'라고 말한다).*

참조 경기장의 대피계획 안내서, 3.1.5 재배치

7) 대피, 장소 내 수용 및 이동 개념

(1) 스타디움 정보

경기장 내의 장소(스탠드, 스위트, 접대 지역, 주차장, 관리 구역, 공급업체 구역, 양보 구역, 필드 또는 ○○구역)에서 대피하거나 대피 장소를 옮길 때에 다음 사항을 고려해야 한다.

① 게이트의 수 / 위치

● *경기장의 출입구 / 출구 및 경기장 내 이전 또는 대피 필요성에 따라 각 출입문 / 출구계획을 열거한다. (경기장 이름 삽입) 비상계획에 나열된 시나리오를 참조한다.*

② 경기장 인원

● *다음 범주에서 예상할 수 있는 사람의 숫자*

그룹 :	
Grandstands - 섹션 / 레벨 :	
공간 :	
환대 :	
Tailgate - 주차 :	
공급업체 :	
양보 :	
사무실 :	
공간 :	
사람 :	
관중 :	
참가자 :	
	- 경쟁자 :
	- 수행자 :
	- 특별한 손님 :
	- 근로자 :
	- 미디어 :
	- 스폰서 :
	- 보안 :

참조 경기장 대피계획 안내서, 3.1.7 통신

● *사람들이 모여서(위에 명시된 관람석, 환대 구역, 통로) 행사를 관람하거나 관람할 수 있는 구역 / 레벨을 나열한다.*

● *모든 회중 영역을 확인한다.*

● *대피가 권장되는 경우, 위에 열거된 각 섹션 / 레벨 / 영역에 사용할 출입구를 지정한다.*

● *대피 장소가 권장되는 경우, 위에 열거된 각 구역 / 레벨 / 지역에 대한 피난 장소를 지정한다.*

● *재배치가 권장되는 경우, 위에 나열된 각 섹션 / 위치 / 영역의 재배치 영역을 지정한다.*

③ 특별 지원 인원

- 특별한 도움을 필요로 하는 사람은 처음에 _____ 문을 통해 출입해야 한다.

- 행사가 끝나면 특별한 도움을 필요로 하는 사람은 _____문을 통해 출입해야 한다.

- 특별한 요구를 하는 인력이 배치될 수 있는 위치, 각 구간 / 레벨 / 구역 내 대피, 이동 또는

대피 방법, 이동 방법 등을 열거한다. 또한 누가 그들을 도울지를 결정한다.

　참조 경기장 대피계획 안내서, 3.1.11 특별 요구 인구

④ 경기장 인원에 대한 특별 고려사항

위 섹션 VII.A.2.에서 확인된 경기장 인원의 각 고장 단위에 대해, 그 경기장 인원에 의해 사용되는 입구와 출구, 대피 중 대피 장소는 경기장의 물리적 위치에 따라 재배치할 수 있다. 다음에 예를 나타낸다.

- 선수를 위한 특별한 고려 사항
- 모든 선수는 문을 통해 초기에 출입해야 한다. Gate(s) _____
- 이벤트에 따라 선수는 문을 통해 퇴장해야 한다. Gate(s) _____
- *대피가 권장되는 경우, 선수가 사용해야 하는 출입문을 명시한다.*
- *대피 장소가 권장되는 경우, 선수가 활용할 장소의 수용시설을 명시한다.*
- *이전이 권장되는 경우, 경쟁업체를 위해 이전을 지정한다.*

⑤ 운송 차량

- 필드 출입구:
- *문 리스트/출구/입구*
- 경기장 출입구:
- *문 리스트/출구/입구*

⑥ 비상시 접근

- 비상차량 출입을 위해 사용할 게이트를 열거한다.
- 비상계획 및 대량 사고계획을 참조한다.

(2) 대피경로와 보행자, 차량, 교통통제

① 이 섹션에서는 경기장 교통통제 프로그램에 대해 간략히 설명한다.

② 경기장에서 대피 또는 이전할 경우에 활용된다. 대피경로 및 교통통제 절차가 경기장에서 사용된다.

- *경기장에서 관중과 참가자를 대피시키기 위한 절차를 설명한다.*
- *경기장 주변의 정상적인 교통통제 방법을 설명한다. 대피를 위해 개발되었다.*
- *대피경로를 모니터하고 수정하는데 사용되는 방법을 설명한다.*
- *첫 번째 응답자가 대피 중 경기장에 입장할 수 있도록 하는 과정을 설명한다.*

　참조 경기장 대피계획 안내서, 3.1.6 대피경로 및 보행자, 차량, 교통통제

(3) 경기장 통신정보

이 섹션에서는 모든 경기장 간의 통신을 위해 (경기장 이름 삽입)에 사용된 통신장비, 시스

템 및 용어에 대해 간략히 설명한다.(지방 법집행기관, 소방서, 응급관리기관, 경쟁사, 미디어, 개최지 인사, 시설 보안 등)

- *모든 경기장 요원(장소 요원, 시설 보안)과 응급대응요원(경찰, 소방서 등) 간의 통신에 사용되는 시스템을 식별한다.*
- *특정 그룹 간의 의사소통에 사용되는 채널을 식별한다.*
- *사용되고 있는 장비를 확인한다.*
- *경기장 내 다양한 직원 간의 통신에 사용되는 용어를 식별한다.*
  참조 경기장 대피계획 안내서, 3.1.7 통신

(4) 경고, 메시지 및 표지판

팬들에게 (경기장 이름 삽입)에서 일어나는 이벤트를 알리기 위해 공익광고(PSA)는 미리 작성해야 한다. 이 구역 샘플 PSA, 경고 및 메시지 전달 위치 및 방법, 사이렌 번호 및 위치, 조명 등 메시지가 공개되는 방식과 관련된 정보가 포함된다.

- *팬들에게 공지사항을 작성하는 절차를 설명한다.*
- *경기장의 여러 지역에 서로 다른 메시지를 방송하는 절차를 설명한다.*
- *관중과 참가자에게 보낼 발표 / 메시지를 결정하기 위한 결정과정을 설명한다.*
  참조 경기장 대피계획 안내서, 3.1.7 통신

① 공익광고 / 메시지

응급대피 공지의 예는 다음과 같다 :

"신사 숙녀 여러분, 우리는 행사를 중단하는 것을 유감스럽게 생각합니다. 우리는 방금 경기장을 _____영역에서 정리해야 한다는 통보를 받았습니다. 이것은 귀하의 안전을 위한 것입니다. 상황에 대한 조사가 끝나자마자 이 행사는 계속될 것입니다. 다시 한 번 불편을 끼쳐 드려 죄송합니다. 해당 구역에서 가장 편리한 출입구로 안내할 경기장 직원의 지시를 따라 주십시오"

- 모든 실행 가능한 대피 시나리오에 대해 사전 스크립팅 된 모든 공익광고를 포함시킨다.
- *실행 가능한 모든 대피 시나리오에 대해 사전 스크립팅 된 공공서비스 안내문을 포함한다.*
- *다른 모든 특수 메시지를 식별한다.*

② 경고 전달

- *관객과 참가자들에게 경고가 전달되는 방법에 대한 정보를 나열한다.*
- *메시지가 관객과 참가자들에게 어떻게 전달되는지를 설명한다.*
- *비디어 보드 또는 기타 점수 보드를 사용하여 관중 및 참가자들에게 정보를 전달(예: 이벤트 전 비상정보에 사용이 가능)하는 방법을 설명한다.*

③ 신호

- *관람자와 대피 장소 및 임시 거주지를 돕기 위해 표지판의 위치와 사용에 관한 모든 정보를 나열한다.*

④ 사이렌 또는 기타 경고장치

- *사이렌 또는 기타의 위치 및 사용에 관한 모든 정보를 나열한다.*
- *관중과 대피소에서의 대피, 대피소 및 재배치를 돕기 위한 경고장치.*

⑤ 조명

- *관람자와 대피자를 돕기 위해 조명의 위치 및 사용에 관한 모든 정보를 나열하고 대피 장소, 보호 장소 및 재배치를 도와준다.*
- *야간 행사에 사용되는 손전등 프로그램을 설명한다.*
- *경기장 관중과 참가자들이 야간시간에 충분한 조명으로 쉽고 안전하게 대피시킬 수 있는지의 여부를 검토한다.*

참조 경기장 대피계획 안내서, 3.1.13 표지판 및 조명

(5) 물리적 자원

여기서는 대피 중에 이용이 가능하고 쉽게 접근할 수 있어야 하는 필요한 대피 보급품, 자원 및 장비를 결정하는 과정을 개략적으로 설명한다.

- *대피에 필요한 장비 및 자원에 대한 요구사항 평가를 준비한다.*
- *대피경로 및 침투경로를 설명한다.*
- *대피 수행에 필요한 문서(지침, 주문, 가이드, MOU)를 준비한다.*

참조 경기장 대피계획 안내서, 3.1.8 물리적 자원

(6) 활성화, 집결 및 이동

경기장의 비상계획에는 대피와 관련된 준비 지역의 활성화 및 동원에 대한 지침과 절차가 포함되어 있어야 한다. 집결 장소의 활성화, 운영 및 철거에 필요한 지정된 장소, 인원, 장비 (예 : 오염 제거, 대기 모니터링) 및 기타 자원에 대한 정보가 제공되어야 한다.

참조 경기장 대피계획 안내서, 3.1.9 활성화, 준비 및 동원

(7) 대규모 인원 관리 및 가족 지원

경기장의 비상계획에는 경기장과 참가자들이 경기장 밖으로 나간 뒤, 대규모 인원 관리/ 가족 지원(확장 가능한 비상지원 기능 6)에 대한 지침과 절차가 포함되어야 한다. 부상자 대피 에 대한 보건 및 의료 지원은 경기장 내 유기의료 대응자산을 포함해야 하며 또한 지역 응급 관리서비스(EMS) 당국의 대량 재해계획을 포함해야 한다.

참조 경기장의 대피계획 안내서, 3.1.10 대규모 관리 및 가족 지원

(8) 건강 및 의료 지원

경기장의 비상계획에는 대피 중 집결 영역에서 필요한 건강 및 의료 지원을 다룰 지침과 절차가 포함되어야 한다. 경기장은 경기장, 지역 EMS 및 지역 병원과 지역사회의 중대사고계획을 구성하는 가정관리기관 사이의 상호원조협약을 통해 지역사회의 대규모 재해복구계획에 참여해야 한다.

- *상호 지원계약 개발*
- *지역사회의 중대사고계획 참여*

참조 경기장 대피계획 안내서, 3.1.12 건강 및 의료 지원

8) 대피 실행

○ 이 섹션에서는 이벤트 직원 및 대피팀 구성원의 훈련 및 활용에 대한 정보를 제공해야 한다. 또한 관객, 참가자(선수, 공연자, 스태프 및 벤더)를 위한 대피 절차를 다루어야 한다.

참조 경기장 대피계획 안내서, 3.2 대피 구현

9) 사건 후 검토 / 조치 후 검토 프로세스

○ 이 섹션에서는 AAR(After Action Review) 프로세스에 대한 개요를 제공한다. AAR은 연습 또는 이벤트 직후에 시행되어야 하며 각 참여 기관의 대표자를 참가시켜야 한다. 여기에는 주요 이벤트, 학습된 모든 교훈에 대한 정보와 연습 또는 이벤트 중에 개발되거나 확인된 새로운 이니셔티브를 검토해야 한다. 또한 AAR은 연습 / 이벤트가 진행되는 동안에 무엇이 옳고 무엇이 잘못되었는지를 포함하기 위해 활용되는 모든 기술, 전술 및 절차에 대한 논의가 포함되어야 한다. 또 이슈와 그 이슈의 잠재적 결과로부터 야기되는 결과도 식별해야 한다. AAR 회의 및 논의 후 개선이 필요한 분야, 필요한 조치, 개선조치의 시행 일정 및 조직과 당사자를 식별하는 사후조치 보고서 / 개선계획(AAR / IP) 또한 작성되어야 한다. 이 행동 AAR / IP는 모든 이해당사자와 공유해야 하며 경기장의 이벤트와 관련된 계획과 절차를 추가로 정의하는데 사용되어야 한다.

참조 경기장 대피계획 안내서, 3.3 사고 후 활동

10) 프로그램 및 계획의 유지 관리

○ 대피계획은 계획, 훈련, 연습 / 응답, 평가 및 완화를 포함하는 비상계획의 준비 주기에 따라 유지, 검토 및 업데이트된다. 모든 이해당사자는 대피계획이 현재의 운영 전략, 조직구조

및 활용방법론을 반영하도록 이 주기의 각 단계에 참여해야 한다. 각 사건, 훈련 또는 사고 후, 대응요원은 모든 대응조치와 현장 내 경감 대책을 평가해야 한다. 이를 통해 경기장의 전반적인 준비 상태를 개선하기 위해 지속, 개선 또는 추가 구역을 인지할 수 있다. 이 절에서는 대피계획의 유지 관리를 위해 준비 주기를 활용하는 방법에 대해 개략적으로 설명한다.

(1) 프로그램 유지

- 연간 교육, 연습 및 훈련계획을 열거한다.

(2) 계획의 유지 관리 및 수정

- 유지 관리 및 개정계획을 나열한다.

참조 경기장 대피계획 안내서, 4 대피계획 유지 관리

부록II-2 계획 과정 및 절차

대피계획 안내서 회의 절차(경기장에 대한 대피계획 안내서 사용)

O 대피계획회의의 목적은 경기장에서 발생할 수 있는 모든 유형의 대피, 또는 이전 상황에 대처하기 위한 통합 공동대응계획을 개발하는 것이다. 이를 위해 대피계획 안내서(템플릿)를 개발했다. 대피계획회의의 초점은 현재 시행 중인 기존 비상행동계획의 일부로 대피계획을 수립하는 것이다. 대피계획이 이미 마련되어 있는 경기장의 경우, 계획 프로세스와 템플릿이 기존 계획을 개선하는 데 도움이 된다. 대피계획은 독립적인 계획이지만 경기장의 기존 비상 행동계획의 일부가 될 수도 있다. 예를 들어, 대피에 대응하는 조직구조는 대피계획에서 다루는 영역 중 하나이지만 이 대응조직은 경기장 내의 대부분의 다른 긴급 상황을 처리하는 조직과 비슷할 것으로 예상된다.

O 기획회의는 경기장에 익숙한 사람들이 경기장의 위험요소를 고려하여 진행되어야 한다. 회의 중에 메모한 다음, 계획의 세부 사항, 결정 사항이나 뛰어난 계획 문제에 대한 관련 정보를 전체 계획팀에게 제공하여 경기장의 대피계획을 개발할 수 있도록 하는 것이 좋다.

O 누가 기획회의에 참석해야 하는가?

경기장 관련 지역, 주, 연방 및 산업계획 파트너를 회의에 초청해야 한다. 여기에는 대피계획과 관련하여 행사를 대신해서 말하고 결정을 내릴 수 있는 책임자와 현재 경기장의 계획에 대해 알고 있는 사람이 포함되어야 한다. 기획회의에서는 기획팀 구성원들의 올바른 조합과 기획 및 계획 프로세스 유지에 대한 책임자 결정에 관한 토론이 진행된다.

O 기획회의에 참가하도록 초청될 수 있는 지역, 주, 연방 및 산업인력 및 대행 기관 중 일부는 다음과 같다.

- 경기장
- 법 집행
- 화재 및 구조
- 응급관리
- 건강과 안전
- 의료(의료시설 및 EMS)
- 교통(관련이 있는 모든 것)
- 산업계 회사

- 필요에 따라 특정 트랙의 위치에서 지시하는 사람

○ 개인 및 기관은 계획회의에 대해 어떻게 준비해야 하는가?

- 계획회의에 참여하는 모든 사람은 모든 비상대응계획 및 절차, 특히 대피 및 이동과 관련된 절차를 검토해야 한다. 여기에는 경기장 비상조치계획 및 현지 비상대응계획이 모두 포함되어야 하므로 모든 계획이 함께 고려되어야 한다.

- 경기장의 대피계획 안내서를 검토하고 숙지해야 한다. 이 문서는 회의 참석자들을 편리하게 안내하는데 사용될 것이기 때문이다.

- 경기장 근처 또는 커뮤니티 내에 위치한 특수 인접 시설을 검토한다.

- 경기장의 지도, 시설도, 사진 등 현지 지역뿐만 아니라 모든 지도를 지참하는 것이 좋다. 이는 자원관리구역, 대피자 수용소, 보행자를 위한 교통경로, 차량 등의 세부 항목을 계획하는데 큰 도움이 될 것이다.

- 경기장을 숙지한다. 예를 들어, 섹션당 좌석의 수, 컨슈머스위트, 레스토랑 등에서 이벤트를 볼 수 있는 사람의 수.

- 수용시설의 예상구역 식별

- 경기장에 도착하기 전에 대응활동에 익숙해질 수 있도록 계획회의를 하기 전, 최소 1주일 전에 주요 참가자들에게 기존의 비상계획 및 절차의 사본을 발송한다.

- 병원의 수용능력을 포함하여 지역의 대응능력을 인지한다.

- 계획회의 중에 논의할 몇 가지 현실적인 시나리오를 작성한다(아래의 계획회의 안건 초안 참조). 시나리오 토론을 분석 과정의 일부로 사용하여 계획 프로세스 중에 내린 결정을 검증할 수 있다.

○ 기획회의에 필요한 물품은 무엇인가?

기획회의에 대한 물류 요건에는 회의 장소와 최소 오디오 / 시각적 요건이 포함되어 있다. 무엇보다도 회의 공간(테이블 및 의자 등)이 필요한 수의 참석자를 수용할 수 있도록 마련되어야 한다. 또한 회의 장소에는 미팅 룸에서는 필요하지 않더라도 화이트보드나 플립차트, 프로젝터와 화면, 원격회의 기능 및 컴퓨터 연결용 확장코드 / 전원 스트립 등이 마련되어야 한다. 일반적으로 회의실에는 없지만 복사기 및 프린터에 대한 액세스가 필요할 수도 있다.

○ 기획회의 의제(초안)

- 환영 및 소개
- 기획회의의 목적
- 기존 비상계획 및 절차에 대한 검토
- 격차 및 불일치를 논의

- 대피계획과 기존 계획의 연계성 설명
- 경기장 및 재산의 현장 견학 실시
- 경기장 및 해당 지역의 위험 및 취약성 검토
- 계획 가이드를 통한 작업
- 조직구조
- 운영 개념
- 프로그램 및 계획의 유지 보수
- 부속서
- 잠재적인 시나리오 사건 검토(재배치 / 대피 / 대피 장소 논의)
- 장소 옵션
- 다음 단계 토론

부록II-3 데이터 수집 도구

○ 대피 수집 도구(경기장의 대피 프로세스가 될 수 있는 데이터 수집 도구)

_____경기장

○ 대피계획회의의 목표:
 - 대피계획을 세운다.
 - 대피계획 수립.
 - 대피계획에 포함할 필수 장애물 또는 항목을 결정한다.

시설 정보	
경기장 정보	
주차장	
도로 및 대중교통 경로	
인접 도시 & 주변 지역	
지역 병원	

관련 계획 목록 (안내 섹션 1 : 소개)	
경기장	
계획 연습	
이벤트 기간 직원	

명령구조체계 / 응답하는 세부 조직 (가이드 조직구조, 섹션 2.2 : 방향 및 제어)

관할권 및 책임	
(가이드 섹션 3.1.1 : 관리)	
결정문서	
2차 결과	
행동계획	

대피팀 역할과 책임	
(가이드 섹션 2.1 : 대피팀)	
멤버십	
역할과 책임감	
팀 SOP	
운영 책임	
동의	
자원과 분배	

방향 및 제어	
(가이드 섹션 2.2 : 방향 및 제어)	
대피 관리	
사건명령 / 통합명령	
인원	
역할과 책임	

지역, 주 및 연방정부 보조	
(가이드 섹션 2.3 : 지역, 주 및 연방정부 보조)	
상호원조협정	
대피계획 승인	

산업 / 민간부문 지원	
(가이드 섹션 2.4 : 산업 / 민간부문 지원)	
개인, 자원 식별	
역할, 자원, 지원	

산업 / 민간부문 지원	
(가이드 섹션 2.4 : 산업 / 민간부문 지원)	
관계 / 계약	

지역 교통구조	
(가이드 섹션 2.5 : 지역 교통구조)	
구조 식별	
관계 / 계약	
대피 중 이용 시나리오	

잠재적 위험 / 시나리오	
(가이드 섹션 3.1.2 : 사고평가)	
날씨	
- 열기	
- 심한 뇌우 / 폭우 / 홍수	
- 높은 바람	
- 토네이도	
- 번개	
- 허리케인	
- 폭설	
불	
- 구조	
- 산불	
대량사태 사건	
폭동 / 시민 혼란	
식량	
식중독	
유해물질	
고속도로	
철도	
테러	
대량살상무기	
폭발	

잠재적 위험 / 시나리오	
(가이드 섹션 3.1.2 : 사고평가)	
화학 / 생물학 테러	
폭발물 공격	
더러운 폭탄	
폭탄 위협	
비행기 추락	
주인 없는 짐	
알 수 없는 물질 또는 그 근처에서 발견된 물질(백색분말 등)	
의심스러운 짐	
낙하산 실패	
저격병	
미아 아동	
홍수	
지진	
가스 파이프라인	
군중에 차량	
프로판 폭발	
화학제품 저장소 또는 기타 근처의 위험물질 보관장소	
전기장비 / 정전	
기타	

소개	
(안내 섹션 3.1.3 : 대피)	
의사결정 기준	
절차	
역할과 책임	

대피 장소	
(가이드 섹션 3.1.4 : 보호소 설치 장소)	
의사결정 기준	
절차	

대피 장소	
(가이드 섹션 3.1.4 : 보호소 설치 장소)	
역할과 책임	

이동	
(지침 3.1.5 절 : 위치 지정)	
의사결정 기준	
절차	
역할과 책임	

특별 지원 인원	
(지침 3.1.11 절 : 특별 지원 인원)	
지정된 위치	
대피 장소 절차	
안전한 대피 장소	

경기장 인원에 대한 특별 고려사항	
(안내 섹션 3.1.6 : 대피경로 및 보행자, 차량 교통통제)	
교통 및 보행자	
동등	
구현(시차 / 시간 조정)	
응답자 항목	
준비영역	
응답자 항목	

오염 제거	
(섹션 2.2 : 방향 및 제어)	
Triage / Decon 사람들을 위한 지역	
오염물질의 크기	
오염물질 제거 차량의 수	

통신 (섹션 3.1.7 : 통신-경고, 메시지 및 기호)	
경고, 메시지 및 기호	
공익 캠페인	
경고 전달	

통신 (섹션 3.1.7 : 통신-경고, 메시지 및 기호)	
사이렌 : 기타 경고장치	
미리 작성된 메시지. 공용 서비스 공지	
구현(시차 / 시간 조정)	
응답자 항목	
준비영역	
응답자 항목	

표지판 및 조명 (섹션 3.1.13 : 표지판 및 조명 참조)	
표지판	
비상등	
직원 장비	

활성화, 집결 및 이동 (섹션 3.1.9 : 활성화, 집결 및 이동)	
지침 및 절차	
자원	
준비영역	

프로그램 및 계획의 유지 보수 (가이드 섹션 4 : 대피계획의 유지 보수)	
훈련	

프로그램 및 계획의 유지 보수	
(가이드 섹션 4 : 대피계획의 유지 보수)	
조치 검토 후	
대피계획 유지	
계획 변경 및 변경 추적	

훈련	
(가이드 섹션 4.1 : 프로그램의 유지 및 보수)	
DHS / PSA 교육	
운동 / 훈련	
경기장 훈련지침	

향후 고려해야 할 문제 / 정보

부록II-4 이해관계자 채택을 위한 서명 페이지

_____ 서 명 _____

(직위 / 직책)   (이름)

(직위 / 직책)   (이름)

(직위 / 직책)   (이름)

(직위 / 직책)   (이름)

(직위 / 직책)   (이름)

(직위 / 직책)   (이름)

(직위 / 직책)   (이름)

부록Ⅱ-5 용어 정리

1. 약어

AAR (After Action Review) 작업 검토 후
CBO (Community Based Organization) 커뮤니티 기반 조직
DHS (Department of Homeland Security) 국토안보부
EMS (Emergency Medical Services) 응급의료 서비스
ETE (Evacuation Time Estimates) 대피시간 추정치
HSEEP (Homeland Security Exercise and Evaluation Program) 국토안보부 활동·평가 프로그램
ICS (Incident Command System) 사건명령시스템
IP (Improvement Plan) 개선계획
JIC (Joint Information Center) 공동정보센터
MOA (Memorandum of Agreement) 협정서
MOU (Memorandum of Understanding) 양해각서
NIMS (National Incident Management System) 국가사건관리시스템
UC (Unified Command) 통합명령

2. 용어집 선택

〇 이 용어집에 수록된 많은 정의는 2002년의 국토보안법, 2001년의 미국 사건관리시스템 및 국가대응 프레임워크를 포함하여 연방법에 사용된 언어 또는 국가계획에 포함된 언어에서 유래한다.

〇 자산
계약, 경기장, 재산, 전자 및 비전자제품.

〇 결과
사고로 인한 손실의 수준, 지속 시간 및 특성을 반영하는 테러리스트 공격 또는 기타 위험의 결과.

〇 국토안보훈련 및 평가 프로그램(HSEEP)
역량 및 성과 기반 연습 프로그램은 연습 설계, 개발, 수행, 평가 및 개선계획에 대한 표준화

된 방법론과 용어를 제공한다.

O 공동정보센터(JIC)

모든 사건 관련 공공정보활동을 조정하기 위해 설립된 시설. 그것은 모든 뉴스의 접점의 핵심이다.

O 관할권

권한 범위 또는 범위. 공공기관은 법적 책임과 권한과 관련된 사건에 대해 관할권을 가진다. 사건의 관할권은 정치적 또는 지리적(연방, 주, 영토, 도시 또는 카운티, 경계), 부족 또는 기능적(법 집행, 공중보건)일 수 있다.

O 국가사고관리시스템(NIMS)

모든 수준의 정부기관, 비정부기구 및 민간부문이 원인, 규모, 위치에 관계없이 사건의 영향을 예방, 보호, 대응, 복구 및 완화하기 위해 체계적이고 능동적인 접근방식을 제공한다. 또는 복잡성을 감소시켜 환경에 대한 생명 또는 재산의 손실과 피해를 줄일 수 있다

O 대비책

국내 사건을 예방, 보호, 대응 및 복구하기 위한 운용 역량을 구축·유지 및 향상시키는데 필요한 고의적이고 중요한 업무 및 활동의 범위. 대비책은 모든 수준의 정부와 정부, 민간부문 및 비정부기구 간의 노력을 통해 위험을 식별하고 취약성을 파악하며 위험을 완화하기 위해 필요한 활동과 자원을 식별한다.

O 복구

개인, 민간부문, 비정부 및 공공 지원을 통한 정부 운영 및 서비스의 재구성과 영향을 받는 지역사회에 대한 서비스 및 부지 복원계획의 개발, 조정 및 시행. 장기 주택 수요를 식별하고 이를 정의하는 공공지원프로그램을 제공한다. 영향을 받는 사람에 대한 관리 및 치료, 지역사회 복원을 위한 추가 조치 구현, 가능한 경우에 완화 조치 및 기법을 통합하고 학습된 교훈을 식별하여 사건을 평가하고 향후 사건의 영향을 완화하기 위한 이니셔티브를 개발한다.

O 반응

사건의 단기적 직접적 영향을 다루는 활동으로 생명을 구하고 재산을 보호하며 기본적인 인간의 필요를 충족시키는 즉각적인 행동을 포함한다. 대응에는 또한 인명 손실, 부상, 재산 피해 및 기타 불리한 결과를 제한하도록 설계된 비상운영계획 및 사고 완화 활동이 포함된다.

O 위협

위협, 취약성 및 결과를 포함하는 잠재적 위해성의 척도. 국가인프라 보호계획의 맥락에서 위험은 테러 공격, 자연재해 또는 기타 사고로 인한 예상 손실의 크기와 그러한 손실이 발생할 가능성을 결합한다.

○ 특수한 도움이 필요한 사람

사건 발생 전후에 특수 필요 인구의 구성원은 다음과 같은 기능영역 중 하나 이상에서 추가 요구 사항을 가질 수 있다. 통신, 운송, 감독 및 의료의 추가적인 대응 지원이 필요한 개인에는 장애를 가진 사람, 제도화된 환경에서 사는 사람, 노인, 어린이, 다양한 문화권 출신, 제한된 영어 능력 또는 영어 이외의 언어를 사용하는 사람 등이 포함될 수 있다.

부록II-6 대피계획 연습

○ 경기장의 비상계획은 전체 비상계획 및 대피계획(HSE)과 관련된 개선 영역을 식별하기 위한 연습 준비와 연습의 수행에 대한 지침을 제공해야 한다.

○ 국토안보부는 공통의 연습 정책과 연습에 대한 국가표준을 구성하는 프로그램 지침을 제공하는 국토안보 연습 및 평가 프로그램을 만들었다. HSEEP는 모든 연습 계획자와 연습 계획자가 사용할 수 있는 일관된 용어를 포함한다. HSEEP는 또한 연습 관리자가 연습을 계획, 실행 및 평가하는데 도움이 되는 도구를 제공한다.

○ 경기장 여건을 가장 잘 충족하는 연습 유형은 경기장이 검증하려는 역량의 분석, 이미 수행한 훈련 및 연습, 그리고 연습계획, 수행 및 평가에 이용 가능한 자원을 통해 식별된다.

HSEEP 지침 활용

	실용 / 목적	플레이어 행동유형	기간	실시간 경기	범위
토론기반 연습	참가자들에게 현재의 계획, 정책, 계약 및 절차를 숙지하고 새로운 계획, 정책, 계약 및 절차의 개발	개념적 플레이어 행동은 가상이나 가설.	8시간 미만	없음	다양함
세미나	현재 또는 새로운 계획, 자원, 전략, 개념, 아이디어 개요를 제공	해당 사항 없음	2~5시간	없음	복수기관 복수기능
워크숍	구체적 목표 달성 또는 제품 개발 (운동 목표, SOP, 정책, 계획)	해당 사항 없음	3~8시간	없음	복수기관 복수기능
탁상운동 (TTX)	가설 시나리오 활용으로 참가자 토론을 유도하여 계획 및 절차를 검증	개념적	4~8시간	없음	복수기관 복수기능
게임	의사결정 과정과 그 결과를 탐구	개념적	2~5시간	없음	복수기관 복수기능
작업기반 연습	계획, 정책, 계약, 절차의 확인 및 역할과 책임을 분명히 하고 자원 차이를 식별	플레이어 행동은 인력과 자원의 반응, 대응, 동원 및 투입을 모방	목적, 유형, 범위에 따라 몇 시간, 혹은 1일, 1주일	있음	다양함
기술	기관의 단일 운영 또는 기능 검증	실제적	2~4시간	있음	단일기관 단일기능

	실용 / 목적	플레이어 행동유형	기간	실시간 경기	범위
기능적 운동	사고명령 통합지능정보센터 또는 기타 여러 기관 조정센터(EOC)의 기능, 계획 및 직원의 역량 평가	지휘요원 행동은 실제 상황. 다른 인원, 장비 또는 적의 이동이 시뮬레이션	4~8시간 혹은 며칠이나 1주일	있음	복수기관 복수기능
본격적인 운동	시뮬레이션 된 시나리오에서 실제 구현 및 실행을 통해 이전 실습에서 개발된 계획, 정책 절차 및 협력계약을 검증. 자원의 실제 동원, 작전 수행 및 기능적 운동 놀이의 통합요소(EOC, 명령 게시)	실제적	1일 혹은 며칠이나 1주일	있음	복수기관 복수기능

○ HSEEP 지침을 사용하여 대피계획을 연습하는 것은 계획을 지속적으로 확인하고 계획을 정기적으로 검토 및 업데이트를 하는 것이 중요하다. 이 연습은 대피계획 개발, 유지 관리 및 구현과 관련된 모든 주요 이해관계자를 포함해야 하며 숙련된 군중 관리자가 주도해야 한다. 연습으로부터 현실적인 결과를 실현하기 위해서는 현실적인 데이터가 중요하다. 예를 들어 실제 사건 동안의 대피 시간이 비상사태 관련 계획자가 예상한 것과 다른 경우, 연습에서 얻은 대피 결정 시간대는 쓸모가 없을 수 있다. 따라서 경기장 내 다양한 이벤트 시나리오에 대한 대피시간 추정치(ETE)를 파악하고 소방협회의 생명안전규정을 준수하기 위해 연습 계획자가 종합적인 대피 연구를 수행하는 것이 매우 중요하다.

○ 연습 중 ETE는 계획을 시험하는데 사용될 수 있으며, 또한 계획의 다른 구성요소를 기반으로 개발될 수 있다. 연습계획을 개발하고 연습에서 ETE를 사용하여 구성요소를 검증하는 것은 반복적인 과정이다. 많은 경우 자원이 많이 소모되기 때문에 다수의 자원봉사자에게 대피 운동에 참여하도록 요청하는 것은 현실적이지 못하다. 최근 몇 년 동안 교통 및 건물 모델링 및 시뮬레이션 분야에서 엄청난 성장이 있었다. 현재 시장에서 다양한 수준의 복잡성을 모델링할 수 있는 견고한 모델이 있다. 운동 기획자는 이러한 모델을 사용하여 ETE를 얻고 ETE를 대피 결정 일정에 포함시킬 수 있다. 계획 및 대피 결정 일정을 테스트하기 위해 ETE를 연습에 사용해야 한다. 이러한 현실적인 ETE는 모든 대피 운동을 보다 집중적이고 결과지향적으로 만든다.

○ 경기장 대피계획 안내서는 아래의 조직 실무진에 의해 개발되었다.
 - 상업시설부문 조정위원회

- Contemporary Services Corporation(CSC)
- 상무부
- 국토안보부(DHS)
- 환경보호국
- 연방수사국(Federal Bureau of Investigation)
- 국토안보부 / 연방 비상관리국
- 이민 및 세관 집행
- 국제조립관리자협회
- 텍사스주립대학교(Texas A & M), 텍사스 엔지니어링 확장서비스
- 경기장 매니저협회
- 미시시피 대학교, 관람스포츠 보안관리센터

참고문헌

강종진(2017). 체육시설의 안전관리에 관한 법제도적 고찰, 부산외국어대학교 대학원.

문화체육관광부(2016). 체육백서, 한국스포츠정책과학원.

문화체육관광부(2016). 체육시설관리자용 안전관리 표준매뉴얼, 한국스포츠정책과학원.

성남시도시개발공사(2017). 탄천종합운동장 운영팀 수영장 지침 자료.

성남시도시개발공사(2017). 탄천종합운동장 응급상황대처 매뉴얼.

이원태(2014). 응급처치학, 동화기술.

전국응급구조과 교수협의회(2001), 전문 응급처치기술(전2권), 대학서림.

Homeland security(2018). Evacuation Planning Guide for Stadiums.

국가직무능력표준(2018). https://www.ncs.go.kr.

12. 이용숙박여행오락스포츠			
중분류	소분류		세분류
04. 스포츠	02. 스포츠 시설	01. 스포츠 시설 개발	스포츠 시설 건축
			스포츠 시설 내부디자인
			스포츠 시설 사후관리
			스포츠 시설 선행사례조사분석
		02. 스포츠 시설 운영관리	스포츠 시설 마케팅관리
			스포츠 시설물 운용관리
			스포츠 시설 안전관리

집필진 구성

책임연구원 : 고재곤 (여주대 교수)

연구원 : (가나다 순)

고영준 (초당대 교수)
공경호 (오산대 교수)
곽선우 (변호사)
김미옥 (한국스포츠정책과학원 연구원)
김진항 (대한축구협회 부본부장)
김태동 (강원발전연구원 연구원)
김현석 (숭의여대 교수)
김홍태 (대진대 교수)
강홍덕 (수원과학대 겸임교수)
류지협 (한려대 교수)
문광현 (부천대 교수)
박규남 (한양대 겸임교수)
박상훈 (한양대 그레이트태권도장 관장)
박영남 (송호대 교수)
설수영 (경기대 교수)
손경환 (수원여대 교수)
심상보 (대한체육회 부장)
심재영 (세한대 교수)
안을섭 (대림대 교수)
유재구 (중앙대 교수)
이병관 (단국대 교수)

이병관 (행정안전부 인재개발원 교수)
이병수 (한국레저문화연구원 연구원)
이상범 (수원시시설관리공단 차장)
이성노 (한양대 교수)
이성민 (수원과학대 교수)
이제승 (한양대 체육과학스포츠산업 연구원)
이종복 (부천대 교수)
이준우 (호서대 교수)
이태현 (한양대 겸임교수)
이호열 (한양대 겸임교수)
조경훈 (경희대 강사)
정구영 (동원대 교수)
정관호 (모노플레인 대표)
정재춘 (한국레저문화연구원 수석연구원)
정진협 (한양대 교수)
정호원 (경북대 교수)
주성택 (경희대 교수)
차영기 (휘트니스클리닉 대표이사)
최경호 (한림대 교수)
최영철 (상지대 교수)

체육시설 안전관리

2019년 10월 20일 제1쇄 인쇄
2019년 10월 30일 제1쇄 발행
엮은이 | 고재곤
펴낸이 | 김성호
펴낸곳 | 도서출판 사람과 사람
03965 서울 마포구 월드컵로 32길 52-7(101호)
대표전화 (02)335-3905 | FAX (02)335-3919
출판등록 | 1991년 5월 29일 제1-1224호
값 30,000원
ISBN 978-89-85541-98-5 93300
ⓒ 고재곤, 2019, Printed in Korea
흠이 있는 책은 바꿔 드립니다.